W0172355

Cluster

Die neue Etappe des Kapitalismus

Detlef Hartmann | Gerald Geppert

Cluster

Die neue Etappe des Kapitalismus

Materialien für einen neuen Antiimperialismus
Heft 8

Assoziation A

© Berlin/Hamburg 2008

Assoziation A
Gneisenaustr. 2a
10961 Berlin

www.assoziation-a.de
berlin@assoziation-a.de
hamburg@assoziation-a.de

ISBN 978-3-935936-62-0

Titelgestaltung: kv
Satz: rfw
Druck: Winddruck Siegen

Inhalt

Vorwort 7

Detlef Hartmann

Cluster – Die Organisation des sozialen Kriegs 21

I Der historische Ort der Agenda 2010 28

Krise des Fordismus und der vertiefte Griff in die Seele; Schlüsseltechnologien; »Cluster« und ihre hegemonialen Eliten; Innovatives Unternehmertum und schöpferische Zerstörung auf dem Weg in die »Wissensgesellschaft«

II McKinsey – Agent »schöpferischer Zerstörung« 47

Work-Life-Balance: der Griff nach dem ganzen Leben; Der Virus der Selbstrationalisierung

III VW, McKinsey, und die Bewirtschaftung des Sozialen im Cluster 63

Totaler »Pull«; Soziale Zerstörung, Drohung, Fordern, Fördern; Die Vertiefung des Seelenmanagements; Übergreifende Vernetzung; Verrechtlichung; Regionale Hierarchisierung des »Pull«; Deutsche Totalisierungs-Phantasien; Linkspartei im Fahrwasser

IV Die Felder der Offensive 91

Schule und Universität; Gesundheit; Militarisierung; Der imperialistische Griff ins Immaterielle

V Selbstbehauptung 97

VI. Soziale Feinderklärung und Terrorismusverdikt 103

»Gouvernementalität«: Die konzeptionelle Vernichtung des Anderen; Der Begriff »Gouvernementalität«; Die existenzielle Bedrohung des Anderen; »Sozialistische Gouvernementalität«: Sicherheit, Feinderklärung, Antiterrorismus;

VII Schlussfolgerungen und Ausblick 121

Gerald Geppert
Global Player und clusterorientierte Regionalisierung 125
Die Volkswagen AG und die Region Südostniedersachsen

I Die Autoindustrie und die Krise der Autoregion 127

Makroökonomische Trends der Autoindustrie; Strukturwandel der Autoindustrie; Das Autoauto

II Krise der Autoregion 136

III Die Schaffung der Industrieregion Südostniedersachsen im Nationalsozialismus 138

IV Restrukturierung des VW-Konzerns seit den 1990er Jahren 153

V Die Entwicklung clusterorientierter Regionalisierung 156

Die Regionale Entwicklungsagentur Südostniedersachsen e.V. (reson); AutoVision und Wolfsburg AG; Job Revolution; Clustererfolg; Weiterentwicklung des Clusters: »projekt REGION BRAUNSCHWEIG GmbH«; Perspektiven clusterorientierter Regionalpolitik

VI Im Inneren des Clusters 168

Auto 5000; Lernende Region

VII Exkurs: Lebensweise als Forschungsgegenstand 184

VIII Die »zweite Erfindung Wolfsburgs« 188

Anmerkungen
»Cluster« Die Organisation des sozialen Kriegs 194
Global Player und clusterorientierte Regionalisierung 208

Vorwort

Das vorliegende Buch über »Cluster« und die neuen Sozialtechniken der Unterwerfung und Selbststeuerung, wie sie in den »Arbeitsmarktreformen Hartz I – IV« staatlicherseits vorangetrieben werden, bietet Material für eine politische Auseinandersetzung, deren Themen und Praxisfelder sich erst in Ansätzen entwickelt haben. Auf den ersten Blick könnte dieses Material für die »Verankerung« einer vielleicht neu sich entwickelnden radikalen Linken im Stadtteil nützlich sein oder für politische Praxisfelder rund um die Arbeitsagenturen, die als Kern der »Arbeitsmarktreformen« den sozialen Angriff strategisch organisieren und umsetzen. Zuallererst geht es aber schlicht darum, sich einer neuen gesellschaftlichen Realität zu stellen, der mit hergebrachten linken Positionen und den Begriffswerkzeugen des letzten und des vorletzten Jahrhunderts nicht mehr beizukommen ist. Einleitend stehen hier lediglich einige kollektiv produzierte Assoziationen rund um die beiden vorgelegten Artikel, die unsere Diskussionen und weiteren Auseinandersetzungen in der Materialienredaktion bestimmen werden. Mögen sie dazu anregen, sich mit den Aufsätzen kritisch auseinanderzusetzen, sie als inhaltlich-thematische Steinbrüche für die eigene politische Arbeit auszubeuten oder praxisorientierte Diskussionen und Debatten über die Zukunft sozialrevolutionärer Politik anzustoßen.

I

Nehmen wir die schillernden Etiketten »Neoliberalismus« oder »neoliberale Globalisierung«, die alles und nichts erklären. Man könnte selbstredend auch andere gebräuchliche Formeln der »globalisierungskritischen Bewegungen« nehmen. Inzwischen sind diese Etiketten weit davon entfernt, Realität begreifbar zu machen, sprich, Werkzeug für kritisch differenziertes Denken zu sein. Abgesehen davon bleiben diese Etiketten, auch wenn in kritischer Absicht benutzt, herrschafts- und kapitalkonform. Sie waren vielleicht geeignet, die Theorie der Friedman-Schule, die Konterrevolution in Chile, die Politik der Eisernen Lady, die

Reaganomics und die Schuldendiktate des IWF oder auch die Operationen der Kohl-Administration, welche in die fischergrünen und sozialdemokratischen Arbeitsmarktreformen mündeten, terminologisch vom Gegenbegriff des »Keynesianismus« als sozialdemokratischer Etappe abzuheben. Sie taugten vielleicht auch noch, um ein Feld von Versuch und Irrtum bei der gewaltsamen Reorganisation der Verwertungsketten, der regionalen Inwertsetzungen und der Entwertung von Überlebensansprüchen und -ökonomien sprachlich zu diffamieren: die viel bemühte »Schöpferische Zerstörung« alter Industrien, überkommener Industrial Relations, versagender Staaten (failed states) und veralteter politischer Theorien. Schließlich aber lassen uns die geronnenen Generaletiketten, aller Dynamik des Sozialen entleert, angesichts eines differenzierten gesellschaftlichen Umbruchs eher hilf- und begriffslos zurück.

Dieses ganze aufeinander bezogene Begriffsinstrumentarium ist u.E. ungeeignet, die »neuen« kapitalistisch staatlichen Feingriffe auf menschliche, sprich soziale Subjektivität und die damit verwobene komplexe Dynamik in den metropolitanen Gesellschaften annähernd zu erfassen, auch wenn sie in den ideologischen Begriffswolken des Neoliberalismus (Qualitätsmanagement, Projekt, empowerment usw.) daherkommen. Die offensive Fortentwicklung des Toyotismus in den Betrieben, zugleich als Industrie- und Sozialpolitik in den Clustern angewandt, die mit der bundesdeutschen Arbeitsmarktrestrukturierung nun auf die untersten Segmente des Arbeitsmarkts durchschlägt, und die neuen Zumutungen der Selbstvermarktung müssten u.E. vielmehr als der Versuch eines »totalitären Zugriffs auf menschliche Subjektivität« beschrieben werden, als eine sich des Sozialen bemächtigende Machtstrategie gezielter und gesteuerter Vereinzelung, der Zurichtung sozialer Lebendigkeit auf die Erfordernisse politischer Machterhaltung und kapitalistisch marktwirtschaftlicher Rationalität, die Herz und Verstand, aber auch den Körper des je Einzelnen erfassen. Angesichts eines solchen Gesellschaftssystems der totalen Subjekt- und Bevölkerungsbewirtschaftung erscheint »Neoliberalismus« geradezu verharmlosend. Die Herrschaft durch die Ökonomisierung des Sozialen, die den Zwang zur Selbstpflege und neue Subjektkonstitutionen hervorbringt, hat noch keine begriffliche Form gefunden, und zwar aus dem Grunde, dass diese Begriffe sich erst aus konkreten Widerstandslinien heraus erfinden lassen werden. Bis dahin sind all die klugen Debatten über Biopolitik und Gouvernementalität Ausdruck einer theoretischen Stagnation und einer Politik der Wissensschließungen. Das sich ausbreitende Einheitsdenken (pensee unique) betrifft im Kern ja auch unsere Reflexionsbemühungen. Es wirft die Frage nach den Orten kritischer Erkenntnis und »Wissenschaft« auf.

II

Es scheint, als seien die »Cluster« das Laboratorium für die nächste Etappe zur Steigerung sozialer Produktivität und für eine neue Politikform überhaupt, die, in erster Näherung, an die Stelle der kapitalistischen Deregulierung im ausgehenden 20. Jahrhundert tritt. Gewaltsam wurde die kapitalistische Ökonomie aus den sozialpolitischen Regulierungen sowie aus technologischen und politischen Blockaden im transnationalen Rahmen entfesselt. Die sozialdemokratischen und nationalstaatlichen Regulationen alten Typs, als noch von einem politisch gezähmten Kapitalismus reformeifrig geträumt werden konnte, wurden in immer neuen Liberalisierungsschüben davongeschwemmt. Die Dämme, die Formen sozialen Einverständnisses und politischer Legitimation absicherten, sind inzwischen eingerissen. Allein die parlamentarische »Linke« nährt heute bei den Unterklassen wieder den Traum immerwährender Prosperität in einem national-sozialstaatlich eingebetteten Kapitalismus, wohl wissend, dass ein solcher nur gegen die Aspirationen eines globalen informellen Subproletariats durchgesetzt werden könnte. Sie wirbt damit für die auf periodische Wahlen beschränkten politischen Beteiligungsformen des 19. und 20. Jahrhunderts und versieht die entleerten politischen Formen mit »neuer«, längst in Frage gestellter Legitimation. Sie erneuert einen Machtanspruch auf sozialistische Menschenführung, der mit dem Begriff »links« leider untrennbar verwoben ist und der diesen Begriff für allemal desavouiert hat.

Ein wesentliches Element des Toyota-Systems ist die Organisation von »Qualitätsprozessen«, um mittels Projektarbeit und Zielvereinbarungen den Anreiz zur Beteiligung zu erhöhen, die Überwindung von Indifferenz und passivem Verharren zurückzudrängen und zurückgehaltene Fähigkeiten – individuell selbstbestimmt, versteht sich – in den Produktionsprozess einzuspeisen. Das ganze moderne Managementvokabular kreist um die Aufgabe, herauszufinden, wie die Selbstzurückhaltung des arbeitenden Individuums aufgebrochen und seine Lebendigkeit effizient in den Verwertungsprozess eingebunden werden kann. Wie im letzten Jahrhundert der Taylorismus das Alltagsleben auch außerhalb der Fabrik normierend zunehmend erfasste (als Fabrikgesellschaft haben wir das damals bezeichnet), so dringt nun der Toyotismus in die Region vor, um erneut die Dichotomie zwischen Arbeit und Leben zu überwinden und die eigensinnigen Nischen unproduktiven und ineffektiven Lebens zu besetzen, die sich im fordistischen Zyklus in den Industriebrachen, maroden Innenstädten und selbstständigen Hirnen noch hatten ausdehnen können. Die Übertragung der Methoden der Betriebsführung auf die Region und ihre

Menschen, die Zurichtung einer Qualitätsbevölkerung in einem regionalen Qualitätsprozess machen den Kern der Cluster-Politik aus und sind auch ein Merkmal der Wolfsburg AG. Indes wird am Rand der produktiven Region, radikaler als zuvor, ein Prozess von repressiver Integration und Aussonderung organisiert, in dem es nicht mehr nur um die Absenkung der Sozialbudgets geht, sondern um die Öffnung und Erschließung passiver, »unwissender«, eigentlich unproduktiver Bevölkerungsschichten. Darüber berichten die hier vorliegenden Arbeiten.

Die neue Totalität des Zugriffs auf die Region scheint ein Indiz zu sein, dass die Kapitalherrschaft technisch und politisch vermittelt zu einer neuen Etappe ansetzt, »das Leben« unter den Verwertungsprozess zu subsumieren. Der medizinisch-industriellen Komplex hat den menschlichen Körper schon längst in einen ausbeutbaren und profitablen Anlageraum verwandelt, aber es geht um mehr. Es geht um »Biopolitik«, darum, wie das gesamt soziale Leben so gesteuert, regiert und organisiert werden kann, dass der je Einzelne sich mit allen seinen Potentialen möglichst reibungslos in den Prozess der Ausbeutung, Mehrwert- und Reichtumsproduktion selbst einbringt. Die dressierte Ratte soll ihr lebenslanges Rennen auch noch selbst organisieren. Nur geht es hier wesentlich nicht um »Dressur«, sondern um eine gesellschaftliche Organisation, die zum Ziel hat, das psychosoziale und kognitive Vermögen des Menschen in einen neuen Wertschöpfungsprozess einzusaugen, in dem Leben und Rattenrennen eins werden.

Deutschland ist in dieser Hinsicht eher spät dran. Cluster-Politiken gibt es in Philadelphia, New York, New Jersey, aber auch in Lissabon und Barcelona seit einigen Jahren. Andererseits haben die deutschen Stäbe der Sozialplanung durch die Abwicklung der DDR weitreichende Erfahrungen mit der »sekundären Integration« der »überflüssigen« Bevölkerungsschichten gemacht, die sie in die Umsetzung der Agenda 2010 einfließen lassen konnten. Offenbar gelingt McKinsey oder Bertelsmann die Organisation solcher Prozesse besser als den staatlichen Behörden – es braucht dazu eine neue smarte Generation von Sozialtechnikern, die naiv und forsch genug sind, die simplen Gewissheiten und Einsichten des Kapitals in immer neuen Variationen interdisziplinär erstellter Analysen und Theorien als »rationales Wissen« auszugeben, gesellschaftsfähig zu machen und in aggressive Konzepte des Gesellschaftsumbaus umzusetzen.

III

Wenn eine historische Wendemarke genannt werden müsste als Übergang des »kurzen 20. Jahrhunderts« zur Jetztzeit, so wäre dies zweifellos das Jahr 1989. Der weltweiten kapitalistischen Offensive hatten die militärkeynesianisch und vom sozialistischen Klassenkompromiss überdehnten staatssozialistischen Gesellschaften nichts mehr entgegenzusetzen. Die neuen staatsozialistischen Eliten betrieben daraufhin mit ihren Austeritätsprogrammen und unter ungeheueren Menschenkosten selbst eine rasche Weltmarktintegration. Zugleich entwickelte die weltweite Kapitaloffensive seit den 90er Jahren Produktivkräfte auf neuer und erweiterter Stufe und in bislang ungekanntem Ausmaß. Dazu gehören zuallererst die Expansion der transnationalen Finanzmärkte und die Ausbildung transnationaler Funktionseliten, die mit der ungebrochenen Vorherrschaft des transnationalen Kapitals, transnationaler Unternehmerverbände und ihrer nationalstaatlichen Höflinge und Lobbyisten in den globalen Entscheidungs- und Machtinstitutionen einherging. Die große Spekulationsblase auf den Neuen Märkten hatte dann vor allem eine Funktion: die Umwertung der Werte, die relative Entwertung der klassischen Produktionsmittel und die Inwertsetzung des »Wissens« als Produktivkraft und neuer Quelle des Reichtums.

Ein Netz von Megacities umspannt inzwischen die Erde, dessen Fäden via Mikrokrediten, Medien und Internet bis weit in die Peripherie reichen. Weltweit kennen die Kids die gleichen Megastars, die gleichen Soap Operas und die gleichen Computerprogramme. Die Initiative Negropontes, jedem Kind in den drei Kontinenten, das noch nicht verhungert ist, einen Computer als Sozialisationsapparat zu spenden, ist ganz folgerichtig. Zugleich erfahren wir heute, wie die seit 20 Jahren erschaffenen Informations- und Datenwelten als neues soziales Regulativ wirken. Sie stellen eine neue Produktionsweise von Informationsverarbeitung, Wissensproduktion und seiner Vermittlung dar und generieren neue Formen wissensbasierter gesellschaftlicher Produktivität. Dieser Prozess wird von seinen Protagonisten als »Wissensgesellschaft« bezeichnet. In diesem technisch-humanen Prozess, der ungeheuere Produktivitäts- und Wissensschübe hervorbringt, wird zugleich Subjektivität und Sozialität des je einzelnen aufgesogen, technisch formiert und geglättet. Das erzeugte Wissen scheint ohne die Erfahrung der Intersubjektivität auszukommen. Damit ist die tödliche Gefahr aller Abstraktion vorgegeben (Amok, Medizinsystem, Menschenverwaltung). Zugleich werden die Universitäten über den Bologna-Prozess rapide zertrümmert und zu »unternehmerischen Hochschulen« ummodelliert. Das gesamte Bildungssystem wird gegenwärtig reorganisiert und kapitalisiert, die »Bildung« selbst dreht sich wesentlich um Inhalte einer systemkonformen Autopoese. Zugleich wird auch die soziale Durchlässigkeit des Bildungssystems neu austariert (Bildung als Ware). »Wissensgesellschaft« ist auch ein Etikett, um die gesellschaftlichen Bildungskosten zu privatisieren und über globale/europäische Konkurrenz zu senken und die Wissensproduktion kapitalgerecht zu organisieren. Die Zusatzausgaben der bürgerlichen Mittelschichten (so genannte Bildungsinvestitionen) in die Bildung ihrer Kinder erreichen immense Summen und dieser Markt wird von einem privatisierten Bildungsangebot breit bedient. Bildung wird auf die Erlangung bestimmter Zertifikate und ihre Verwertbarkeit konzentriert (Employability), daraus erwachsen neue Abhängigkeiten von kapitalistisch vorgegebenen Berufszugängen – allerdings ohne Jobgarantie. Die globale Standardisierung und Marktgängigkeit des Wissens setzt die Wissensarbeiter unter internationalen Konkurrenzdruck. Ihre Marktpreise fallen, es bildet sich ein neues IT-Proletariat aus.

Es lässt sich an unzähligen Details beobachten, dass die Grenzen zwischen Arbeit und »Leben« in der »Wissensgesellschaft« zunehmend verschwimmen. Die Quantifizierbarkeit der Wissensarbeit, die wesentlich auch Autopoese und Arbeit am Arbeitsvermögen Anderer ist, Selbstausrichtung auf die Märkte und Eigenspekulation, wird unmöglich: wo beginnt Arbeit und wo endet sie? Offenbar ist diese Form der Arbeit, welche die Sozialisation primär einschließt und welche überhaupt nur im sozialen System möglich ist, mit dem Marxschen Ansatz der abstrakten Arbeit nicht mehr hinreichend zu begreifen. Sicher ist, dass Heteronomie ein wesentliches Merkmal der Arbeit überhaupt ist, aber keine hinreichende Bestimmung. Wir befinden uns in einer Situation, in welcher der Begriff der Arbeit verschwimmt und mit ihm der Begriff der Arbeiterklasse. Sicher ist, dass auch der klassische Begriff des Arbeitswerts seine analytische Potenz weitgehend eingebüßt hat.

Natürlich ist es verlockend, das auf neue, abstrakt-gesellschaftliche Weise produktive und sich irgendwie im Netz vermassende IT-Proletariat zum tendenziellen demokratischen Gegenspieler des Imperiums zu stilisieren, wie Hart und Negri dies unter dem Begriff der Multitude getan haben. Sicherlich werden diese Schichten tatsächlich am ehesten Widerstandslinien und Freiräume innerhalb der »Wissensgesellschaft« erfinden können. Die Schwierigkeit aber liegt darin, dass eine dem gegenwärtigen Zeitalter adäquate »Klassenanalyse« von vornherein global ansetzen muss und dass eine solche die chinesischen Weltmarktarbeiterinnen, die indischen Bauern und die sudanesischen Flüchtlinge nicht in die Katakomben des Nicht-Wissens versenken darf. Sie muss Widerstandslinien gegen die Vernichtungsdrohungen des globalen Kapitalismus errichten, weil dies der vordringliche Kern ihrer ethischen Bestimmung ist. Die Verteidigung der ersten Lebensmittel, gegen die Verwertung der Lebensressourcen, hat weltweit den allerhöchsten Stellenwert.

Wir werden also an einem historischen Materialismus arbeiten müssen, der die Besonderheit und Gleichzeitigkeit der Kämpfe gegen den globalen Kapitalismus zur Geltung bringt, wohl wissend, dass es weder die Multitude, noch eine Weltarbeiterklasse, noch die Entrechteten und Vertriebenen sein werden, denen eine Hegemonie des Widerstands zukommt, und dass neue Erkenntnis, neue Begriffe, neue Räume erst in einem vielschichtigen sozialen Prozess entstehen werden. Bis dahin ist es richtig, eher die Grenzen der Theoriebildung zu bestimmen, als Luftschlösser zu bauen. Vielleicht wird uns die Diskussion mit Slum-Dweller-Initiativen, die wir uns für die kommenden Monate vorgenommen haben, einen Schritt weiter bringen.

IV.

In der tayloristischen Fabrikorganisation blieb der Arbeiter eine seelenlose »Black Box«, der durch Zeitvorgaben und Normerfüllung angetrieben wurde. Die »Psychotechnik« der 30er Jahre beruhte im Wesentlichen auf Disziplin, Zwang und Kontrolle. Erst das Subjekt am Computer wird zur Monade, verschwimmt interaktiv, verdoppelt und verliert sich, wird zum Ensemble vorgefertigter Programme. Vor fast 25 Jahren hat Ahlrich Meyer seine noch heute lesenswerten Hypothesen über die informationelle Verdoppelung der Welt verfasst (»Informationstechnologien – eine neue Stufe im Klassenkampf«, AUTONOMIE 13/1983, S.51-66). In diesen Hypothesen ging es nicht nur um die Simulierbarkeit gesellschaftlicher Prozesse als neue Möglichkeit sozialer Prävention und Kontrolle, sondern in erster Linie wurde die virtuelle Welt als Abzug und Verlust subjektiver Konstitutionsbedingungen gedeutet. Die damals geäußerte Vermutung ließe sich heute am Beispiel von Computerspielen und Mensch-Maschine-Interaktionen im Arbeitsprozess verifizieren. Mehrere Millionen Menschen tummeln sich inzwischen auf der Internetplattform »second life«, wo sie mit »neuen, selbstgebastelten Identitäten« ein virtuelles Leben führen. Ganze Städte erstehen neu oder alte abbildgetreu in second-life. Virtueller Grundbesitz wird inzwischen schon gegen Realcash verkauft. Kürzlich gestand einer der second-life Teilnehmer in einem Radio-Feature, ein realer Kuss sei doch noch etwas aufregender als der im virtuellen Raum. Na, denn ... Eine andere Seite markieren die netzbasierten »sozialen Netzwerke« wie facebook, myspace oder studiVZ, an denen einige Hundert Million Menschen weltweit partizipieren und zwanglos mehr über sich an Daten, Gewohnheiten und Vorlieben preisgeben, als dem Verfassungsschutz zu erschnüffeln legal je ermöglicht wurde. Es verbreitet sich ein »Ende der Privatheit«, das dem Bundestrojaner komplementär ist. Der Druck der kapitalistischen Offensive auf die Subjekte ist enorm. Individuen und Gesellschaft müssen sich immer wieder »neu erfinden« – notfalls auf second life. Man muss Elite sein!

Auf den elementaren Prozess technologischer Gewalt, in dem Vielfältigkeit und Offenheit im Sinne einer Nicht-Teleologie durch Algorithmen ersetzt wird, hatte damals Detlef Hartmann verwiesen (Leben als Sabotage, Tübingen 1981). Der Zeitpunkt ist gekommen, diesen Faden der Diskussion über Subjektivität und technologische Gewalt im Computerzeitalter wiederaufzunehmen. Dass die Programme inzwischen eine Komplexität erreicht haben, die sie für den Einzelnen unüberschaubar machen, ändert nichts an ihrer offensichtlichen Zweckgerichtetheit, die nicht nur der Gewinnmaximierung dient, sondern der Gefangennahme des Individuums, und zwar durch die Evidenz der Programme selbst. Das Selbst wird zum Gefangenen eines Zwangs zur Selbstregierung und Selbstzerstreuung, zur interaktiven Produktivität und Selbstverwertung. Komplementär dazu wird sich ein autoritär präventiver Sicherheitsstaat herausschälen, der workfare und warfare state zugleich sein wird – mit episodischen love-parade Einsprengseln, dem Karneval und mit neuen Weltmeisterschaften und Gelegenheiten für alle, Fahnen und Individualität öffentlich zur Schau zu stellen.

Für Detlef Hartmann ging es damals schon um einen materialistischen Zugang zur Subjektkonstitution, denn nur mit einem solchen Zugang könnte es je gelingen, Subjektivität und Widerstand als Grundlage und Essenz eines materialistisch begriffenen historischen Prozess zu denken – das Kapital als soziales Verhältnis, keine Verobjektivierung der Verhältnisse, sondern deren Analyse als zwischenmenschliche und gesellschaftliche Prozesse, als historische Prozesse der Klassenkämpfe. Nur in diesem Sinne sind wir noch Marxisten, und dieser Punkt bezeichnet das Wesentliche unseres Desiderats einer politischen Theorie. Damals glaubte man, einer materialistischen Theorie der Subjektkonstitution über Sprachtheorien, anthropologische Studien und kulturelle Zugänge auf die Spur kommen zu können – heute wird man mehr denn je der »Bildung« und auch der Mensch-Computer-Interaktion konstitutive Effekte zusprechen müssen.

Das nazistisch-keynesianische Klassensubjekt wurde in den Weltkriegen geformt und neigte im Frieden zur Aufsässigkeit. Das postmoderne Subjekt wird am Bildschirm geformt und neigt zur abstakten Gewalt, die aus der Kälte des Algorithmus stammt. Die Programme, denen der einzelne als Monade am Computer ausgesetzt ist, entbieten eine permanente Aufforderung zur Gestaltung des eigenen selbstverantwortlichen Selbst aus präfigurierten Bauklötzen. Erfolgte die Stabilisierung des Selbst im »sozialdemokratischen Zeitalter« vielfach durch konsumtive Attribute, die aufgrund der Ausbeutung einer zerstreuten Millionenzahl von Weltmarktarbeiterinnen erschwinglich waren, so mindern nun andere, noch billigere Räusche die Scham des Herabgesetztseins und das Gefühl der Entwertung. Unterhaltung, Konsum, Porno und Halbwissen werden zu einem Elixier vermengt, wie es uns täglich aus dem Fernsehen und den Portalen entgegenschwallt. Kommunikation erfolgt im Takt der Billigtarife, nach bestimmten, von Netz und Telefonie geprägten Abläufen. Der Einzelne erfindet sich episodisch neu, sehr wohl in der Ahnung, dass die Bausteine seines Selbst außerhalb vorfabriziert werden. Eine Welt genormter Individualisten und medial geformter Lebensstile ersetzt die postnazistische Forderung nach Konformität. Heute weicht jeder genüsslich von der Norm ab. Das Biedere, Langweilige, Komplizierte wird argwöhnisch beäugt. Gleichwohl sind dem spaßigen Treiben staatlich enge Grenzen gesetzt, wie jüngst die Rostock-people knüppeldick zu spüren bekommen haben. Bei ernsthaft renitenter Individualität besteht Terrorismusgefahr! Aus all diesen Facetten wird ein »unternehmerisches Selbst« formiert, mit allen virtuellen Freiheiten ausgestattet, und nur der einzigen Drohung ausgesetzt, im kreativen Rattenrennen nicht schlapp machen zu dürfen. That's the mystery!

Möglicherweise findet ein »proletarischer Gebrauch« der neuen Technologien eher nicht in den Metropolen statt, sondern in der Peripherie und den Slums. Wie schon das Fernsehen anfangs Anlass zu Besuchen und Versammlungen gab, bevor es die Vorstellung von Lebensstilen formte, so wird dort das Handy heute als Mittel zur Beschleunigung der Kommunikation benutzt, ohne den Primat der sozialen Beziehung zu zerstören (es handelt sich eher um eine Form der Erhaltungs-Auflösung). Und auch den Computern können die sozialen Netze in der Peripherie zweifellos eine Zeitlang widerstehen und zugleich konkreten Nutzen abgewinnen. Wenn es Hoffnung auf die Emanzipation von Subjekten gibt, dann könnte sich diese vielleicht auch auf die Ungleichzeitigkeit von peripheren Gesellschaftsformationen und postmodernen Informationstechnologien gründen.

V.

Da wir über die Konstitution der Subjekte nicht genug wissen, sind wir um so eher geneigt, über Politik zu reden. Die bürgerliche Politik entstand im 19. Jahrhundert als Inszenierung und Substitution revolutionärer Prozesse auf einer Bühne des Parlaments, der Presse und der Bankette. Die Volksmassen wurden ihrer großen Themen enteignet, diese Themen wurden zu politischen Standpunkten und Meinungen transformiert und ihrer ursprünglichen Radikalität enthoben. Im Nationalismus des 20. Jahrhunderts wurden Investitionen in die Bevölkerungen kombiniert mit einem sozialen Rassismus, der aus der Kolonialpolitik reimportiert wurde und sich als negative Bevölkerungspolitik weltweit ausbreitete. Die westlichen Nachkriegsdemokratien beruhten wesentlich auf einem staatlich regulierten Interessenausgleich zwischen den national formierten sozialen Klassen, der unter der Doktrin des Kalten Kriegs sicherheitsstaatlich und notstandsgesetzlich abgesichert wurde (Modell Deutschland). Diese fordistischen Demokratien erreichten als »Sozialstaat« eine gewisse politische Stabilität und ein neues Niveau gesellschaftlicher Produktivität. Die formierte Gesellschaft wurde durch offene und unterschwellige Gegenströmungen seit Ende der 1960er Jahre unterhöhlt. Der »proletarische Gebrauch« der Sozialinvestitionen und die wachsenden politischen Lohnforderungen in den Fabriken markierten die Grenzen des fordistischen Systems, gleichzeitig mit den weltweiten antikapitalistischen und kulturrevolutionären Erschütterungen Ende der 1960er Jahre. Die »Revolution of Exspectations« in den drei Kontinenten wurde zum Menetekel des fordistisch-demokratischen Systems, welches in globalem Maßstab nicht tragfähig war.

Dereguliert werden konnte nur, solange noch belastbare Regulationen alten Typs vorhanden waren, genügend sozialer Kitt, Formen eines irgendwie gearteten Einverständnisses. Die als neoliberal bezeichnete kapitalistische Konterrevolution schmolz in den Zentren die Soziallöhne ab, schleifte und sanierte den »Sozialstaat« und machte das konkurrenzgetriebene Rattenrennen zum vorherrschenden sozialen Entwicklungsmotor. Vor allem Menschen aus den norm- und normalitätsabweichenden »gefährlichen Klassen« werden wieder offen solzialarbeiterisch kujoniert und verknastet. Die neue Straflust wird medial angetrieben, der Souverän schlägt zu und besinnt sich auf sein Recht über Leben und Tod. Der präventive Sicherheitsstaat, nach innen und außen polizeimilitärisch hochgerüstet, verschafft sich über immer neu geschürte Kriminalitäts- und Terrorpaniken eine halbwegs stabile politische Legitimation. »Sicherheits- und Knastindustrie« werden zu einem einträglichen Geschäft. Risikovorbeugung wird zur staatlichen wie zur individuellen Lebensmaxime. Ausgeschlossen wird, wer den Anschluss verpasst, wer zu einer sicherheits- oder gesundheitspolitisch definierten Risikogruppe gehört oder zu denen, die im kapitalistischen Verwertungsprozess bereits als »überflüssige

Restpopulation« stigmatisiert werden: Alte, Kranke, Immigranten und die Kinder der proletarisierten Unterschichten. Es genügt ein Blick in die Armutsberichterstattung der Wohlfahrtsverbände, die einerseits den sozialen Angriff mit ihrer Kollaboration feingriffiger machen, die die Vernichtung von Lebenschancen hunderttausender Kinder und Jugendlicher durch die »Arbeitsmarktreformen« andererseits aber doch zur Sprache bringen – Kinder, die nur mangelhaft ernährt, gekleidet und ausgebildet werden. Das sind metropolitane »Existenzvernichtungen« ungeheueren Ausmaßes. Hartz IV produziert Tote – wenn auch zunächst nur in Ausnahmefällen und am Rande der Gesellschaft.

Die auffälligsten Phänomene der Herrschaft neuen Typs sind allerdings nicht Armut und Knast – die Welt der Armut ist zergliedert und hinter vielfältigen Fassaden versteckt –, sondern es sind neue mediale Welten, von der Exekutive bestimmte Politikformen und übernationale politische Inszenierungen. Die Exzesse des Sicherheitsstaats und die großen Events, mittels derer die Welt gerettet werden soll, überlagern die materiellen Einbußen der Entrechteten und Erschöpften. Der Verlust gesellschaftlichen Kitts wird zudem durch eine virtuelle Kohärenz ersetzt, die sich aus der Evidenz der Computerprogramme unmittelbar ergibt und die, wie schon beschrieben, wahrhaft globalen Charakter hat. Da die Medien und »das Wissen« selbstreferentielle und kaufkraftorientierte Systeme sind, kommt die Armutsbevölkerung hier nur vor als Objekt voyeuristischer Folklore oder als zu bewirtschaftender Menschenpark.

In den drei Kontinenten bedeutete die Deregulierung von vornherein Massenmord, ein Krieg niedriger Intensität, der in unterschiedlichen Regionen die Menschen in die Weltmarktfabriken schleuste und andernorts die soziale Triage in Form von Hungerkatastrophen, Massakern und Vertreibungen betrieb. Das Bild vom Smarten Manager, und sei es ein Chinese, täuscht. Der Politikertypus der failing states ist der Warlord, der in der Lage ist, aus dem Niedergang des Sozialen ordnungsstiftend Profit zu ziehen. Die US-geführte Konterrevolution versuchte weltweit und ohne viel Differenzieru ngsvermögen, die trikontinentalen sozialen Blockaden aufzubrechen und die technischen und institutionellen Hindernisse für kapitalistische Marktexpansionen und Investitionen zu überwinden. Wo ihr das nicht gelang, wurden die geostrategisch bedeutenden und die ressourcenreichen Regionen mit militärischer Gewalt besetzt, konkurrenzäugig assistiert vom »liberalen Imperialismus« der europäischen NATO-Staaten. Die Verteidigung der westlichen Lebensweise, von »Demokratie und Menschenrechten« – selbst am Hindukusch – ist anscheinend immernoch mehrheitsfähig. Komplementär zur Zurichtung und imperialen Landnahme der Subjekte in den Clustern und den Metropolen erfolgt im Zuge des »global war on terrorism« der imperiale Zugriff grenzenlos auf die Welt. Endemische Kriege an den neuen Grenzen, Vertreibung, Lagerhaltung und Verwaltung von Menschen sowie Migrationskontrollen sind die Gewaltformen und -mittel zur Aufrechterhaltung der globalen sozialen Zonierung, welche die Räume der totalen Bewirtschaftung von denen des Todes und der Katastrophen trennt. Es entsteht eine soziale Geographie neuer, diffus verlaufender Gewaltgrenzen über den ganzen Erdball und in den Metropolen selbst.

»Antiterrorismus« heißt das wichtigste Bindeglied zwischen transnationaler Herrschaft und postdemokratischer Politik. Die Klimapolitik ist, politologisch gesehen, dessen europäische Variante. Der globale Krieg verlängert sich als Sonnenstaat in die Metropolen und erhebt sinnstiftend Anspruch auf Souveränität, auf Klimakontrolle und Rohstoffe. Neue Erfassungssysteme durchdringen die Gesellschaft (exemplarisch die elektronische Gesundheitskarte, die Sozialversicherungsnummer oder die Maut, aber fast täglich finden sich hierzu neue Nachrichten). Die smarte Implementierung von Programmen der Selbstzurichtung und Selbstzerstreuung muss durch nach innen und außen gewendete Zwangsmittel gesichert werden. Denn alle Herrschaft weiß um die Flüchtigkeit eines vor allem medial und virtuell erzeugten Konsenses.

VI

Es geht uns unverbesserlichen grauen Köpfen hier nicht um die Verbreitung kulturpessimistischer Theorien, sondern um die Wiedereröffnung einer Diskussion über neue Möglichkeitsbedingungen des Widerstands. Wissen sei Macht, hat vor über 100 Jahren ein Arbeiterführer gesagt – die Wissensproduktion in McKinsey-Zeiten scheint hingen den Möglichkeitsraum und Möglichkeitssinn des je einzelnen bis auf einen schmalen Korridor zugestandener Wahlalternativen zu verengen. Sie setzt immer schon Anpassung und Angleichung subjektiver Potentiale und Fähigkeiten voraus, die darum systematisch von Kindesbeinen an domestiziert, beschnitten und auf das Wettbewerbsfähige hin formiert werden – manchmal sogar in besten »erzieherischen Absichten«. Was bedeutet dann noch die Tatsache, dass ein Gymnasiast von heute mehr weiß als ein Kardinal vor 200 Jahren?

Wir haben indes keinen Grund, die Hungeratrophie der Hirne aus vergangenen Jahrhunderten sozialromantisch zu verklären. Wir sollten ein aktives Interesse an einer neuen Dialektik der Wissensproduktion formulieren, die Chancen eröffnen könnte, dass Möglichkeitsräume und -sinne wieder gedehnt und geöffnet werden. Der »Weltsicht der Algorithmen«, um einen aktuellen

Rezensionstitel zur Macht der Suchmaschinen anzuführen, muss ein Ethos der Aufhebung entgegengestellt werden, – alle Verhältnisse umzuwerfen, in denen der Mensch ein erniedrigtes, ein geknechtetes, ein verlassenes, ein verächtliches Wesen ist (Marx). Heute müsste hinzugefügt werden: ein »überflüssiges« Wesen ist. Die Überlegungen der 1980er Jahre, dass der neuen Technologie allein durch Sabotage und Verweigerung beizukommen sei, sind, bei aller Sympathie, so überlebt wie zerschlagene Webestühle von 1844. Aber die Komplexität der Programme zeitigt Fluktuationen. Die Monaden am Monitor haben gegenüber der vorausgehenden Generation schier unendlich erweiterte, technisch basierte Möglichkeiten, sich auf die Suche zu begeben und sich aus einer Fülle von Identitätsersatzangeboten neu zu erfinden. Vielleicht auch, Wege zu finden, sich aus dem Mensch-Maschine-System zumindest zeitweise zu emanzipieren und sich neben oder gegen den reißenden Zeitstrom zu stellen.

Neue soziale Räume, die über das Bestehende hinausweisen und Perspektiven eröffnen, entstehen aber sicherlich nur kollektiv und in der praktischen Suche nach Orten des Widerstands. Vielleicht können die neuen Technologien von dort aus auf ihre nichtkommerziellen Potentiale der Gegeninformation und auf einen »proletarischen Gebrauchswert« hin abgeklopft werden. Besonders scheinen hier die Möglichkeiten einer weltweiten Kommunikation faszinierende Perspektiven zu eröffnen. Aber die Interneträume sind eng, Programme strukturiert, Server leicht abzuschalten und Kommunikation zu unterbinden. Virtuelle Räume können die sozialen nicht ersetzen. Erfahrung, Lernen, lebendige Kommunikation und Diskussion braucht den Nahraum, den das Soziale erst erschafft, Gegenöffentlichkeit braucht soziale Orte des Widerstands, die Straße, das Arbeitsamt, das Lager ...

Unsere Aufgabe könnte es sein, angesichts der technologisch erzeugten grenzenlosen Scheinmöglichkeiten antithetisch auf dem authentischen Bezug zum Sozialen zu beharren. Die Mehrheit der Weltbevölkerung sitzt nicht am Computer, sondern lebt in den Slum-Cities der drei Kontinente. Der Einbruch der Peripherie in die Metropolen nimmt hingegen viele Formen und Gestalten an: Migration, Feminisierung der Arbeit, Prekarität, Lager, Ausgrenzung, Armut und Gewalt ... Neue Aussichten, neue Anknüpfungspunkte. Die Zeit läuft gegen uns. Aber, dass es ›so weiter ginge‹, wäre, nach Walter Benjamin, die Katastrophe. Haben wir eine Wahl, Sisyphos?

E.J. & D.V.

Detlef Hartmann

»Cluster« Die Organisation des sozialen Kriegs

»Unser Land erlebt gerade einen dramatischen Umbruch. In allen Generationen vor uns war Krieg das Prinzip des sozialen Wandels. Jetzt durchläuft Deutschland zum ersten Mal ... eine friedliche Transformation solchen Ausmaßes. Aber es hilft nicht, wir müssen da durch.«

(Fischer zur »Agenda 2010«, taz, 21.02.04)

Inzwischen produziert »Hartz IV« Tote. Wir wissen nicht, wie viele es sind. Die Dunkelziffer ist sicher hoch. Es war das mediale Interesse des »Stern«, das den Hungertod eines 20-jährigen Hartz IV-Empfängers Mitte April 2007 ins grelle Licht gehoben hat.[1] Mangels Kooperationsbereitschaft – er war nicht zur psychologischen Begutachtung für die Eignungsabklärung erschienen – waren die Leistungen auf die Kosten der Unterkunft und Heizung reduziert worden. Der junge Mann verhungerte. In ihrer Antwort auf eine »kleine Anfrage« des Abgeordneten Ulrich Maurer (BT-Drs. 16/5393) stellte die Bundesregierung die Vorgehensweise grundsätzlich als gerechtfertigt dar. Bei Kenntnis der psychischen Probleme des Toten hätte allerdings ein psycho-sozialer Dienst und das den Fallmanagern bekannte und ständig aktualisierte Netzwerk aus kommunalen Stellen, Wohlfahrtverbänden und Bildungsträgern in Anspruch genommen werden sollen.[2] Wenn wir die Todesrate von »Hartz IV« an der Zivilbevölkerung nicht kennen, wenn wir nicht wissen, wie viele inzwischen mangels Kooperationsbereitschaft mit den Fallmanagern gestorben sind, wir wissen eins: Es sind keine zufälligen Toten, es sind systemische Tote. Es ist die Drohung mit der Existenzvernichtung, die systemisch hinter den Zwängen zur Kooperation steht. Die politische Leitlinie unter »Hartz IV« ist: »Fördern und fordern«. Fordern heißt: Kommst du den Anforderungen des JobCenters respektive ARGE nicht nach, dich als ökonomische »Ressource« einzubringen und zu unterwerfen, dann wirst du nicht gefördert. Du kannst verhungern.

Fischer, der den Kriegseinstieg mit der Abwehr eines neuen Auschwitz bemäntelte, hat dies inzwischen als zynisches Manöver demaskiert. Deutschland ist im Krieg. Wir wissen nicht, wie viele Tote – Kombattanten und Zivile – er inzwischen gefordert hat. Wir wissen aber, dass der rot-grüne Einstieg ins Kriegsgeschehen zu Beginn ihrer Regierung der Anfang einer neuen Phase kriegerischer globaler Transformationspolitik war. Transformationspolitik genau in dem Sinn, in dem Fischer das Wort zur Begründung der Agenda benutzt. Die Zertrümmerung der Infrastruktur, die sozialen Zerstörungen, die zivilen Toten öffnen »zurückgebliebene«, »stagnierende« Gesellschaften in Südosteuropa, am Hindukusch, im Nahen Osten, in Afrika für die harten Forderungen der Selbstaktivierung und Selbstunterwerfung unter ein neues Regime, das wir all zu plakativ das »Neoliberale« nennen.

Diese Zielrichtung – später präzisiert in den nationalen Sicherheitsstrategien der USA und Deutschlands – lagen schon zu Beginn des Kosovokriegs auf dem Tisch, eindrucksvoll dokumentiert im Strategiepapier der Nato mitten im Krieg zu seinem 50sten Geburtstag. Was Fischer sagt ist: Agenda 2010 und Hartz IV werden als ein Transformationsprojekt durchgeführt, das in allen Generationen zuvor – 1914 und 1939 eingeschlossen – als Krieg organisiert wurde. Krieg als Prinzip des sozialen Wandels. Anders ausgedrückt heißt dies: »Wenn wir jetzt die Agenda 2010 und Hartz IV umsetzen, dann ist das ein gesamtgesellschaftliches Transformationsprojekt wie die Kriegführung 1914 und 1939.« Geschichtswissenschaftlich lag Fischer voll im Trend. Die Narrative (so heißen im Historikerjargon ihre »Erzählweisen«) zum amerikanischen Bürgerkrieg als erstem »totalen« Krieg, zum ersten und zweiten Weltkrieg stellten auf die Transformations- und Modernisierungsfunktion des Krieges um. Die Klammer zwischen gesellschaftlicher Transformation und Krieg bildete Fischer eindrucksvoll, als er seine Außenpolitik in die Kontinuität der Politik Stresemanns stellte (Die Zeit 6/2000).[3] Stresemann war an maßgeblicher Stelle an der kriegsökonomischen Transformationsstrategie des ersten Weltkriegs beteiligt und in den 20er Jahren federführender Wegbereiter nationalsozialistischer »Geopolitik«. »Geopolitik«, Geostrategie« sind inzwischen wieder Kürzel der Globalisierungspolitik.

Stehen soziale Zerstörungen und Tote durch Hartz IV und Tote im Kosovo, Afghanistan, Irak auf einem Blatt? Sozialer Transformationskrieg nach innen und außen? Nicht auf einem Blatt, sondern auf verschiedenen Blättern desselben Transformationsprojekts. Sozialer Krieg nach innen und außen als Ausdruck einer kohärenten Transformationsoffensive im globalen Maßstab. Wir nennen sie etwas unglücklich plakativ »neoliberale Globalisierung« und verstehen darunter zumeist Raub durch Verelendung, Prekarisierung, Ausplünderung. Die Offensive ist jedoch umfassender. Sie ist komplex und reicht in alle Dimensionen des ökonomischen, sozialen und kulturellen Lebens. Das tat schon die fordistische Offensive mit ihrer Beschleunigung in der Kette ihrer totalen Kriege. Nunmehr aber, nachdem Widerstände und verschiedenste Kampfformen sie in den 60er und 70er Jahren in die Krise gebracht haben, erneuert und intensiviert die postfordistische Transformationsoffensive dies auf neuer Stufe.

»Cluster« ist das Kürzel für eine Etappe dieser Offensive. In »Cluster«-Strategien findet sie ihren neuen raumpolitischen und raumorganisatorischen Ausdruck. »Cluster« heißt Häufung, Konzentration von ökonomischen Aktivitäten. Aber es ist weit mehr als bloß ein Ausdruck für die »Agglomeration« von Unternehmen, wie etwa in München, Stuttgart oder im Rhein-Main-Gebiet. Diese spielt auch eine Rolle, aber sie ist nur die äußere, messbare Erscheinung. »Cluster« bedeutet die organisatorische Bündelung und Intensivierung innovativer Energien, gepaart mit den aggressiven Sozialstrategien des postfordistischen Kapitalismus in der Region. Sozialstrategien, die innerhalb und außerhalb des Unternehmens den Griff in die »Ressource« Mensch vertiefen und die produktive Zurichtung seiner Subjektivität intensivieren und in neue Dimensionen treiben. Der Zugriff ist total und gewaltsam. Die Gängelung, die Qualen des Maßreglungsterrors und der Partizipationszwänge, an die die staatlichen Leistungen geknüpft sind, sind keine bloße Schikane oder Vehikel rein finanzieller Kürzung. Sie sind Teil dieses komplexen, umfassenden Zugriffs. Die Drohung mit Existenzvernichtung, ja mit dem Hungertod, mit Prekarisierung, Deklassierung und dem Ausschluss in die Überflüssigkeit sind der äußerste Pol der Zwangsmittel, um Subjektivität zuzurichten. »Begreif dich als Ressource, aktivierte deine produktiven und kreativen Potentiale im Sinne eines umfassenden Selbstunternehmertums, lern' dich zu unterwerfen und zugleich einzubringen und berichte vor allem über dich selbst, über jeden Schritt deiner Bemühungen, über deine inneren Widerstände und Bereitschaften, über alles«. Das ist das Motto dieses Zugriffs.

Der Grund: Die Kämpfe, Widerstände, Resistenzen gegen den Zugriff des fordistischen Kommandos hatten dem Kapital in allen Bereichen der Gesellschaft gezeigt, dass der menschliche Eigenwillen mit den Diktaten der Maschinengesellschaft (»Push« heißt das im neuen Managementjargon) – ihren Fließbändern, strikt hierarchischen Managementanweisungen, im stadträumlichen Pandon bspw. der Fußgängerzonen etc. – nicht beherrschbar ist. Dies drückte sich in den vielfältigen Widerstandsformen aus, die einen wesentlichen Aspekt der Grundkrise des Fordismus darstellte. Daraufhin stellte das Kapital die Grundstrategien seines Kommandos um: wenn der Befehl zur Beherrschung und Verwertung nicht ausreicht und auf Widerstand stößt, wenn er sich am Eigenwillen bricht, dann muss der Eigenwille gezwungen werden, sich selbst einzuspeisen (»Pull« sagen sie dazu, »hineinziehen«). Der Zwang zur Selbstbeteiligung, Selbstmobilisierung und Selbstunterwerfung enthält einen umfassenden Begriff des Selbst als »Ressource« und liegt im Kern der Strategie, neue subjektive Wertressourcen aus dieser Krise zu erschließen. Er wird in alle gesellschaftlichen Bereiche getrieben. So verbinden sich die Strategien des Zwangs, sich im Rahmen der ARGE und seines »Case Management« selbst zu aktivieren und zuzurichten, zugleich mit analogen Strategien in anderen Bereichen der Gesellschaft: im Unternehmen (»Intrapreneur« als selbstunternehmerischer Firmenbestandteil) und außerhalb des Unternehmens nicht nur als »Subunternehmer«, »Ein-Euro-Jobber«, »Ich-AG«, sondern auch in den Zwängen der Selbstaktivierung an Universität und Schule, in den Zwängen des Gesundheitswesens zur Selbstdisziplinierung etc. All dies wird im »Cluster« zusammengefasst. Das Cluster »existiert« jedoch nicht, es ist ein Vorhaben, das strategische Projekt eines umfassenden sozialen Angriffs. Seine Konzeption gilt der gesamten sozialen Wirklichkeit der Region und – in der Globalisierung seiner Imperative – der Welt. »Cluster«-Strategien durchbrechen damit die regionalpolitischen Vorstellungen des fordistisch-nazistischen »Zentrale-Orte-Modells«. Sie sind konzipiert als Inbegriff einer Dynamik, die die Drohungen mit Existenzvernichtung und letztlich mit Tod in Zwänge der »selbstunternehmerischen Selbstaktivierung« als umfangreiche Quelle des Werts umsetzt und darin das kapitalistische Kommando erneuert. Dass diese Zwänge erst in der »schöpferischen Zerstörung« des alten fordistischen Sozialmodells umgesetzt werde können, ist nur ein Moment und wiederholt frühere zyklische Umbrüche, von denen Joschka Fischer gesprochen hat.

»Cluster« als Angriffsprojekt und experimentelles Soziallabor in einem hat in der Bundesrepublik ein signifikantes Datum, von dem wir in diesem Band ausgehen und das wir in den Mittelpunkt stellen: Die Kooperation zwischen McKinsey, dem Volkswagenwerk und der Stadt Wolfsburg im Zentrum der Region Südostniedersachsens. Vorbereitet durch eine ganze Reihe regionalpolitischer Initiativen und Lernschritte vor allem von der »regionalen Entwicklungsagentur Südostniedersachsens e.V.« (reson), organisierten McKinsey, VW und die Stadt Wolfsburg Ende der 90er Jahre eine Initiativgruppe, um das regionale Cluster-Projekt aus dem Unternehmen VW als Kern umfassender Sozialstrategien in allen gesellschaftlichen Dimensionen umzusetzen. Ministerpräsident Schröder war maßgeblich für das Land Niedersachsen als Eigentümer an VW daran beteiligt und hob dieses Projekt als Bundeskanzler mit seinen grünen Partnern auf bundesrepublikanische Ebene. Das Zusammenwirken McKinseys (und anfänglich auch Bertelsmanns) mit der Stadt- und Landesregierung und mit VW als Global Player produktiver Sozialstrategien ergibt den totalen Charakter dieser Offensive. McKinsey ist der wohl wichtigste Partner, weil er global an allen gesellschaftlichen Fronten der Auseinandersetzung mit dem Subjekt operiert und er sein strategisches Angebot direkt aus den praktischen Auseinandersetzungen gewinnt. Mc-

Kinsey steht für »schöpferische Zerstörung« als Leitlinie einer aggressiven dynamischen Innovation der gesamten Gesellschaft, für den Griff in die Tiefen menschlicher Subjektivität, für kreative und Selbstorganisationspotentiale und ihrer Einverleibung in die kapitalistische Organisation als Prinzip dessen, was man »Wissensgesellschaft« nennt; für Transformationsmanagement als Forcierung der aggressiven Suchstrategien im Klassenkampf. VW ist ein globales Unternehmen, das die modernsten Managementstrategien (auch in Kooperation mit McKinsey) in den traditionellen Sektor einer alten Industrie hineintreibt. Es steht damit für die vorderste Front der Erschließung firmeninterner und externer menschlicher Ressourcen im Sinne erzwungener Selbstaktivierung im globalen Maßstab. Aber es steht in einzigartiger Weise zugleich für historische Tiefe. Es steht an zentralen Wendemarken deutscher Transformationsprozesse im Sinne Fischers: Seine Gründung 1937 erfolgte als nazistisches Pilotprojekt des fordistischen Durchbruchs in die volksgemeinschaftliche und letztlich bundesrepublikanische Leistungsgesellschaft. In einem analogen Sinne steht es für die Erneuerung dieser Initiativfunktion in der postmodernen Offensive, deren zentraler Bestandteil u.a. die wissensgesellschaftliche Kooperation mit Universitäten und Instituten darstellt, um sich die kreativen Potentiale im Management von Subjektivität und Gruppenarbeit einzuverleiben. Wolfsburg schließlich – unter der Direktive des Ministerpräsidenten als letzte kommunalpolitische Aufsichtsinstanz – steht für die sozialstrategische Umsetzung dieser Offensive im sozialen Raum der Region in alle gesellschaftlichen Dimensionen.

Wir werden diese Offensive unten in Umrissen nachzeichnen. Wir legen Wert darauf, dass es sich hier nicht um ein »Strukturmodell« im Sinne klassischer Agglomerationswissenschaft handelt, sondern im Kern um eine sozialstrategische Offensive. Um einen Angriff im sozialen Krieg der Zurichtung und des Zwangs zur Selbstzurichtung in der Konfrontation mit dem Subjekt. Wir werden zeigen, dass dies im Selbstverständnis der postmodernen politischen Ökonomie des Kapitals und seiner dynamischen Vorstellungen so ist. Wir werden zeigen, dass jegliches Verständnis dieses Prozesses als »Ordnung«, »neuer Weltordnung«, »neoliberaler Ordnung«, »Struktur« und »System« weit hinter den aggressiven Strategieprojekten des Kapitals zurückbleibt. Wir werden daran erkennen, dass der Kern der historischen Triebkräfte und der Charakter ihrer Dynamik nicht primär in Formeln des Werts und des Wertgesetzes ausgedrückt werden kann. Sondern in den lebendigen Auseinandersetzungen: einerseits in den qualitativen Zugriffsstrategien auf das Subjekt, in denen Wert generiert wird, und andererseits in dem Widerspruch des »Eigenwillens«, in den Kämpfen, in denen er beeinträchtigt oder verweigert wird. Anders formuliert: Zentral ist der soziale Antagonismus, die Kämpfe, in denen sich wertschöpfende Unterwerfung von Subjektivität und Selbstbehauptung begegnen und dann auch in Wertrelationen ausdrücken.

Das heißt vor allem, dass dieser Beitrag im Hinblick auf und aus der Perspektive der Kämpfe geschrieben wird. Und da alle gesellschaftlichen Bereiche wertrelevant sind, da das Kapital seine wertschöpfenden Unterwerfungsstrategien in alle gesellschaftlichen Bereiche hineintreibt, ist es das Gesamtspektrum der Kämpfe, das den methodischen Angelpunkt und perspektivischen Ausgangspunkt jeder Darstellung bilden muss. Kurz: sie entscheiden über jede »Wissenschaftlichkeit« der Darstellung. Sie enthüllen den Charakter der reduzierten »Wissenschaftlichkeit« im Geschichtsblick von oben, in Sozialwissenschaft, Arbeitswissenschaft etc. Die »Welt« ist kein erforschbarer Wissensgegenstand, sie ist ein offener dynamischer Prozess der widerstreitenden Kräfte. In ihn schreiben wir unsere Darstellungen hinein. Sie sind zu einem großen Teil aus persönlichen Erfahrungen in konkreten sozialen Auseinandersetzungen gewonnen, in die ich auch die Ergebnisse dieser Studien eingebracht habe. All dies soll helfen, die oft reduzierten Vorstellungen an einzelnen Fronten auf die übergreifenden Linien des Gesamtprozesses zu beziehen. Aus diesem Verständnis wollen wir auch unsere früheren Vorstellungen aus »Autonomie« und »Materialien für einen neuen Antiimperialismus« aufrufen und überprüfen. Das Grundverständnis, mit dem wir die Linien nationalsozialistischer und bundesrepublikanischer Sozialstrategien behandelt haben, mag sich nicht verändert haben. »Theorie« hat jedoch immer an der Vorläufigkeit teil, zu der der fortschreitende Weltprozess der Kämpfe jedes »Wissen« verurteilt.

Auch der Gang der Darstellung orientiert sich hieran. Verständnishintergrund sind die Erfahrungen der konkreten Auseinandersetzungen mit »Hartz IV«, wie sie in einer Vielzahl von Widerstandsformen ihren Ausdruck gefunden haben, mit den Strategien wissensökonomischer Offensiven am Arbeitsplatz, wie sie sich etwa im Streik bei Gate Gourmet manifestiert haben, in der Universität, in der ARGE, mit Militarisierungsstrategien an der Heimatfront, wie sie in alle gesellschaftlichen Bereiche von Religion, Militärmanagement kriegerischer Subjektivität bis Arbeitsverwaltung greifen. Ich könnte meine eigenen Erfahrungen in diesen Prozessen zum Ausgangspunkt machen. Aber alle Erfahrungen dieser Auseinandersetzungen sind nur Erfahrungen an Einzelfronten des globalen antagonistischen Prozesses. Man kann ihn aus ihnen erschließen, aber die sich daraus ergebenden Perspektiven sind beschränkt, ebenso wie es die Perspektiven des kapitalistischen Strategiemanagement im Arbeitsamt, an der Universität, im Cluster, in der Militarisierung, im Unternehmen sind. Sie alle fließen zusammen in einen Gesamtprozess, in dem sich übergreifende strategische Linien als Lernprozess entwickeln. Das Kapital fasst seinen Lernprozess in Formeln wie »learning by doing«, »trial and error«, »lernender Unternehmer«, »lernende Region«, »permanentes Lernen«. Unternehmen wie McKinsey und VW begreifen Regionalpolitik als strategische Lernprozesse in der Auseinandersetzung mit dem subjektiven »Material«, den »human resources«.

Der Lernprozess ist der Ort einer umfassenden strategischen Offensive, mit der das Kapital in die Tiefe des sozialen Subjektes zielt. McKinsey, Volkswagen, die Stadt Wolfsburg sind Firmen und Institutionen, in denen die Grundstrategien dieser Offensive formiert und formuliert werden – von innovatorischen Avantgarden und von neuen Eliten. Diese haben unmittelbare Relevanz im Gesamtkontext des Antagonismus. Ihr Ort ist nicht ein wie immer definiertes objektives »Kapital« als Gegenstand, ihr Ort sind die Subjekte seiner Durchsetzung. In diesem Verständnis der »Subjektivierung« operieren ihre Unternehmer auf allen Gebieten. Ja, das Menschenbild und die Philosophie dieser Subjektivierung gehört mit zu den grundsätzlichen strategischen Selbstverständnissen. Es ist nicht »das Kapital«, das durch seine Charaktermasken wirkt. Es ist das Selbstverständnis des Unternehmerischen, des innovatorischen Unternehmers, in dem sich das, was wir Kapitalismus nennen, eine neue historische Wirklichkeit zu schaffen versucht und Kapital produziert.

Dies rechtfertigt es, mit den aus den Kampfauseinandersetzungen von oben entwickelten strategischen Leitlinien zentraler Akteure wie McKinsey und anderer anzufangen, um diese strategischen Leitlinien des totalen Zugriffs auf die Region herauszuarbeiten. Anders: Wenn McKinsey (ebenso wie Bertelsmann) maßgeblich die Diktate von Selbstunterwerfung, Selbstaktivierung, Selbsteinspeisung ins Cluster und in die Region hineintreibt, dann haben sie ihre Strategien in den Auseinandersetzungen an tausend Fronten über Jahrzehnte hinweg formiert und entwickelt. Wir werden diese Strategien nicht darstellen und begreifen können, ohne McKinseys Bezugnahme auf Schumpeters dynamischer Ungleichgewichtstheorie und ihren Kern der Entfesselung barbarischer, innovativer, »subjektiver« unternehmerischer Energien darzustellen. Wir werden diese nicht verstehen können, ohne sie als Kern des wissensgesellschaftlichen Griffs nach der Subjektivität aufzuspüren. Und wir werden »Cluster«-Strategien nicht verstehen, ohne sie mit den modernsten US-amerikanischen (und mittlerweile auch bundesrepublikanischen) Ansätzen als sozialräumliches Aufmarschfeld dieser innovativ aggressiven Zugriffe zu begreifen.

Wenn wir also unten eine Vielzahl von Themen und Gegenständen abhandeln (wie die Strategien in Universität, Schule, Sicherheit, Militär, Psychologie), so drückt dies den grundsätzlichen methodischen Zugang aus: Dargestellt wird nicht ein Wissen von Gegenständen mit spezifischem ontologischen (Seins-)Status. Die Feststellungen und Begriffe empfangen ihre Wahrheit allein aus dem Ort im historischen Prozess, und das heißt, im antagonistischen Prozess in dem erweiterten radikalisierten Sinne, wie wir ihn hier verstehen. Dieses Verständnis radikalisiert den methodischen Ausgangspunkt von Karl Marx in seiner besten Zeit: dass es nur eine »Wissenschaft« gibt, die Wissenschaft von der Geschichte, und dass alle Begrifflichkeiten, Methoden, Seins- und Wirklichkeitsvorstellungen ihren Platz hierin haben. So sehen wir »das Cluster« als einen historischen Abschnitt des antagonistischen Prozesses, der allen sachlich-thematischen Feststellungen ihre Bedeutung und ihren Wahrheitswert zuweist. Da es nun um die Intensivierung des Griffs ins Innere der Subjekte geht, so werden uns gerade die Befunde der psychologischen »Wissenschaften« zeigen – die die Antwort des »Selbst« und der »Seele«[4] auf die neuen Inwertsetzungsstrategien beobachten –, dass es keine überhistorische Wissenschaft der Psychologie (und auch der Philosophie) im Sinne einer »Anthropologie« gibt, die sich der Dynamik des Antagonismus entzieht.

I Der historische Ort der Agenda 2010

1. Krise des Fordismus und der vertiefte Griff in die Seele

Die sozialstrategische Offensive der Formierung von Clustern und der darin eingebetteten Agenda 2010 haben ihren historischen Ort in der Dynamik der sozialen Auseinandersetzungen, die wir allzu leicht objektivistisch mit Begriffen wie »Transformation« und »Umbruch« etikettieren. Denn im »Umbruch« von Fordismus in Postfordismus überträgt sich der Grundkonflikt zwischen den kapitalistischen Strategien inwertsetzender Unterwerfung und der Selbstbehauptung seines sozialen »Objekts« in eine neue Phase, auf ein neues Niveau. Die fordistischen Strategien der Inwertsetzung waren in allen Bereichen der Weltgesellschaft in eine fundamentale Krise geraten. Das Kapital suchte nunmehr die Reorganisation in einem völlig neuen Zugriff auf die Subjekte. In der Offensive dieser Zugriffsstrategien haben »Cluster« und »Agenda« ihren spezifischen historischen Platz. Sie sind gekennzeichnet durch den Übergang der frühen »neoliberalen« Phase in den Betrieb ihrer Formierung und Vergesellschaftung. Aus diesem Grund wird sie auch verglichen mit dem Übergang der liberalistischen Epoche zum sogenannten »organisierten Kapitalismus« vor etwas über hundert Jahren – zu einem Kapitalismus, der seine Inwertsetzungsstrategien gegen die Subjekte zunehmend zu »organisieren«, zu »vergesellschaften« versuchte.

Die Krise der fordistischen Inwertsetzung lässt sich nicht auf einzelne Aspekte einschränken. Sie war umfassend und stellte das soziale Kommando des Kapitals in allen Lebensbereichen seiner Fabrikgesellschaft in Frage: in der Revolte der Jugendlichen gegen die Zwänge patriarchaler Disziplinierung in der postnazistischen Kernfamilie; in der Wiederaneignung öffentlicher Räume gegen das Zwangsregime funktionalistischer Programmierung und Verhaltenssteuerung der Siedlungen, Einkaufszentren, Fußgängerzonen etc.; in Massenstreiks, der Politisierung von Lohnforderungen und mikropolitischen Kampfformen gegen die Unterwerfung unter die tayloristischen Rationalisierungsformen und die hiermit verbundenen Diktate der Produktivität. Zugleich stellte die Revolution der Erwartungen in den trikontinentalen Peripherien die fordistischen Entwicklungsstrategien in Frage, treffend gekennzeichnet als »blutiger Taylorismus«. Wir werden die Antwort des Kapitals auf diese Krise nur in einigen Strängen skizzieren können, die für das Verständnis unserer Ausführungen von Bedeutung sind: die Erneuerung des sozialtechnischen Zugriffs auf das lebendige Arbeitsvermögen, die innovative Offensive in neuen Schlüsselsektoren, namentlich auf dem Gebiet der Informations- und Kommunikationstechnologien, die Totalisierung des Zugriffs auf das gesamtgesellschaftliche Arbeitsvermögen und damit das, was man früher die »Reservearmee« nannte.

Die Krise tayloristischer Rationalisierungsstrategien verweist zurück auf ihren gesamtgesellschaftlichen Charakter. Zu Recht hat Max Weber die tayloristischen Unterwerfungsstrategien als Kern sozialer Rationalisierung und Unterwerfung zugleich in der Gesamtgesellschaft behandelt. Es lohnt sich, kurz darauf einzugehen, um ihren Charakter, die Krise und die Umstellung tayloristischer Diktate auf den Zwang zur Selbstunterwerfung und Selbstrationalisierung nachzuvollziehen. Weber fasste den Taylorismus/Fordismus im Kern nicht als Regulationsparadigma, sondern schlicht als Angriff auf die Seele, auf Gesellschaftlichkeit, politische und Lebensautonomie. In seinem umfassenden soziologischen Grundriss »Wirtschaft und Gesellschaft« heißt es am Schluss des Kapitels IX zur Herrschaftssoziologie:

> »Die Betriebsdisziplin ruht, im Gegensatz zur Plantage, hier völlig auf rationaler Basis, sie kalkuliert zunehmend, mit Hilfe geeigneter Messungsmethoden, den einzelnen Arbeiter ebenso nach seinem Rentabilitätsoptimum, wie irgend ein sachliches Produktionsmittel. Die höchsten Triumphe feiert

> die darauf aufgebaute rationale Abrichtung und Einübung von Arbeitsleistungen bekanntlich in dem amerikanischen System des ›Scientific Management‹, welches darin die letzten Konsequenzen der Mechanisierung und Disziplinierung des Betriebs zieht. Hier wird der psychophysische Apparat des Menschen völlig den Anforderungen, welche die Außenwelt, das Werkzeug, die Maschine, kurz die Funktion an ihn stellt, angepasst, seines, durch den eigenen organischen Zusammenhang gegebenen, Rhythmus entkleidet und unter planvoller Zerlegung in Funktionen einzelner Muskeln und Schaffung einer optimalen Kräfteökonomie den Bedingungen der Arbeit entsprechend neu rhythmisiert. Dieser gesamte Rationalisierungsprozess geht hier wie überall, vor allem auch im staatlichen bürokratischen Apparat, mit der Zentralisation der sachlichen Betriebsmittel in der Verfügungsgewalt des Herren parallel. So geht mit der Rationalisierung der politischen und ökonomischen Bedarfsdeckung das Umsichgreifen der Disziplinierung als eine universelle Erscheinung unaufhaltsam vor sich und schränkt die Bedeutung des Charisma und des individuell differenzierten Handelns zunehmend ein.«

Max Weber hat sich persönlich schon Anfang des neuen Jahrtausends intensiv und maßgeblich in die psychophysische Abrichtung eingebracht und zwar in offener Konfrontation mit den schwer zu rationalisierenden seelischen Potentialen des Zugriffsobjekts: *»Denn wie von rationaler Technik und rationalem Recht, so ist der ökonomische Rationalismus in seiner Entstehung auch von der Fähigkeit und Disposition der Menschen zu bestimmten Arten praktischer rationaler Lebensführung überhaupt abhängig. Wo diese durch Hemmungen seelischer Art obstruiert war, da stieß auch die Entwicklung einer wirtschaftlich-rationalen Lebensführung auf schwere innere Widerstände.«*[5] Weber hat diesen »Typus« der Rationalisierung durchaus als »Idealtypus« behandelt, mit diesem Begriff fasste er ihn jedoch nicht als etwas »Gegebenes«, sondern als heuristisches Hilfsmittel zur Erfassung historischer Zusammenhänge, Entwicklungen und Dynamiken.[6]

Seine Beschreibung des Taylorismus (»scientific management«) wie auch seine eigenen wissenschaftlichen Beiträge hierzu betonen unmissverständlich den Angriffscharakter dieser neuen Sozialstrategien in der psycho-physischen Abrichtung und Zerlegung des Arbeitsverhaltens als Kern und Ausgangspunkt gesamtgesellschaftlicher Rationalisierung. In der Tat: alle maßgeblichen Arbeiten behandeln »Taylorisierung« als zentrale Strategie des Klassenkriegs im Zugriff auf die Subjekte und strategischen Kern sozialer Unterwerfung – orientiert am Leitbild der gesamtgesellschaftlichen Megamaschine. Die massiven Widerstände und Kampfformen in allen gesellschaftlichen Bereichen sind in vielen wesentlichen Aspekten und Entfaltungsformen dargestellt und analysiert worden.[7] Die »Hawthorne-Experimente« Anfang der 1920er Jahre haben aus dem Prozess dieser Kämpfe und widerständischen Verhaltensformen die nicht rationalisierbaren »informellen« Potentiale der Subjektivität und der Gesellschaftlichkeit zur Kenntnis nehmen müssen. Diese bildeten den Ausgangspunkt für alle möglichen neoreformistischen und dann auch faschistischen Bemühungen, sie in partizipativen Konzepten der »Betriebsgemeinschaft« und des »kollektiven proletarischen Wir« aufzufangen, zu greifen und für die kapitalistischen Offensive dienstbar zu machen. Die Rationalisierungsschübe in der tayloristisch/fordistischen Formierung von Gesellschaftlichkeit suchten ihre Vertiefung in zwei Kriegen und in den Formen aggressiver Erweiterung in periphere Gesellschaften, nur, um immer wieder auf die Barrieren des proletarischen »Eigenwillens« zu treffen. Taylorismus war kein »Idealtypus«, es war eine historische Strategie sozialtechnischer Unterwerfung als Kern für die Rationalisierung der Gesamtgesellschaft. Wir haben sie in Anknüpfung und Fortschreibung der Kämpfe in den 1970er und 1980er Jahren in den Rationalisierungsstrategien des Städtebaus, der Raumordnung, der kaufkräftigen Verkehrsströme etc. weiterverfolgt, auch um der Tiefe des Krisengeschehens nachzuspüren.[8]

Die Reaktion des Kapitals auf der Suche nach einem Ausweg aus der Krise war konsequent und wiederholte frühere historische Initiativen auf neuem Niveau. Wenn die Subjektivität sich dem fordistischen Zugriff verweigerte und die Erschließung der seelischen, »immateriellen Ressourcen« durch den Eigenwillen blockiert war, wenn dieser den Gehorsam gegenüber dem tayloristischen Rationalisierungsbefehl verweigerte, dann musste der Zugriff neu organisiert werden. Die technizistischen Vorstellungen des »abrichtenden« Griffs in das Selbst waren gescheitert. Der Griff ins »Selbst« wurde nunmehr im Zwang zu seiner Eigenaktivierung gesucht: im »Pull«. Bei Strafe existenzieller Bedrohung sollte das »Selbst« in einer grundlegenden Mentalitätsänderung dazu gebracht werden, seine Erschließung, Unterwerfung, Mobilisierung und Rationalisierung unternehmerisch selbst zu betreiben, als »Selbstunternehmer«, als »Arbeitskraftunternehmer«. Hiermit gerieten zugleich Motivation, Sehnsüchte, Hoffnungen, Freiheitswille, und die Dimensionen menschlicher Einbettung in Gesellschaft und Lebensformen in die Reichweite des produktiven Zugriffs. Sie alle wurden als Bestandteile und Dimensionen der Produktivität ausgemacht. Individuelle Ressourcen und soziale Dimensionen der Produktivität wurden nicht mehr getrennt, sondern im Anspruch auf gesellschaftliche Produktivität totalisiert.

Dies ist natürlich eine zusammenfassende Verdichtung. Der komplexe Prozess, in dem dies umgesetzt wurde, wird in einigen Facetten in diesem Buch beleuchtet. Insgesamt harrt er noch immer einer zusammenfassenden Darstellung. Im Bereich der industriellen Produktion sind die Linien bekannt, auf denen das Kapital in der Spätphase des Fordismus/Taylorismus dem Druck der Klasse zunächst in Humanisierungsstrategien auswich, um diese dann zur Eröffnung des neuen Regimes zu nutzen. Die strategischen Grundvorstellungen der Bewirtschaftung immaterieller Ressourcen und damit verbundenen Freiheiten waren ansatzweise schon in den 60er Jahren entwickelt und vor allem in den USA auf dem Weg in die Intensivierung der Zugriffe auf das »intangible capital«, das ungegenständliche Kapital.[9] Von besonderem Interesse sind hier auch die korrespondierenden Linien im Bereich der Theorien der Selbstorganisation, der Emergenz und der zunehmenden Einbeziehung von Intentionalität und Mentalität in den Kognitionswissen schaften. Diese korrespondierenden Stränge spiegeln den grundsätzlichen, den paradigmatischen Umbruch im Sinne Thomas Kuhns im Wechsel zu den subjektivierenden Zugriffsstrategien wider.

Mit der Vertiefung und Ausweitung des Zwangs zur Selbsterschließung transformierte sich notwendig der Charakter des Antagonismus. Konsequent gingen die neuen »Einladungen« an das Selbst zu seiner eigenen Rationalisierung im Zusammenhang seiner sozialen Einbettung in die Projekte der Gruppenarbeit ein. Gruppenarbeit wurde als Abschied von der Befehlshierarchie und Aufforderung zur selbsttätigen Erschließung eigener Produktivitätspotentiale im sozialen Kontext in vielen mittleren und Großbetrieben, vor allem im Automobilsektor eingerichtet, maßgeblich angeregt durch eine grundlegende MIT-Studie.[10] Die Unterschiede zwischen den Unternehmen in dieser frühen experimentellen Phase können hier nicht im Einzelnen thematisiert werden (bei Audi in Ingolstadt die Erstreckung auf Instandhaltungsaufgaben, bei Opel in Bochum die Einschränkung auf Reparatur- und Wartungsarbeiten, bei Mercedes die Erstreckung auf ganze Montageabschnitte unter Einschluss indirekter Tätigkeiten, Differenzen vor allem auch in der Organisation der begleitenden Gruppengespräche – in der Arbeitszeit, im täglich oder wöchentlichen Turnus, in der Organisation der Außenvertretung durch Gruppensprecher). Entscheidend war das Ziel, die tayloristischen Formen der Verhaltensorganisation in seriellen Abläufen und die damit verbundenen hierarchischen Befehlsstrukturen schockartig zu zertrümmern und durch Selbstorganisation, Selbstflexibilisierung, Selbstrationalisierung und Selbstkontrolle zu ersetzen, um eine Dynamik der Erschließung eigener kreativer und Leistungspotentiale und ihrer Einspeisung in das Gesamtunternehmen zu entfesseln. Gleich von Anfang an wurde der Charakter der Gruppenarbeit und Fertigungsinseln als soziales Labor mit Schockfunktion im Gesamtrahmen seiner betrieblichen Milieus daran erkennbar, dass sie massiv unter Beobachtung und Kontrolle hinzugezogener Beratungsunternehmen wie McKinsey (die für die überbetriebliche strategische Ausrichtung sorgten) und begleitender »Feldforschung« gestellt wurden, in der sich maßgebliche Spezialisten aus Universitäten, Instituten und Gewerkschaften einbrachten. Sie waren es auch, die sehr schnell neue Widersprüche und Widerstände registrierten. Die anfängliche Euphorie über rosige Zukunftshoffnungen des »Selbstunternehmertums«, der »Selbstrationalisierung« wich schnell der Ernüchterung angesichts neuer Resistenzen: der offenen Verweigerung bis zum klammheimlichen Boykott von Kooperationserfordernissen; der teils systematisch und kooperativ betriebenen Wissenszurückhaltung, auch gegenüber unzuverlässigen Kollegen; des Beharrens auf einem internen Gleichheitsprinzip gegen die Nutzung ungerechtfertigter Vorteile der Aufgabenverteilung und gegen die erneuten Formen der informellen Hierarchisierung durch Gruppensprecher oder interne »informelle« Macht- und Statuspositionen; der Verweigerung, den Feldforschern und Beratungsunternehmen Erfahrungen mitzuteilen, im Wissen, dass diese sofort in die »Feldtagebücher« aufgenommen und gegen sie verwendet würden; des Ausschlusses von als zu kooperationswillig eingeschätzten Mitarbeitern aus den informellen Gruppenzusammenhängen, wenn sie sich durch Verbesserungsvorschläge Status- und finanzielle Vorteile verschafft hatten; Kooperations- und Kommunikationszurückhaltung in den Gruppengesprächen des »Teams« im Wissen, dass diese nur dem Zugriff ins produktive soziale Wissen der Gruppe dienten; der Verweigerung der Übertragung von eigenem und Gruppenwissen über die Verbesserungs- und Kreativitätspotentiale, etwa zum Arbeitseifer, Arbeitsethos und Kooperationsfähigkeiten der Einzelnen; der Entwicklung nicht nur offensiver, sondern auch defensiver Verweigerungsformen gegen den Gruppendruck; der praktischen und offenen Infragestellung von Auftrags- und Zielvorgaben bzw. entsprechende Vereinbarungen, durch die die neuen Diktate der Zweckprogrammierung (in Abkehr von der tayloristischen »Konditionalprogrammierung«, der »Wenn-Dann-Programme«) unterlaufen wurde (siehe unten das Beispiel des Streiks bei Gate Gourmet). Die Wirksamkeit moralisch-ökonomischer Vorstellungen in der Auseinandersetzung mit den neuen »diskursiv-kooperativen« Zwängen der Selbstverwertung wurde genau registriert und im Feldtagebuch festgehalten:

»Dann kam sie auf das Streikverhalten zu sprechen. In der Insel (Fertigungsinsel, D.H.) gebe es etwa ein Drittel, das sich bei einem Streik nicht beteiligt. Dann bringt sie einen interessanten Vergleich: ›Mit solchen Leuten kannst du keine Gruppenarbeit machen. Die können nicht mal für ihren Lohn kämpfen. Die lassen andere für ihren Lohn kämpfen. Die schmarotzen nur und sind feige und unsolidarisch. Wie soll man denn mit denen zusammenarbeiten können?‹«[11]

Von fundamentaler Bedeutung ist dabei, dass die Beobachter auch den Widerstand gegen die Beeinträchtigung des Selbstwertgefühls und die Veränderung als Person im Tiefenzugriff auf die produktiven Ressourcen des Selbst registrierten. [12]

Im Unterschied zu den meisten euphorischen Arbeiten über die Offensive zur Erschließung subjektiver Ressourcen nehmen die genannten Studien Resistenzen, Blockierungen und Widerstand durchaus in den Blick. Sie versuchen damit zumeist, ihrer Aufgabe der begleitenden Erforschungen des sozialen Aufpralls der Offensive gerecht zu werden. Immerhin thematisieren sie damit auch den Angriffscharakter als Teil eines auf neuem historischen Niveau reproduzierten Antagonismus. Wie schon den Angriff des »Scientific Management«, so sieht Pongratz dieses Manöver zur Auflösung seiner in die Krise geratenen Sozialtechniken in neuen Formen der effizienten und »selbstunternehmerischen« Eigenausbeutung als strategischen Ausgangspunkt für den vertieften Griff in die Gesamtgesellschaft. Unter Sprengung der Grenzen des überholten Unterwerfungsmodus werde nunmehr der »Klassenkampf ... in die Seelen und Köpfe der Arbeitskräfte selbst verlagert« mit dem Ziel eines tendenziell »totalen Zugriffs«.[13] Wenigstens andeutungsweise tragen derartige Formulierungen wieder der Klasse als Subjekt des historischen Prozesses Rechnung. Leider bleibt es bei dieser pauschalen Feststellung. In der Regel wird der Angriffscharakter in der Figur eines »Idealtyps« unkenntlich gemacht, unbeirrt durch das aggressive Selbstverständnis des Managements, wie Weber es beschrieben hat.

Anders das Management selbst. Seine Antwort war ein konsequenter strategischer Zug gegen die Insubordination der Arbeiter. Es rief sich auf eine Rückzugslinie zurück. Es beschränkte die gerade erst eröffneten Freiheitsgrade drastisch und koppelte dies mit einer Rezentralisierung des Kommandos, ohne jedoch den Zwang zur Selbstflexibilisierung und Selbstrationalisierung zurückzunehmen. Das Arbeitsverhalten sollte nur mehr in engeren Korridoren unter dem Diktat von eingeschränkten Zielvereinbarungen geführt und kontrollierbar gehalten werden. Roland Springer, der in der Zentrale von Daimler-Chrysler für Arbeitsorganisation und Verbesserungsmanagement zuständig war und ebenso wie McKinsey die Zusammenführung von Praxis und soziologischem Wissen unter den Begriff der »schöpferischen Zerstörung« stellte, hat dies in einem Buch über Arbeitspolitik in der Automobilindustrie zur Frage der Dynamisierung subjektiver Arbeitsressourcen als »internes Unternehmertum« (»intrapreneur«) wie folgt ausgedrückt:

> »Das heute praktizierte interne Unternehmertum ist insofern durch eine Doppelbewegung charakterisiert: verbindliche Zielvorgaben und ein detailliertes Zielcontrolling werden im Rahmen des so abgesteckten Handlungsrahmens von erweiterten Handlungsspielräumen und mehr Verantwortung begleitet. Man kann insofern von einer gesteuerten und eng kontrollierten Eigenverantwortung sprechen, die sich in den Unternehmen ausbreitet«.[14]

Diese Reaktion war nicht auf Daimler-Chrysler beschränkt, sie bestimmte die Managementstrategien in der gesamten Automobilindustrie (auch bei VW) und darüber hinaus in anderen Bereichen, wie wir unten am Beispiel Gate Gourmet sehen werden.[15]

2. Schlüsseltechnologien

Wie im Take-Off des Taylorismus vor mehr als 100 Jahren die neuen elektrotechnischen Schlüsselindustrien eine zentrale Rolle in der seriellen Organisation des Arbeitsverhaltens (z.B. Elektromotoren des Fließbands etc.) und in der Zentralisierung des Kommandos (z.B. Telefonie) gespielt haben, so spielen die Schlüsselindustrien der Informations- und Kommunikationstechnologien heute eine zentrale Rolle in der Dynamisierung der Akkumulation und Unterwerfung des Arbeitsvermögens. Da sie zugleich den bestimmenden Kern im Prozess der Selbstherstellung neuer hegemonialer Eliten und der Formierung von Clustern darstellen, von denen aus die Transformation der Welt betrieben wird, sollen sie hier kurz skizziert werden.

Aus den Darstellungen dieser Dynamik ragt der umfassende Gesamtüberblick von Manuel Castells zur »Netzwerkgesellschaft« heraus, weil er die Dynamik in ihrer ganzen Komplexität in den Blick nimmt.

Castells behandelt die Informations- und Kommunikationstechnologien als Kern der »Netzwerkgesellschaft«. Er sieht sie nicht als neutrale Erfindung, sondern als Innovation im Sinne der modernen Innovationstheorien. Er beschreibt sie als aggressiven innovativen Kern eines Sozialprozesses »schöpferischer Zerstörung« auf der Suche nach neuer Macht, neuem Wachstum – Ausweg zugleich aus der krisenhaften Stagnation des Fordismus bzw. Keynesianismus. Seine Darstellungen in den gründlichen und umfassenden Recherchen des dreibändigen »The Information Age« und in »The Internet Galaxy« versuchen eine erste ökonomisch-soziale Großerzählung des Take-Off des postmodernen Zyklus um den materiellen Kern dieser Schlüsselinnovation in eine neue Etappe der Globalisierung. Castells orientiert sich ausdrücklich an Schumpeters Vorstellung innovativ-unternehmerischer »schöpferischer Zerstörung« als Motor der historischen Dynamik: Zerstörung des Alten, Schöpfung des Neuen in allen Bereichen der Gesellschaft. Innovation wird nicht auf seine Bedeutung im Schema von objektiver Produktivkraftmodernisierung reduziert, nicht einmal von neutraler Erfindung und produktiver Anwendung, von technologischer Ursache und sozialen Auswirkungen. Castells fasst sie als Strategie sozialer Durchdringung in alle gesellschaftlichen Dimensionen. *»Technologie ist weder gut, noch schlecht, noch ist sie neutral. Sie ist in der Tat eine Gewalt, unter dem aktuellen technologischen Paradigma wahrscheinlich mehr denn je, die in den Kern von Leben und Denkweisen eindringt.«*[16] Diese Gewalt, diese Kraft sieht er sozial in den aggressiven Energien unternehmerischer Pioniere verkörpert. Als innovative Eliteformationen machen sie sich zu hegemonialen Kernen eines asymmetrischen Prozesses der Globalisierung, in dem sie ihr Umfeld und im weiteren Fortgang die Weltgesellschaft durch einen umfassenden Aufmarsch schöpferischer Zerstörungen zu unterwerfen und sich und neuen Reichtum zu verwirklichen suchen. Zur Schöpfung der neuen Internetgiganten schreibt er: *»Die Internet-Unternehmer sind zugleich Künstler, Propheten und gierig. ... Ihre Techno-Meritokratie verschrieb sich einer Mission der Weltherrschaft (oder Gegenherrschaft) durch die Macht des Wissens ... Sie würden die Welt übernehmen durch die Macht, die diese Technologie ihnen verlieh.«*[17]

Technologische Machtergreifung und Weltbemächtigung verfolgt Castells von den bekannten Durchdringungsstrategien des »Supply Chain Management« in der Organisation von Zuliefererindustrien, Distributions- und Informationsketten (die Wissenserschließung bis in die Privatsphäre) bis in die softwaregestützten Programme in der Durchsetzung der Selbstaktivierung und -flexibilisierung von Arbeitsleistung und ihrer Kontrolle (im »Total Quality Management«) usw., wie sie hier abgehandelt werden. Es liegt auf der Hand, dass gerade sie ohne die neuen IT-Technologien überhaupt nicht möglich wäre.[18] Sicher zerstören diese auch die Raumordnung des Fordismus (in Deutschland das aus dem NS herrührende und in der BRD ausgebaute »Zentrale-Orte-Modell«). Aber hinsichtlich des raumorganisatorischen Ausdrucks dieser Dynamik kritisiert er ähnlich wie Michael Porter, John Brown und AnnaLee Saxenian die damaligen Gemeinplätze der Ortlosigkeit der Innovation im Informationszeitalter als Mythos. Die Raumorganisation und -bemächtigung (bis in die Organisation neuer Großräume) folge der »logic of clustering« als einem Vorstoß dynamischer Knotenbildung von den raumbildenden Kernen hegemonialer Cluster aus, die mit ihren industriell/wissenschaftlichen und sozialen Zusammenballungen die alten Inhomogenitäten auflösten und neue krassere ausdifferenzierten und vorantrieben.[19]

3. »Cluster« und ihre hegemonialen Eliten

Die bisherigen Darstellungen werden plausibel gemacht haben, wie absurd es ist, von einem gegebenen Begriff des »Cluster« als Schema der Ressourcenallokation und Standortpolitik auszugehen. Vielmehr spiegelt die unterschiedliche Begriffsbildung selbst (wie uns Marx dies auf dem Hintergrund seiner Darstellungen in den Frühschriften heute wieder gesagt hätte) die Diskrepanz zwischen historisch überholten und neuen Vorstellungen wieder, die sich an den Strategien des Klassenkampfs orientieren. In der postfordistischen Phase werden sie subjektiviert im Sinne einer Bündelung unternehmerischer Energien verstanden. Ich werde dies an vier führenden Theorieinitiativen deutlich machen: den Bemühungen, die Dynamik und Welthegemonie des Clusters Silicon Valley zu verstehen (Bresnahan, Moore, Saxenian, Castells), den sozialräumlichen und sozial-dynamischen Untersuchungen zur »Creative Class« (Florida) und den mehr unternehmensbezogenen Darstellungen von Brown und Hagel und schließlich Michael Porters Darstellungen, Guru der amerikanischen Cluster-Strategien in Theorie und Praxis bis in ihre sozialräumlichen Offensiven (Newark) hinein und (auch über McKinsey) Bezugsgröße für die Wolfsburger Strategien.

Alle diese Ansätze verweisen die »klassischen« Theorien wie bspw. den Strukturalismus, die Regulations- oder die Werttheorie usw., die »Cluster« als bloßen neuen Namen für die sattsam bekannten Theorieansätze von Standort- und Agglomeration von Sachkapital im infrastrukturellen Gewebe begreifen, ins Reich der Geschichte. Nicht, weil sie falsch waren, sondern weil sie von der postfordistischen Innovationsoffensive ins Reich der Geschichte verwiesen worden sind. Für die Kritik, die aus solchen alten Vorstellungen an den politischen, inzwischen endemisch gewordenen »Cluster«-Strategien geäußert wird, sollen exemplarisch genannt werden die Mitarbeiter der Gesellschaft für Finanz- und Regionalanalysen GBR Münster (GEFRA) Björn Alecke, Gerhard Untiedt u.a.[20] Ihre Vorstellungen sind orientiert an einem veralteten Kapitalbegriff, der sich auf Inputs (vornehmlich Sachinputs) beschränkt, wie sie in der Wachstumstheorie von Alfred Marshall bis Richard Solow und in Deutschland allgemein (bis auf wenige Ausnahmen wie Wilhelm Röpke, Erich Staudt, Joachim Starbatty) vertreten wurden. Die linke Kritik der Agglomerations- und Infrastrukturpolitik ist dem weitgehend verhaftet geblieben. In den sehr lesenswerten Untersuchungen, die Timothy Bresnahan und Alfonso Gambardella zusammengefasst und ausgewertet haben[21], wird festgestellt, dass klassische Inputs wie Sachkapital, Firmenagglomeration ja sogar High-Tech-Universitäten, Forschungs- und Entwicklungsinvestitionen und Venture-Kapital die Dynamik von Wachstum, Führung und imperialer Vorherrschaft des exemplarischen postfordistischen Clusters »Silicon Valley« nicht erklären können.

Die Initialzündung von Silicon Valley war kein Regierungsakt, ja nicht mal die Investitionsinitiative eines bestehenden Kapitalisten oder gar »des Kapitals«. Es war ein Akt innovativer Energien, die sich aus dem traditionell organisierten Kommandobereich eines bestehenden Unternehmens herauslösten. Sie ging Ende der 1950er Jahre von Angestellten der Firma Shockley aus, dem ersten Unternehmen zur Herstellung von Halbleitern. Diese »verräterischen Acht« (unternehmerische Studenten lange vor Bill Gates) emanzipierten sich von William Shockleys noch an tradierten tayloristischen Vorstellungen orientierten Managementdiktatur. Sie verbanden in ihren Unternehmensgründungen die Befreiung vom Alten, den Wunsch nach Selbstverwirklichung und Entfesselung mit neuen Managementformen – Formen, die den explosiven dynamischen Kern von Silicon Valley bildeten. Sie entfesselten das Potential von Technologie und Management im IT-Bereich in seine offene Zukunft. Zu den »verräterischen Acht« gehörten auch Gordon Moore (Gründer von Fairchild Semiconductors, des ersten IT-Unternehmens überhaupt, und Gründer von Intel), aber auch AnnaLee Saxenian, die inzwischen zur führenden Theoretikerin und Päpstin für die Bedingungen dynamischer Regionen bzw. Cluster wie Silicon Valley und Hsinchu avanciert ist. Beide haben die Cluster-Dynamik als komplexes innovatives Gesamtphänomen betrieben und erlebt, in dem innovative unternehmerische Kerne ihre Selbstverwirklichungsutopien als Herren eines neuen Zyklus zum Ausgangspunkt für die totale Umgestaltung nicht nur ihrer eigenen Lebensweise, sonders derjenigen ganzer Regionen und der Welt (Globalisierung) machen – »creating und learning by doing«. Eine Umgestaltung im Wege eines aggressiven, dynamischen transformativen Prozesses also und nicht als Implementierung einer »Strukturvorstellung«. Die unternehmerischen Energien werden zugleich auch als soziale Triebkräfte der Überwindung von Widerständen (auch sozialen Widerständen) begriffen, der »Funke der Unternehmerschaft« liegt in ihrem Kern. Bresnahan und Gambardella sehen dies als zentralen Grund dafür an, warum die Schemata der Agglomerations- und Akkumulationstheorie aus den alten Vorstellungen Marshalls die subjektiven Triebkräfte der Ökonomie nicht fassen können. AnnaLee Saxenian hat sich hauptsächlich mit der Untersuchung der sozialkulturellen Ausdrucksformen dieser Dynamik beschäftigt: face-to-face Kontakte einer mobilen innovativen Schicht, die Avantgarde, das Selbsterlebnis ihrer Unterschiedlichkeit mit Konkurrenz-, aber auch mit Kooperationsformen im Weltkontext verbinden.

Diese neue Herrenklasse und die neuen kreativen Eliten, die sich in die hegemoniale Dynamik einbringen, sind das postmoderne Pendant der fordistisch/tayloristischen Funktionseliten, die die soziale Umgestaltung der Welt vor allem in zwei Kriegen betrieben haben – der »servants of power«, wie Loren Baritz sie genannt hat.[22] Nicht eiserner Rationalisierungszugriff charakterisiert exemplarisch die Mitarbeiter der neuen Spitzenunternehmen im Silicon Valley, sondern der sogenannte »Googleness-Faktor«: Spitzenabschluss an einer Spitzenuniversität ja, Führungserfahrung ja, aber keine Grabenkämpfe, kein Machtgehabe. Die Google-Gründer möchten das Universitätsflair erhalten, das sie als Standford-Zöglinge genossen haben: die Unbeschwertheit, den Mut, Unerlaubtes zu denken, kindlich neugierig und schlecht angezogen zu sein. Die »Spiegel«-Berichterstatterin Michaela Schiessel jubelt in ihrem Artikel: »Vielleicht ist das ja das wahre Erfolgsgeheimnis der Wunderfirma Google: Alphamännchen müssen draußen bleiben.«[23] Verfrühter Jubel. In der Transformation der innovativen Technologien und ihres Unterwerfungsmanagements haben sich periodisch immer neue Gestalten des Alphamännchens hervorgebracht. Der »Google«-Typus ist nicht der alte »servant of power« der tayloristischen Stab-Linienhierarchien – Leittypus auch einer neuen Bürgerlichkeit. Google, Yahoo und ihre Konkurrenten stellen derzeit die Upstarts der neuen »social networks« wie Flickr, Facebook, MySpace, YouTube in ihren Dienst, deren kreative Innovateure diesem neuen Sozialtypus neue Gestalten und Gesichter geben.[24] Ihr Charakter ist keine Maske. Sie sind die kreativen Unternehmer neuer Initiativen kapitalistischer Bemächtigung im Sinne Schumpeters. Wie sehr es neben Reich- und Herrentum auch der Drang zur Selbstverwirklichung ist, der sie treibt, enthüllt auch ein Bericht über die Eliten von Silicon Valley von Gary Rivlin, den die New York Times kürzlich im Rahmen einer Serie über das »Age of Riches, die Junior-Mogule« abdruckte. »Nach dem Erfolg machen junge Unternehmer immer weiter«, sagt er und zitiert einen am unteren Rand der Milliardengrenze angekommenen Jungunternehmer: *»Ich wüsste nicht, was ich machen sollte, wenn ich nicht Unternehmen gründen würde. Vielleicht würde ich daran denken, mir die Pulsadern aufzuschneiden.«*[25] Dieser Typus bildet den hegemonialen Kern der »ganz kreativen Klasse«, die Holm Friebe und Sascha Lobo als führendes Segment der prekarisierten Intelligenz ausmachen.[26] Friebe und Lobo beziehen sich ausdrücklich auf die Partnerprogramme von

Amazon und Google und auch auf Richard Florida, den wir im folgenden Abschnitt behandeln. In dieses Geflecht bringen auch Susanne Lang und Florian Schneider ihre Vorstellungen von »Multitude« im Verständnis Hardts und Negris in der Arranca!-Ausgabe No. 31 unter der Überschrift »Vorwärts, du junge Garde ...« ein. *»Denn wenn es schon keine gemeinsame Ausgangslage gibt, dann ist es allemal vielversprechender, die Perspektive der Organisierung nicht in der allgemeinen Misere, sondern bei den zu verallgemeinernden immateriellen Produktionsmitteln zu suchen ... .«*[27]

Manuel Castells hat auf dem Hintergrund seiner Erfahrungen mit der Revolte der 68er Intelligenz die Rückbezüge zu den innovativen Kernen der damaligen Revolte gesucht und den Prozess ihrer Entwicklung bis zu den neuen barbarischen Herren von »Oracle«, Cisco, Amazon gezeichnet.

Silicon Valley führt noch immer die Dynamik der transnationalen Clusterformierung an, einschließlich der nachholenden Clusterisierung des europäischen und deutschen Raums. Nicht nur Intel und Cisco erscheinen uneinholbar. Auch die neuen Startups im IT-Sektor belegen die fortwährende Dynamik und globale Hegemonie des Clusters Silicon Valley. Inzwischen treibt sein eingespielter Motor auch andere innovative Technologien wie Nanotechnologie und Umwelttechnologien: *»Ein neues Cluster entsteht in Silicon Valley, das eine Führungsrolle im Zusammenhang mit dem globalen Klimawechsel in Anspruch nimmt«.*[28]

Richard Florida hat in seinem Buch »The Rise of the Creative Class«[29] die Herrenenergien, wie sie sich im innovativen Sozialprozess zum Cluster formieren, empirisch untersucht und nachgezeichnet. Auch er geht von Schumpeters Vorstellungen eines schöpferisch zerstörerischen sozialen »Gestaltwechsels« aus und verfolgt die »selbstunternehmerischen« Energien und Lebensvorstellungen der neuen Avantgarden ähnlich und unter besonderer Bezugnahme auf AnnaLee Saxenian als Triebkraft in das innovative Clustering neuer Unternehmen, regionales Wachstum, Lebens- und Interaktionsformen der kreativen Identitätsbildung und damit zugleich als Ausdruck der Selbstmobilisierung »immaterieller Ressourcen«. Florida beschreibt dies als dynamischen Prozess, in den sich die kreative Klasse in allen gesellschaftlichen Dimensionen entfesselt, die Welt umgestaltet und neue Lebensformen erzwingt. Vor allem beschreibt er sie als Kern des neuen »Cluster«, der die Vorstellung angeblich ortloser Vernetzung (wie sei auch hier zum Teil von Linken gepflegt wurden) ins Reich der Mythen verweist. Die kreative Herrenklasse versammelt sich im Cluster, ja sie bildet und dynamisiert das Cluster. Tagsüber mögen sich die Leute im World Wide Web treffen. Abends unterhalten sie sich in Kneipen und feinen Restaurants, um neue Geschäftsmethoden und Kooperationsm öglichkeiten zu erörtern. Wie auch schon Castells begreift Florida (aus der Perspektive der neuen Klassen allerdings) die Produktion neuer Unterklassen einschließlich ihrer Genderstrukturen aus dieser sozialen Dynamik. Er stellt zugleich die Frage nach den Risiken für soziale Kohärenz, Anomie in ähnlicher Weise, wie dies schon die Theoretiker im Take-Off des Fordismus getan haben.

John Hagel und John Seely Brown[30] setzen den Schwerpunkt eher in der Dynamik des Unternehmens als Ort innovativer Strategiebildung und verfolgen sie in die sozialräumlichen »Ökosysteme« der Cluster bis in die imperialen Transformationsprozesse von Subcluster durch offensives Offshoring und über sie in ihre jeweiligen sozialen »ecologies« hinein (Bangalore, Chongqing). Hier wird Globalisierung als übergreifende transnationale und – regionale Offensive bzw. Prozess sozialer »schöpferischer Zerstörung« und Selbstunterwerfung thematisiert und zugleich praktisch propagiert.

Schließlich ist Michael Porter zu nennen, der mit seinem Buch »The Competitive Advantage of Nations«[31] und weiteren Aufsätzen zum internationalen Guru der Clusterstrategien auch für die deutschen Initiativen aufgestiegen ist. Praktisch hat er dies als strategischer Berater vieler, vor allem auch lateinamerikanischer Regierungen umgesetzt und verfeinert – in den USA auch neuerdings in unterklassenorientierten sozialpolitischen Initiativen wie etwa in Newark, N.J. Theoretisch hat er die praktischen Erfahrungen selbst und mit seinem Mitarbeiterstab in einen Lernprozess umgesetzt, der seinerseits wieder in praktische Initiativen zurückübersetzt wird. Sein Assistent am Institute for Strategy and Competitiveness an der Harvard Business School, Christian Ketels,[32] ist hier in Deutschland in die Förderung der Cluster-Strategien eingestiegen. Obwohl Porter (auch durch seinen Bezug auf Alfred Marshall) streckenweise den Eindruck erweckt, er sei an einem inputorientierten Konzept von Sach- und menschlichen Qualifikationsagglomerationen orientiert, so lässt er doch keinen Zweifel daran, dass er dies im Sinne einer »schöpferischen Zerstörung« als aggressive soziale Offensive verstanden wissen will:

> »Die Aufrechterhaltung des Wettbewerbsvorteils verlangt von einer Firma, dass sie selbst eine Vorgehensweise dessen praktizieren muss, die Schumpeter ›schöpferische Zerstörung‹ nannte. Sie muss ihre alten Vorteile durch Schöpfung neuer zerstören.« ... »Innovation wird nicht der Stabilität wegen und auch nicht unter in Anspruchnahme umfassender Ressourcen betrieben. Obwohl ein Minimalumfang erforderlich ist, um Forschungs- und Entwicklungsmittel effektiv zu machen mit Unterschieden von Industrie zu Industrie, so sind es doch kleinere Firmen und ›Außenseiter‹, die die wirklichen Motoren schöpferischer Zerstörung sind.«[33]

McKinsey propagiert in seinen Publikationen Porter als führenden Clusterstrategen grundsätzlich subjektivistisch, wie das Motto zu einem Interview Porters zeigt: »Alle für einen: Cluster bestehen aus Menschen – und haben nur eine Chance, wenn alle in einer Region mitmachen.« Besondere Bedeutung misst Porter über die Sachelemente eines funktionierenden Clusters hinaus dem zu verwertenden Arbeitskräftepotential zu:

> »Herstellungs-Cluster können in mehr ländlichen Gebieten liegen: aber bei den verarmten US-Innenstädten kann sich das auch umkehren. Dort würde es sich wieder lohnen, Logistik und Backoffice im Zentrum zu halten, wo es billige Arbeitskräfte gibt ... Es ist enorm wichtig für die wohlhabenden Teile einer Region, ihre gegenseitige Abhängigkeit von den ärmeren Teilen zu erkennen. Zentrum, Vorstädte, Umland und Industrieparks sind eng miteinander verknüpft. Wenn Unternehmen in reichen Gebieten keine gemeinsame Strategie mit ihren armen Nachbarn schaffen, wird die Schlacht in der Politik ausgetragen. ... Und das führt in letzter Konsequenz zur Umverteilung über die Steuern. Wer glaubt, die armen Teile vernachlässigen zu können – etwa ein Ghetto in der Innenstadt – stiftet nicht nur politische Spannungen, die dem Wachstum schaden, sondern verzichtet auch darauf, die räumliche Verteilung in einer Industrie zu optimieren.«[34]

In der Vorbereitungsphase der Clusteroffensive in Wolfsburg und der Hartz-Gesetze begann McKinsey, offensiv Clusterpropaganda mit dem Ziel der innovationspolitischen Transformation der Bundesrepublik zu betreiben. Im November 2000 gab sein frisch gekürter Deutschlandchef Jürgen Kluge der Wirtschaftswoche ein Interview, in dessen Rahmen ein Bericht über McKinseys Befunde zur dominierenden Rolle innovativer Cluster im Prozess der Globalisierung abgedruckt wurde.[35] Kluge hatte seine Erfahrungen im Innern des weltweit bedeutendsten Clusters Silicon Valley bei einem Laserhersteller gemacht. In dem Artikel heißt es:

> »In einer globalen Wirtschaft konkurrieren nicht mehr die Nationalstaaten miteinander. Auch das Konzept rivalisierender Multis ist überholt. Heute treten sogenannte Cluster gegeneinander an: lokale Netzwerke aus wissenschaftlichen Instituten und Unternehmen einer Branche. … Das Silicon Valley ist der Prototyp eines Clusters und eindrucksvoller Beleg für die These der Berater: Wäre die Gegend südlich von San Fransisco ein Staat, wäre er Nr. 20 der größten Volkswirtschaften der Welt – noch vor Schweden, der Schweiz und Taiwan. Während in den gesamten USA die Zahl der Jobs seit 1995 um 8 % gestiegen ist, kletterte sie im Valley um 14 % … Während standardisierte Produktionsanlagen dezentral verlegt werden

können, erleben wir, dass Wachstum in der Wissensökonomie an weniger beweglichen Faktoren hängt: an Ideen und Marken. Ihre Träger, die Menschen, wollen nicht alle zwei Jahre umziehen. Sie wollen lieber da sein, wo andere interessante Leute ihres Schlages sind, am besten in der Nähe von wichtigen Informationsquellen: Konkurrenten, wissenschaftlichen Instituten und Zulieferern. Echte Innovation kommt heute oft aus kleinen Startups und nicht aus den FuE-Abteilungen großer Konzerne. Doch Investitionen in Neugründungen sind riskant und brauchen Betreuung … Diese Wiedergeburt des Genius Loci ist eine Herausforderung für europäische Unternehmen, besonders wenn sie fern des Epizentrums ihrer Branche lokalisiert sind. Was also tun? Den Firmenbesitz verlegen? Nur die Forschungs- und Designabteilungen? Oder selbst versuchen, Nukleus eine neuen Clusters zu werden? … Stimmt die Analyse der Berater, wird vielen dieser Unternehmen kaum etwas anderes übrig bleiben, als wie Jenoptik oder Volkswagen die Clusterbildung selber zu initiieren. VWs Projekt AutoVision für Wolfsburg gilt den Beratern dabei als vorbildlich.«

Kluge zählt im Interview führende europäische Cluster auf – Cambridge, Nizza, München, Wolfsburg und Jena, den besten ostdeutschen Standort – und erklärt zur Transformation eines Europas konkurrierender Cluster: *»Und wenn das nächste Jahrzehnt tatsächlich ein europäisches werden soll, müssen wir hier die bestehenden Cluster weiter ausbauen. Darin liegt eine große Chance, weil Europa eigentlich ein Europa der Regionen ist.«* Das heißt für die Politik vor allem: *»Die Starken stärken. Wir Deutschen tun ja in der Regel alles, um Stärken wieder zu nivellieren. Und das wo Schwäche herrscht, füttern wir ein bisschen. Der Länderfinanzausgleich ist eine extreme Form dieser Politik … Die Ungleichheit werden wir niemals ausrotten …«*

Die derart von McKinsey, VW und Rot/Grün in Deutschland eingeleitete sozialraumpolitische Wende stellt daher nur einen nachholendem Anschluss an die von Silicon Valley ausgehende Clusterdynamik dar. Nachholend genau in dem Sinn, in dem die deutsche Elektroindustrie zu Beginn des Taylorismus/Fordismus die Impulse aus den USA aufnahm und im Fortschritt ihrer damaligen Globalisierung ihrerseits zum Vorbild der nachholenden Entwicklung in der Sowjetunion gemacht wurde.[36]

»Ungleichheit« ist allerdings ein schwaches Wort für das aggressiv-asymmetrische Verhältnis der neuen innovativen Speerspitzen zu ihrem gesellschaftlichen Umfeld. Am Beispiel der IT-Industrien und ihrem hegemonialen Cluster Silicon Valley begreift Castells die Konfrontation, in der die Dynamik der innovativen schöpferischen Zerstörung auf die Gesellschaft aufprallt, nicht in den üblichen Banalitäten von »Technikfolgen« oder »sozialen Begleiterscheinungen« bzw. »Kosten«. Er sieht sie fundamental: »Unserer Gesellschaften werden zunehmend um eine bipolare Opposition zwischen dem Netz und dem Selbst (self) gebildet.« Im Folgenden bezeichnet er diesen Gegensatz auch als »strukturelle Schizophrenie« zwischen Funktion und Bedeutung, die zum Zusammenbruch sozialer Kommunikation, Konflikten, Entfremdungen führt.[37] Er fasst dies als Prozess, als prozessierenden Widerspruch.[38] Die Manifestationen des »Selbst« in diesem Antagonismus behandelt er als Ausdruck von Widerstand, Selbstbehauptung, Anpassung in den beweglichen Konfrontationen und Machtverhältnissen. Den legitimationsstiftenden Identitätsangeboten von oben setzt er die »Widerstandsidentität« von unten entgegen, die Verteidigungsgräben des Widerstands und des Überlebens gegen den Angriff ziehen. Hierzu rechnet er über die in Widerstandserfahrungen entwickelte Gemeinschaftlichkeit hinaus auch neue Formen ethnischer und religiöser Selbstvergewisserung.[39] Er folgt dabei nicht der Selbstbewertung sogenannter »sozialer Bewegungen«. Er sieht den rebellischen Habitus ihrer Avantgardesegmente als Ausdruck der Selbstermächtigung, mit dem sie ihre Rolle als innovative Eliten schließlich in der Dynamik schöpferischer Zerstörung des Alten zu finden suchen. Selbstkritisch überprüft er so auch die Auseinandersetzungen in Stadtteilen und Universitäten der 68er-Bewegungen in denen er selbst auf dem Nanterre Campus der Universität Paris seine Rolle gesucht hatte.

4. Innovatives Unternehmertum und schöpferische Zerstörung auf dem Weg in die »Wissensgesellschaft«

Diese Begriffe sind Strategiebegriffe, keine Begriffe eines Gegenstands. Sie beleuchten alle denselben Prozess von verschiedener Seite:[40] die Vorstellung des Unternehmertums als Agenten der Zertrümmerung des Alten und der innovativen Neuschöpfung, als subjektiven Ort von Selbstzerstörung und Selbsttransformation. McKinsey bezieht sich in der aktuellen Debatte auf die Reaktivierung Schumpeters.

Schumpeters Aktivitäten und deren strategische Neuerfindung zu Beginn des postfordistischen Zyklus sind für viele Linke Neuland. Und wenn nicht, dann unzureichend rezipiert. Was Herbert Giersch, der Nachfolger Andreas Predöhls am Kieler Weltwirtschaftsinstituts, in einem Vortrag vor der American Economic Association[41] und was der seit dem zweiten Weltkrieg führende amerikanische Managementtheoretiker Peter Drucker fast zeitgleich 1984/85 ankündigten, ist inzwischen Wirklichkeit. Die Vorstellungen Schumpeters von einer permanenten Dynamik unternehmerischer schöpferischer Zerstörung haben nicht nur die statischen Gleichgewichtstheorien, sondern auch die keynesianischen Grundvorstellungen auf dem Weg in ein »Neo-Schumpeterianisches« Zeitalter abgelöst. Von Alan Greenspan, über Othmar Issing als Chefvolkswirt der EU und Horst Köhler als ehemaliger Chef des IWF bis zu den Spitzen der Chicagoer Schule mit dem Nobelpreisträger Paul Romer und dem Theoretiker der neuen Wachstumsindustrien Elhanan Helpman bekennt sich die kapitalistische Kommandoebene zu Neo-Schumpeterianischen Vorstellungen. Es ist nur äußerer Ausdruck dieser Neuorientierung, dass die Bezugnahmen auf Schumpeter rein statistisch diejenigen auf Keynes inzwischen übersteigen.[42] In Deutschland hat die Marburger Schule unter Jochen Röpke am aggressivsten und kenntnisreichsten den Kern der neuen politischen Ökonomie des Kapitals im Sinne der Renaissance Schumpeters herausgearbeitet. Danach sind es die barbarischen Energien – nicht nur im Sinne des Profits, sondern im Sinne der Selbstverwirklichung eines eigenen »Willens zur Macht«, eines »Herrenwillens«[43] –, die sich innovativ gegen den sozialen Widerstand in und außerhalb der Fabrik durchzusetzen versuchen und ihre Anpassungsstrategien in alle Bereiche der Gesellschaft treiben. Ihr zentrales »Agens« ist daher weder die »Erfindung«, noch »Forschung und Entwicklung«, noch gar »Kapital«. Es ist der soziale Kampf, um innovative Impulse in Arbeitsorganisation, Management, neuen Geschäftsideen nicht nur in der Fabrik, sondern mit Ausstrahlung in alle gesellschaftlichen Bereiche umzusetzen. Technologische Innovationen sind nicht akademische Erfindungen, sondern neue Produkte und Verfahrensweisen, die gegen den Widerstand des Alten die Gesellschaft schockartig treffen, zerstören und transformieren. Schumpeter war Theoretiker und (als österreichischer Finanzminister) Praktiker der fordistischen Ära und so zählt er den Taylorismus als Managementinnovation zu den zentralen innovativen Strategien schöpferischer Zerstörung des vergangenen Zyklus. Illusionen über die Härte und soziale Tiefe der Zerstörungen im Zuge der Innovationen und ihrer sozialen Anpassungsprozesse weist Schumpeter zurück. Zwang, Unterwerfung, Nötigung, Zerstörung als Ausdruck »barbarischer« innovativer Aggressivität gehören zum ständig wiederkehrenden Vokabular seiner politisch-ökonomischen Darstellungen. *»Weiten Kreisen wird durch die Entwicklung der Boden weggezogen, auf dem sie stehen. ... Sie verlieren langsam an moralischem und intellektuellem Niveau je mehr sich die ökonomische Atmosphäre um sie herum verdüstert. ... Ja selbst die Leiden, die sie zeugen, haben ihre Funktion in der schnelleren Beseitigung des Veralteten, im Antriebe zum Handeln. Begleitet von dem Geschrei der Zermalmten ... über die die Räder des Neuen gehen«.*[44] Bisweilen steigert Schumpeter die Rhetorik »schöpferischer Zerstörung zum Lobgesang auf eine »schöpferische Vernichtung«. *»Auf die Ver-*

nichtung der mit hoffnungslos Unangepasstem verbundenen Existenz kann diese Wirtschaftsform (der Kapitalismus, D.H.) *nicht gut verzichten.«*[45] Schumpeter selbst war es auch, der immerhin den Widerstand gegen die Innovationen dieses fordistischen Zyklus mit seinem Begriff der »fundamentalen antikapitalistischen Feindseligkeit« Rechnung trug, die das kapitalistische Unternehmertum stetig gegen sich aufrufe.[46]

Aus all dem wird deutlich, warum die Einbeziehung des Arbeitsvermögens in die Dynamik der Selbstinwertsetzung auf eine weitere Dimension von sozialer Zerstörung und Gewalt angewiesen ist. Der Zwang zur Auflösung des alten Selbst und seiner Fähigkeiten zum Widerstand und zu seiner selbstunternehmerischen Einspeisung in die Inwertsetzungsdynamik bedarf einer fundamentalen Zertrümmerung existenzieller Sicherheiten und Lebensperspektiven weit über historische Erfahrungen hinaus und auch weit über die Zwänge, die Marx noch unter dem Stichwort der Trennung von den Produktionsmitteln behandelt hat. Die Zwänge sind allerdings nicht »stumm«, wenn sie es je waren, sie sind strategisch und organisiert. Der Kapitalismus muss in beispiellosem Ausmaß Gefährdung, existenzielle Entwertung, Verunsicherung, Lebensangst, Angst vor Abstieg und Ausschluss, vor Nöte und sozialer Ausgrenzung, Drohungen mit Überzähligkeit und Entbehrlichkeit organisieren, um Druck und Zwänge zur Selbstüberantwortung wirksam zu machen. Er kann sich dabei kein Nachlassen, keine Stagnation in seinen Bemühungen erlauben. Er muss auf die Permanenz des Verunsicherungskriegs setzen. Kürzlich hat der Managementpapst der TU München Horst Wildemann dies am Beispiel des Angriffs auf die mittleren Segmente des Betriebsmanagements so formuliert: *»Denn erstens gehört es zu den Grundsätzen jeder modernen Strategie, dass es ein Gefühl von Sicherheit nie geben darf. Die Unternehmensführung muss die eigene Strategie ständig infrage stellen, sie anpassen oder sogar ins Gegenteil verkehren.«*[47]

Auch McKinsey arbeitet in seinem Transformationsmanagement mit sehr subtil vorgetragenen Schocktaktiken der Verunsicherung, um die schöpferische Zerstörung von Mentalitäten und Einstellungen besser zu kontrollieren und reibungslos voranzutreiben. »Prekarisierung« ist daher ein viel zu pauschaler Begriff, um die Breite der Strategien zur Zertrümmerung von existenziellen Sicherheiten zu umschreiben. Dies ist der eigentliche Hintergrund der im Kontext der Agenda nunmehr aufgeworfenen »Unterschichtendebatte«, als deren Betreiber sich die SPD-Linke und besonders Andrea Nahles profilieren. Sie wissen, dass die Erschließung der subjektiven Ressourcen der Produktivität unkontrollierbar erschwert wird, wenn die Betroffenen ihr »Leben als ständigen Kampf« empfinden und die gesellschaftlichen Veränderungen als angstbesetzt erleben. Der Aufbau resistenter persönlicher und sozialer Schutzzonen, eine Form der Selbstorganisierung und Vergesellschaftung von unten, ist für die Herren der Unterwerfung schwer zu durchdringen, wenn er einmal ein bestimmtes Ausmaß erreicht hat.[48] In diesen Kontext gehören natürlich auch die weiteren Dimensionen der Verunsicherung in Form von Rückzug des Staates, Privatisierung des Kommandos über den öffentlichen Raum, die Zerstörung sozialer Garantien und von Zukunftsperspektiven. Sie alle sind ständig präsent auch in der Konfrontation zwischen Fallmanagement und Betroffenen, die wir weiter unten abhandeln. Hier spielt, wie auch in anderen Bereichen, die Suche nach sozialen Kontakten und emotionaler Stabilität in selbst hergestellten neuen Milieus und Umfeldern eine große Rolle.

5. Sich »organisierender Kapitalismus« – postmodernes Remake

Um auf die Frage nach dem historischen Ort von Clusterpolitik in Wolfsburg und »Agenda 2010« zurückzukommen: die Frage nach der historischen Phase der überspannenden innovativen Dynamik, in der sich diese Initiative geschichtsmächtig macht. Wenn es je ein »chaotisches« Geschehen in der Entfesselung des Neoliberalismus gegeben hat, es gehört der Vergangenheit an. Mit dem Übergang zum offenen organisierten Krieg, mit dem die »schöpferischen Zerstörung« und Mobilisierung peripherer Gesellschaftlichkeit aus der »Stagnation« betrieben wird, korrespondiert der Übergang zu einer Formierung inwertsetzender Strategien in der »Agenda 2010«. Man kann sie in der historischen Analogie zum sich organisierenden Kapitalismus begreifen (in der Geschichtsschreibung als »organisierter Kapitalismus« behandelt). Er löste den kurzen Frühling des Liberalismus zu Beginn der zweiten Hälfte des 19. Jahrhunderts nach der Gründerkrise ab und begann auch, die Impulse und Anpassungsimperative aus den innovativen Kernen regional, national und global umzusetzen. Die Parallelen zwischen Asien-, New Economy- und aktueller Kreditkrise zur Gründerkrise und insbesondere zu den Paniken im ersten Jahrzehnt des 20. Jahrhunderts drängen sich auf. Es würde zu weit führen, denselben an dieser Stelle nachzugehen. Aber mit Sicherheit stellt die Formierung organisatorischer Potenzen nach innen und nach außen die typische zweite Globalisierungsetappe eines großzyklischen Take-off dar.

II McKinsey – Agent »schöpferischer Zerstörung«

In all seinen Aktivitäten begreift sich McKinsey als kapitalistische Agentur »schöpferischer Zerstörung«. In diesem Verständnis betreibt es die soziale

Transformation, die Zerstörung des Sozialen und ihre Unterwerfung unter die Diktate innovativen Unternehmertums, Selbstunternehmertums, Selbstflexibilisierung auf dem Weg zur Wissensgesellschaft. McKinsey sieht seinen unternehmerischen Schwerpunkt primär nicht in der Analyse. Es sieht sich als Praktiker strategischer Interventionen im Sinne der »schöpferischen Zerstörung« in allen Bereichen der Gesellschaft. Schöpferische Zerstörung als Zerstörung des Alten und Zwang zur innovativen Selbstflexibilisierung als permanenter dynamischer Prozess. In diesem Sinne verkauft das Beraterunternehmen Innovationsstrategien an Einzelunternehmen (zunehmend auch im Servicesektor[49]), Universitäten, Krankenhausgesellschaften, Städte, Regierungen oder an Betreiber von Kindergärten. Der Chef seines deutschen Büros Prof. Jürgen Kluge ist langjähriger Berater von Bundeskanzlerin Merkel, war als Minister im Gespräch und wurde von ihr 2006 mit anderen Vorstandsvorsitzenden großer Unternehmen (Dieter Zetsche, Jürgen Hambrecht u.a.) in ein Beratungsgremium eingebunden.[50] McKinsey hat an die hundert der größten Unternehmen der Bundesrepublik und viele mittelständische beliefert und beliefert sie noch – von Daimler-Chrysler, EADS, Deutsche Post, Bertelsmann, das selbst in den Markt eingestiegen ist,[51] bis hin zu Gate Gourmet. Es rekrutiert seine MitarbeiterInnen nicht nur an Hochschulen, sondern auch aus dem Management und Elitenachwuchs der weltweit größten Unternehmen und sät sie dorthin wiederum aus. Es betreibt dabei systematisch die Formierung eines Netzes globaler innovativer Eliten, wie ich sie oben charakterisiert habe. Diese setzt es in extremer Zuspitzung den oben behandelten Selbstoptimierungsimperativen aus – angeheizt durch die Mischung von gegenseitiger Konkurrenz und Kooperation – und pflegt ihr Wir-Gefühl in gemeinschaftlichen Events und der Pflege des Ehemaligennetzwerks (Alumni).[52] Das Netz der nichtständigen und nur temporär (zu spezifischen Projekten) hinzugezogenen Mitarbeiter erstreckt sich in viele Forschungsinstitute und Universitäten. Viele seiner zentralen akademischen Strategen der »wissensgesellschaftlichen« Offensive, die in den USA eine wichtige Rolle spielen, sind der Linken hier zu Lande unbekannt, wie etwa die einflussreichen John Hagel (früher Leiter des Xerox Palo Alto Research Center, einer Wissens- und Strategieschmiede ersten Ranges), John Seely Brown (Alumnus des McKinsey-Büros in Silicon Valley und leitender Berater der Firma) oder Paul Duguid. Trotz ihrer akademischen Betätigungsfelder an Spitzenuniversitäten halten sie Kontakt zu McKinsey.

McKinsey konkurriert natürlich mit anderen Strategieproduzenten wie Boston Consulting, A.T. Kearney, Bain & Company, Accenture[53] etc. Es ist aber der größte und Primus mit weltweit 85 Büros in 44 Ländern, allein acht in den größten deutschen Städten.[54] Bertelsmann ist Neuling in dieser Konkurrenz. Seine Rolle darf auf der einen Seite nicht überschätzt werden: Bertelsmann ist erst spät eingestiegen und hat die Strategieentwicklung nicht maßgeblich mitgeprägt, das Unternehmen lässt sich selbst beraten (früher von McKinsey, jetzt von Boston Consulting), ist vergleichsweise autoritär geführt und darum weniger flexibel. Es konkurriert hauptsächlich um die Quote staatlicher Investitionen (48% in Deutschland)[55] – u.a. mit Accenture und McKinsey[56] an den Hochschulen, mit McKinsey[57] und Roland Berger in der Rationalisierung der Verwaltung (E-Government, Verwaltungsreform, Infrastruktur) etc. Und was die Schul- und frühkindliche Pädagogik anlangt, so sind bei weitem nicht alle Akteure mit Bertelsmann vernetzt.[58] Eine Konzentration der kritischen Auseinandersetzung auf Bertelsmann läuft Gefahr, den grundsätzlichen Charakter, die Bedeutung in der aktuellen kapitalistischen Offensive und ihre Breite zu verfehlen und arbeitet damit (ungewollt) ihrer Akzeptanz in die Hände. Unterschätzen sollte man andererseits nicht Bertelsmanns Konzentration auf die Bündelung von wissensgesellschaftlichen und militärischen Strategien zu einem hegemonialen europäischen Projekt, das erkennbar historische Vorbilder reaktiviert und seine eigene erstrebte Rolle im Dunkeln lässt.[59]

Wichtig und grundsätzlich neu ist: Die Beratungsunternehmen handeln mit Innovationsstrategien und den entsprechenden Servicepaketen als Waren. Es sind immaterielle Waren, in denen Softwareentwicklung und »Subjektivierung« des Zugriffs zu hybriden Produkten verschmelzen. Dies charakterisiert pointiert die neue Etappe des Kapitalismus und ihrer politischen Ökonomie. Es wirft damit zugleich ein erläuterndes Licht auf die vergangenen. Die Darstellung als neutrale »Managementinnovationen« webt einen ideologischen Schein. Die Waren sind produktive und strategische Gebrauchswerte in einem. Gebrauchswerte im Kampf gegen die sozialen »Objekte« der Inwertsetzung, Gebrauchswerte in der strategischen Organisation des »Klassenkampfs« (in der überkommenen Diktion). Die neue historische Etappe hat mit der Selbstenthüllung der ins subjektive Terrain produktiver Potenziale zielenden Kampfstrategien die marxorthodoxe Vorstellung endgültig als Ideologie überführt, wonach das Kapital im Prozess des Klassenkampfs produktiv-fortschrittliche Maschinerie als neutrale Gebrauchwerte schafft. Sie ist nicht neutral. Das produktive Arsenal ist nicht einmal mehr nur »Kampf**mittel**« gegen die Klasse, wie Marx die »Maschinerie« noch genannte hatte. Es ist Kampf. Es war dies allerdings auch schon zu Marx' Zeiten und deutlicher sichtbar dann in der tayloristischen Offensive.[60]

Der Einsatz des Beraterkapitals in vielen Unternehmen und darüber hinaus in der Gesamtgesellschaft als »Ressource« treibt die Verbreiterung von Kampferfahrung und Vergesellschaftung von Strategien voran. Die Konkurrenz bringt darüber hinaus eine enorme Dynamik in die Entwicklung der strategischen Produkte. Natürlich sorgt die Konkurrenz dafür, dass sich die Unternehmen nicht »verschwören«. Aber vor allem ihre Konkurrenz um die besten Köpfe und die häufigen strategischen Allianzen der Beratungsunternehmen in konkreten Projekten (wie z.B. Bertelsmanns und McKinseys im gesamtgesellschaftlichen Clusterprojekt) bringen Transfers und Vereinheitlichung des strategischen Wissens mit sich. »Feindliche Brüder« eben, wie Marx die Kapitalisten plastisch charakterisiert hat.[61] Noch deutlicher versteht sich jedoch in dieser Etappe, dass das Kapital zwar seine Kampfformen organisieren kann, nicht jedoch seine Gegnerin oder gar die Gesellschaft.[62]

McKinsey ist mit Arbeiten schon aus den 1980er Jahren früh in die neoschumpeterianische Welle eingestiegen. »Schöpfen und zerstören« heißt denn auch ein von McKinsey herausgegebenes Buch seiner Mitarbeiter Richard Foster und Sarah Kaplan, publiziert im entwickelten Stadium dieser Welle. Es enthält strategische Leitlinien der Unternehmenstransformation im Sinne einer permanenten »schöpferischen Zerstörung«. Ihr methodisches Grundverständnis folgt den postmodernen methodischen Linien der »Subjektivierung«. Das Unternehmen wird nicht mehr im Inbegriff sachlicher und organisatorischer Bestände gefunden, sondern in den produktiven Potenzialen der Subjekte. Im Sinne der kognitiven Psychologie und der neueren Neurophysiologie operieren sie mit mentalen Kapazitäten und Modellen, die innovativ zerstört und transformativ erneuert werden müssen, um die kapitalistische Dynamik zu erhalten. Mentale Modelle auf jeder Ebene des Unternehmens, Leidenschaften, das individuelle »Begehren«, Hoffnung, Sehnsüchte, Zielsetzungen. Mentale Transformation und Neuorientierung liegen für sie daher im Kern der Offensive schöpferische Zerstörung. Zu den Mikropraktiken im Einzelnen von Schock über produktive Reibung bis zur Diskurssteuerung im Transformationsmanagement muss ich auf das Buch verweisen.[63] In diesem Sinne betreibt das Unternehmen McKinsey sogar Wachstum; Transformation und Rationalisierung seiner selbst, verkörpert in den innovativen Agenten, die sich an den verschiedenen sozialen Fronten der beratenen Unternehmen einsetzen. Foster und Kaplan illustrieren ihre Strategien der Unternehmensreorganisation an vielen Beispielen der Unternehmensumstrukturierung, in denen McKinsey Mitarbeiter zum Teil selbst operativ tätig gewesen sind. Sie sehen die Gesamtentwicklung erst am Anfang und sind in der Projektion der sozialen Szenarien wie ihr Vorbild Schumpeter nicht zimperlich:

»Werden die Kräfte der schöpferischen Zerstörung über lange Zeiträume

> unterdrückt, können die resultierenden Verwerfungen sowohl Institutionen als auch einzelne Personen mit erstaunlicher Geschwindigkeit und Brutalität zerstören. Das haben uns politische und mit Militärgewalt durchgesetzte Revolutionen immer wieder vor Augengeführt – von der Reformation bis zu den Umwälzungen der jüngeren Vergangenheit in der Sowjetunion und Serbien«.[64]

Dieser Prozess der schöpferischen Zerstörung zielt nicht etwa allein auf die Änderung der mentalen Modelle und subjektiven produktiven Ressourcen von oben, durch Anordnung, durch Befehl. McKinsey sucht den Durchbruch durch die Stagnation fordistisch/tayloristischer Befehlsstrukturen (Fließband, Bürokratie, altes Management etc., den »Push«-Strategien) in der Einbeziehung und Einziehung der Subjekte und ihrer Subjektivität im Sinne eines »Pull«. Sie sollen den Prozess schöpferischer Zerstörung selbst mit betreiben, um ihn in der Erschließung ihrer eigenen Kreativität, Wünsche, Begehren im Sinne der Steigerung der Produktivität zu dynamisieren. Dies ist mehr als eine äußerliche Orientierung am neuen Unternehmertum. Dies ist das Einbringen aller subjektiven Ressourcen in den Transformations-, Entwicklungs- und Wachstumsprozess des Unternehmens – restlos.

So operiert McKinseys Verständnis »schöpferischer Zerstörung« auf seinem eigentlichen Feld: dem des »Wissens« im Sinne des postmodernen Managements. »Wissensökonomie« und »Wissen« wird aus dem Verständnis unserer fordistischen, bürgerlichen und linken Mentalitäten verkürzt als Wissen von etwas, gar als wissenschaftlich-akademische Ressource der Forschung begriffen.

In »Knowledge Unplugged«[65] reproduziert Jürgen Kluge als Chef von McKinsey Deutschland mit seinen Mitarbeitern Wolfram Stein und Thomas Licht die soeben referierten Grundstrategien schöpferischer Zerstörung als Strategien der Wissensgesellschaft. Ich muss sie kurz behandeln, um die wissensökonomischen Zugriffe auch von Hartz IV in ihrer grundsätzlichen politisch-ökonomischen Bedeutung darzustellen. Sie sind auch darum von Bedeutung, weil das Projekt Wolfsburg als Pilotprojekt in die Zeit von Kluges McKinsey-Führung fällt (er ist im Jahre 2006 in ein anderes Aufgabenfeld gewechselt) und weil Kluge bis in die Zeit Angela Merkels permanent persönliche politische Beratung auf höchstem Niveau betrieben hat.

McKinsey sieht Wissensmanagement im Kern der Produktivität des Unternehmens. Aber »Wissen« in der schon oben dargestellten Vorstellung nicht nur als etabliertes Gegenstandswissen, sondern als menschliche Subjektivität in allen bewussten und unbewussten Dimensionen von »Herzen und

Köpfe« aller Angestellten bis in deren sozialen Beziehungen hinein, die als produktive Ressource zu erschließen seien. Mentale Modelle, Spontaneität, Kreativität, Aggressivität und Führungsfähigkeit und Leidenschaft, Empathie und Vergesellungsmuster, Motivation, Wünsche, Liebe, Begehren, Kommunikations- und Interaktionsformen, Spontaneität, sie alle gehören über produktive Qualifikationen und Informationen im engeren Sinne hinaus dazu – bis in den außerbetrieblichen sozialen Rückraum hinein.[66] Sie zu packen, zu erschließen und bis in ihre Aggressivitätspotentiale hinein zu entfesseln und in die Unternehmensdynamik einzuspeisen, ist das zentrale Ziel des Unternehmensmanagements. Dieser Ansatz will ausdrücklich die Befehlsstrukturen des alten Regimes (»Push«) in Richtung einer dynamischen Einspeisung selbstaktivierter Subjektivität (»Pull«) durchbrechen.[67] Wie schon bei Schumpeter gehört die militärische Dimension nicht nur als Parallele, sondern als koevolutives Feld zum Grundverständnis:

> »Push-Ansätze sind in unserer Gesellschaft tief verwurzelt. Bis zurück zum römischen Imperium hatten erfolgreiche Armeen starke, rigide Hierarchien, eine klare Kommandokette und Spitzenoffiziere, die absolute Kontrolle ausübten. Genauso lange hat das Unternehmensmanagement den militärischen Stil kopiert. Aber ein solcher Ansatz hat seine Grenzen. Schließlich ist die moderne militärische Organisation darüber hinaus gegangen, Soldaten einfach zu befehlen, still zu stehen und zu schießen. Eine eher zielorientierte Herangehensweise braucht gut trainierte und motivierte Truppen. Dasselbe gilt im Unternehmenskontext. Das bloße Management durch »Push« ist schnell und relativ einfach, aber es erfasst nicht die vollen Fähigkeiten aller in einer Organisation. Wir sind überzeugt, dass das maximale Potential der Individuen nur durch eine Herangehensweise entfesselt werden kann, die in das Herz ihrer Motivation vordringt. Wir bezeichnen diese als »Pull«-Methoden. Sie sind schwerer ins Kampfgeschehen einzubringen ...«.[68]

Diesen »Griff« ins Wissen betrachtet McKinsey nicht als bloßen Aneignungsprozess (obwohl Begriffe des »Schürfens« und Bergbaus zu seiner Bebilderung hin und wieder auftauchen). Er sieht sie als Formierungsprozess im Sinne des Unternehmens, das sich der Eigenmotivation, sich einzuspeisen, bedienen muss. »Um nach dem Herzen dessen zu greifen, was jeden einzelnen Angestellten und Arbeiter motiviert, muss du die Hürden angreifen, die sie davor zurückhalten, ihr eigenes maximales Potential selbst zu realisieren. Diese individuellen Barrieren haben mit ihrer Motivation zu tun, selbst Wissen zu schöpfen und zu teilen. Befehlstechniken (»Push«) stolpern über sie, während Einspeisungstechniken (»Pull«) darauf zielen, sie zu durchbrechen«.[69]

Der Angriff ist sozial, weil Menschen diese Potentiale sozial einbetten. Daher ist das Zielobjekt dieser schöpferisch-zerstörerischen Aneignung die Gruppe, die Gesellschaftlichkeit, Interaktion, Kommunikation. Wissensschürfen (»extracting high grade ore«) ist also der Griff nach der Gesellschaftlichkeit, in die sich die subjektiven Potentiale des Menschen einbringen und »einbetten«.

McKinsey beschreibt nicht ein bloßes Ziel der »Subjektivierung« der Produktion, wie die überreichlich vorhandene akademische Literatur zu »Wissensgesellschaft«, »Subjektivierung«, dies tut, auf die wir später noch eingehen wollen. McKinsey beschreibt dies als kapitalistische Offensive. Für das Buch hat McKinsey in etwa 40 Unternehmen die strategischen Initiativen zur Erschließung, Aneignung und Formierung von Subjektivität (»knowledge creation«) untersucht , in denen das Unternehmen schon als Berater Zugang hatte, auch um selbst zu lernen. So entsteht die Vorstellung eines kapitalistischen wissensstrategischen Gesamtprozesses, an zentralen und unternehmerischen Fronten Subjektivität anzueignen. Fronten im Verhältnis zum Subjekt und seiner Gesellschaftlichkeit als »intangibles«, als »immaterielle Ressourcen«. Denn im Gegensatz zu den illusionistischen akademischen Beiträgen zur »Wissensgesellschaft« lässt McKinsey keine Zweifel aufkommen. Wissens-, Kooperations-, Kommunikationszurückhaltung in Mentalitäten und sozialen Beziehungen, die Kooperation und sich öffnende »Wissensübertragung« verweigern (»knowledge hoarding«), sind der Gegner, der Feind, der Sand im Getriebe. McKinsey ist sich bewusst, dass es die Offensive in die Felder und Tiefen sozial eingebetteter »Subjektivität« nur an einer permanenten wissensstrategischen Front zu seinem Gegenüber hineintreiben kann. Das was Marx einmal die »elastische Naturschranke des Eigenwillens« des Arbeiters genannt hat.

> »Wenn man das Problem des Wissensmanagements angeht, dann kann die inhärente Subjektivität des Wissens wie Sand im Getriebe sein. Auf den ersten Blick kann alles gut aussehen, aber die Maschinerie arbeitet nicht richtig ... ebenso können die Körner der Subjektivität jede ansonsten gut entwickelte Maschine verderben ... Die erfolgreicheren Unternehmen haben praktische Wege gefunden, den Sand aus ihrem Getriebe heraus zu säubern« [70].

McKinsey führt die Erschließung theoretischen und praktischen Wissens im Handlungskontext der Klassenauseinandersetzungen eng zusammen. Die Projekte aggressiven Wissensmanagements sind zugleich Projekte des »Wissenserwerbs«, des »Wissensschürfens« im Labor sozialer Auseinandersetzungen. Der Prozess sozialer Bemächtigung in die Tiefen des Subjektivität verschmilzt im strategischen Projekt mit dem Prozess theoretischer Bemächtigung. Mehr noch als in Deutschland wird dies in den vom philosophischen und methodischen Pragmatismus geprägten USA daran deutlich, dass Praktiker an der Front zur Klasse zugleich Spitzentheoretiker in den führenden Institutionen und Universitäten sind. Das gilt auch für Agenten McKinseys. Es drückt sich auch darin aus, dass die wissenspolitischen Strategen McKinseys ihre Darstellungen oft philosophisch fundieren. So beziehen Foster und Kaplan Thomas Kuhns Vorstellungen paradigmatischer Transformation in ihr Verständnis »schöpferischer Zerstörung« ein. Brown und Duguid fundieren ihre Vorstellungen sozialökologischer Einbettung des Wissens ebenso wie der führende Wissenstheoretiker Ikujiro Nonaka in einer philosophischen Diskussion, die im Bezug auf Gilbert Ryles »The Concept of Mind« die Ablehnung cartesianischer Unterscheidung zwischen Geist und Materie, Wissensobjekt und Wissenssubjekt und die damit einhergehende Metaphysik begründet.[71] Naserümpfen über diese Zusammenführung von »Weltwissen« und »Welterschließung« in der Überzeugung, dass es ja die Welt als »Wissensgegenstand« gebe, ist völlig unangebracht, Im Übrigen hat auch die bundesrepublikanische Philosophie längst begonnen, aus den erstarrten Käfigen alter Wissensorganisation auszubrechen und zu den subjektiven Wurzeln der Wissensschaffung zurückzukehren, wie sie sich seit der deutschen Romantik bei Schelling, Fichte und anderen immer schärfer akzentuiert haben.

1. Work-Life-Balance: der Griff nach dem ganzen Leben

Wenn McKinsey den Griff in die psychosozialen Dimensionen subjektiver Ressourcen mit einbezieht, dann tut es das Unternehmen tendenziell auch im Vollzug einer »Entgrenzung von Arbeit- und Lebenswelt« oder »Work-Life-Balance« im Sinne eines totalen Zugriffs auf alle Lebensvollzüge. In der arbeitswissenschaftlichen Debatte ist dieser Zugriff auf die Lebenswelt als konsequenter Ausdruck einer tendenziell totalen Bewirtschaftung aller immateriellen Ressourcen längst vorweg genommen worden. So führen Nick Kratzer und Dieter Sauer aus:

> »Das Ziel Arbeitskraft orientierter Rationalisierungsstrategien besteht im Zugriff auf bislang nur begrenzt zugängliche Ressourcen und Potentiale von Arbeitskraft: Das sind vor allem das Flexibilitäts- und Steuerungspotential der Subjekte sowie deren kommunikative Fähigkeiten und empathische Eigenschaften und die bislang gegen den Betrieb abgegrenzten zeitlichen, räumlichen und sozialen Ressourcen der Lebenswelt der Beschäftigten. Selbstorganisation und Flexibilisierung sind damit die arbeitsorganisatorischen

Instrumente eines erweiterten Zugriffs auf Subjektivität der Beschäftigten und ihrer lebensweltlichen Ressourcen (hier vor allem in den Dimensionen Zeit, räumliche Verfügbarkeit, materielle Ausstattung und soziale Sicherheit).«[72]

Der Aufmarsch dieser Strategien ist gerade in den letzten Jahren angesichts des Gesamtkomplexes von »krankheitswertigen« bis widerständischen Antworten mit hohem Krisenpotential massiv weiterentwickelt worden. Vor allem »Burnout« als »innere Kündigung«[73], Reaktion auf den Dauerstress der wissensökonomischen Offensive, führt zu massiven Profitminderungen der Einzelunternehmen und gesamtwirtschaftlichen Milliardenausfällen im mehrstelligen Bereich. Auf die Einordnung dieser »Erkrankungsphänomene« in den Komplex der Selbstbehauptung der angegriffenen Menschen werde ich unten beim Thema »Widerstand« noch gesondert eingehen. Dies rechtfertigt sich daraus, dass die wissenschaftlichen Experten vor allem die Bedrohung der Authentizität, Autonomie, des eigenen Lebenssinns als Ausdruck des unhintertreiblichen Anspruchs des Menschen, sich selbst zu verwirklichen, im Kern der Burnout-Krise verorten. Die Reaktion des Kapitals geht seit einigen Jahren dahin, den Zugriff zu intensivieren, auszuweiten und zu verfeinern. Dies ist das Feld, auf dem inzwischen eine Vielzahl von spezifisch orientierten Beratungsunternehmen zum Einsatz gebracht werden. Sie bieten »Coaching«, der angloamerikanische Begriff für »Training«. Sie tun dies in Seminaren, Arbeitsgruppen und im Einsatz gegen das Individuum selbst. Zu den bekannten Dienstleistern gehört »Accenture«, das sich in den Vereinigten Staaten, England und jetzt auch hier auf dem Gesundheitssektor profiliert[74], aber auch eine Vielzahl weniger bekannter größerer Unternehmen, die als Leuchttürme aus einem kaum noch übersehbaren Markt von Coachingangeboten herausragen wie z.B. Coaching & Mentoring International Ltd., das unter anderem für Microsoft gearbeitet hat. Auch kirchliche Stellen bringen Coachingangebote in den Markt ein, wie der »Kirchliche Dienst in der Arbeitswelt (KdA)« im »Institut für Kirche und Gesellschaft« der evangelischen Kirche von Westfalen zeigt. Im Projekt »Meine Region – meine berufliche Chance. Fit für den Arbeitsmarkt durch Berufswegeberatung« bietet der KdA Einzel- und Gruppengespräche für die Mobilisierung der »Veränderungs- und Lernbereitschaft ... und Selbsteinschätzung der ... persönlichen Potentiale« an. Er bindet sich in die Cluster-Strategien ihrer Region ein.[75]

Da ihre Grundstrategien und »wissenschaftliche« Fundierung der Coachingangebote wenig von einander abweichen, soll uns exemplarisch ein Blick auf Jörg-Peter Schröder ausreichen. Er flutet den Markt seit Jahren mit Coaching-Literatur und versucht derzeit, sein Wissen über sein frisch gegründetes Unternehmen »Future Systems Consulting« zu Geld zu machen. Schröder ist Arzt und Medizinischer Informatiker. Er hat laut Selbstdarstellung seine Erfahrungen in vielen Projekten im Informations-, Qualitäts- und Gesundheitsmanagement gesammelt. Als Burnout-Spezialist aktualisiert er diese an der Frontlinie der aktuellen psychosozialen Krise. Sein wissenschaftlicher Hintergrund erklärt, wie klar ihm der Konflikt zwischen Zugriff und Selbst ist. Die neuere Psychologie hat zur Kenntnis genommen, dass Bedürfnis und Streben nach »Echtheit«, »Authentizität«, Unbedingtheit der Wertschätzung, grundsätzlicher Autonomie der Lebensführung und -bewältigung, nach Kontrolle über das eigene Handeln, der Ganzheitlichkeit des Sinnerlebnisses (dem, was Aaron Antonovski als »Kohärenzgefühl« bezeichnet hat), zum fundamentalen Kern menschlicher Existenz gehört.[76]

Etliche Autoren sind nahe an einer politischen Psychologie im Verständnis unseres Themas. So korreliert Alain Ehrenberg in seinem Buch »Das erschöpfte Selbst« eine historische Transformation des Befehls- und Disziplinierungstypus fordistischer Prägung zu postfordistischen Selbstoptimierungszwängen mit den jeweiligen Krankheitsbildern: von der Neurose, der Neurasthenie hin zu den psychosozialen Folgen der Vereinzelung und des Verlassenseins mit den sie begleitenden Formen von Angst und Depression unter Druck und bei Versagen. *»Der Depressive ist ein Mensch mit einem Defekt«. »Die Depression ist eher eine Krankheit der Unzulänglichkeit als ein schuldhaftes Fehlverhalten ...«* und so *»die Depression der Unzulänglichkeit.«*[77]
Das Buch ist noch immer lesenswert, weil es Psychologie politisiert, auch wenn es von einem Irrtum ausgeht:

> »Diese neuen Bilder werden nicht vom Konflikt der Klassengesellschaften oder von Individuen, die durch Disziplin gezähmt sind, gebildet. ... Hier greift die Frage nach der Institution des Selbst. Dieser Begriff reduziert, wie mir scheint, den Individualismus nicht auf die Privatisierung der Existenz, sondern setzt eine Welt als gemeinschaftliche und gemeinsame Welt. ... Während die gesellschaftlichen Zwänge zurück gegangen sind, haben die psychischen Zwänge den gesellschaftlichen Schauplatz erobert: Emanzipation und Aktion weiten die individuelle Verantwortung übermäßig aus, sie schärfen das Bewusstsein dafür, nur man selbst zu sein.«[78]

Der Irrtum beruht darauf, dass die Zwänge sich nur transformiert haben und der post-tayloristische Zugriff das Subjekt selbst zu instrumentalisieren versucht, um in weitere produktive Tiefen zu gelangen. Er potenziert nur den Konflikt und ruft ganz andere Antworten seines »Antagonisten« oder, wenn man will, der »Klasse« gegen sich auf. Mit neuen psychopolitischen Formen der Erkrankungen, wenn das Subjekt die Erkrankung nicht zu politisieren vermag und aus der Ohnmacht und dem Bann des Rückstaus in die eigene Subjektivität nicht zu entkommen vermag.

Ein anderes Beispiel bietet das Buch von Andreas Hillert und Michael Marwitz über »Die Burnout-Epidemie«[79] Noch präziser als Ehrenberg, allerdings ohne dessen historischen und philosophischen Tiefgang, rücken sie das Müdigkeitssyndrom chronischer Depression in den Zusammenhang der postmodernen Zwänge gesteigerter Selbstaktivierung mit ihren Kontrollformen von Zielvereinbarungen und Benchmarking.[80]

> »Betrachtet man Burnout psychodynamisch, so liegen der zugrunde liegenden Selbstüberforderung zwar nicht zuletzt unbewältigte, im Rahmen der individuellen Biographie erworbene Muster zugrunde. Emotionale Erschöpfung ist durch Niedergeschlagenheit, Hilf- und Hoffnungslosigkeit bis hin zu Suizid gekennzeichnet. Die Komponente der geistigen Erschöpfung bezieht sich vor allem auf eine negative Einstellung im Hinblick auf das Selbst, die Arbeit und das Leben im Allgemeinen. Darunter fällt auch die Tendenz zu Dehumanisierung. Das Bild des idealen Arbeitnehmers mutierte vom angepassten Befehlsausführer hin zum unternehmerisch Mitdenkenden, Verantwortung übernehmenden ›Quasi-Unternehmer‹. Genügte es im tayloristisch organisierten Arbeitsprozess, das Silber der Arbeitenden zu erschließen, geht es jetzt um das Gold in den Köpfen. Der Unternehmer erwartet vom Arbeitnehmer Unternehmergeist.« Jedoch: »Egal, ob man es nun Burnout oder wie auch immer nennt, die der wirtschaftlichen Entwicklung innewohnende Dynamik, unter Vorzeichen wie Turbokapitalismus und Globalisierung, wird unweigerlich zu einem weiteren Verschleiß der psychischen Gesundheit und des Selbstwertes vieler Menschen führen. Wenn die Bevölkerungsmehrheit endlich die Vorteile der aktuellen Situation, die Zunahme individueller Gestaltungsmöglichkeiten, begriffen und sich umprogrammiert haben wird, ist ein rasanter gesellschaftlicher Aufschwung unausweichlich. Für alle, die Anzupacken und Durchzustarten verstehen, bieten sich weltweit ungeahnte Möglichkeiten. ... Wie ehedem sehen sich die einen zunehmend im Dunkeln, mit dem Rücken zur Wand, die anderen als Teil eines exponentiellen Aufschwungs.«[81]

Orientiert an diesem Bericht aus der kapitalistischen Propagandaproduktion verlassen die Autoren die politische Ebene zugunsten palliativer Ratschläge zur Stressminderung in den Dimensionen der Work-Life-Balance.[82] Bei beiden bleibt es ein »Defekt« der Seele unter den nur oberflächlich kritisierten Diktaten postmoderner Selbstoptimierungszwänge. Der Angriffscharakter wird ausgeblendet, der Antagonismus gerät nicht in den Blick und damit auch nicht der unergründliche Rückraum für die Herausbildung neuer Formen des widerständischen Selbst.

Nach allem ist nicht verwunderlich, dass »Selbstheit« (»selfness«) auch im Coaching eine zentrale Rolle spielt.[83] In Schröders neuem Ratgeber »Wege aus dem Burnout« stehen »Authentizität«, das »Selbst« in seiner Ganzheit, die Eigenheit von ins soziale Umfeld eingebettetem »Sinn, Spiritualität und Selbstverwirklichung« im Zentrum der Coachingoperationen.[84] Schröder hütet sich, den psychopolitischen Widerspruch und die daraus resultierende Konfliktualität zu thematisieren. Vielmehr radikalisiert er die Offensive. Er stellt das Work-Life-Balance-Coaching als totale Mobilisierung aller Aspekte des Lebens zur Ressource in den Dienst des Unternehmens.

> »Da die emotionale Erschöpfung ein Kernelement des Burnouts ist, beginnt der erste Schritt mit einer korrekten Selbstwahrnehmung. Wenn wir unser Leben als ein ›inneres Unternehmen‹ auffassen, geht es darum, die eigenen Fähigkeiten, Fertigkeiten, Talente und Potenziale optimal mit den Möglichkeiten, die das Leben bietet, zu verzahnen, um so einen maximalen (Lebens-)Profit zu generieren.«

Die Selbsterkenntnis der »Warnsignale« in der Krise der Selbstunterwerfung soll mit ihrer Forcierung und Vertiefung einhergehen. Denn:

> »Durch die mit Angst und Unsicherheit verknüpften Veränderungsprozesse auf individueller, psychologischer, Arbeits- und gesellschaftlicher Ebene werden enorme Kosten verschlungen. Burnout hat somit auch massive Auswirkungen auf Unternehmern, Organisationen und Gesellschaft. Wenn wir hingegen besser mit chronischen Belastungen und Stress und mit uns selbst umgehen, können massive Kosten, unter anderem durch Fehlzeiten, Erschöpfungsstadien und Krankheiten, eingespart, Motivation und Vertrauen in Abteilungen erhöht sowie die Produktivität von Unternehmen gesteigert werden.«

Schröder verweist auf Ausbildung und Einsatz von Work-Life-Balance-Coaches bei Microsoft als »bestem Arbeitgeber Deutschlands« schon im Jahre 2005 und fährt fort:

> »Durch geeignete Präventionsmaßnahmen in der betrieblichen Gesundheitsförderung oder in der konsequenten Umsetzung von Gesundheitsmanagem entprogrammen für gesunde und erkrankte Mitarbeiter können nachhaltige Effekte der Unternehmensgesundheit generiert werden.« Denn: »Die Balance von Körper, Seele und Geist ist eine wichtige Voraussetzung für einen gesunden und energetisch sinnvollen Umgang mit Belastungssituationen.«

Meditation, Qigong und Yoga, richtiges Atmen etc. gehören mit zur Rezeptur. Der Bezugsrahmen der wissensökonomischen Offensive leuchtet auch darin auf, dass »der Vertrag mit sich selbst analog einer persönlichen Zielvereinbarung nach dem Management-by-Objectives-Modell (MbO)« wie im Produktionsbereich und im Hartz IV-Fallmanagement (dazu weiter unten) zu den Techniken therapeutischer Selbsteinspeisungspraktiken gezählt werden.[85] Neben und auch angeregt durch Mircosoft haben eine Reihe weiterer Unternehmen Work-Life-Balance-Coaching in ihre Personalmanagementprogram me aufgenommen. Ein Bericht hierüber würde den Rahmen dieser Arbeit sprengen. Wichtig ist hier, dass dies nur eine Erweiterung und Vertiefung der wissensökonomischen Offensive darstellt. Der innerbetriebliche Druck, sich den Coachingprozeduren zu unterwerfen, erschließt dem Wissensmanagement neue Felder – Ressourcen und Labore in einem. Hierin berühren und verweben sie sich mit den Strategien der Arbeitsressourcenerschließung im Hartz IV-Fallmanangement. In dieser Zuspitzung inmitten der Krankheitssymptomatik der Selbstunterwerfungskrise wird gleichwohl deutlich, was die Geschichte der Klassenauseinandersetzungen – auch im Spiegel ihrer Arbeitspsychologie und Philosophie – immer wieder und nunmehr auf neuem historischem Niveau zeigt: Das Selbst ist nicht operationalisierbar, es sperrt sich in immer neuen Ausdruckformen gegen die Strategien inwertsetzender Gewalt und Zugriffe.

McKinsey lagert sich mit seinem strategischen und zugleich theoretischen Selbstverständnis in ein breites Spektrum postfordistischer Theoriebildung zu »Wissen« und »Wissensmanagement« ein. Ich kann auf die Abschattungen des Spektrums hier nur ausgewählt eingehen, vor allem soweit sie für die Darstellung der »Cluster«-Strategien im engeren Sinne relevant sind. Grundsätzlich betont werden soll jedoch, dass sie alle vom Menschenbild nicht nur bewusster Kenntnisse und Wissensformen ausgehen, sondern von der umfassenden Tiefe einer Subjektivität erlernter, geformter und nicht geformter Potenziale des Handelns und Erkennens, auch der nicht artikulierten und nicht artikulierbaren (»schweigendes Wissen« – »tacit knowledge«). Dieser Begriff wurde von Michael Polanyi als Inbegriff umfassender Potenziale der sich in menschlicher Praxis verwirklichenden Verknüpfung von Handeln und Erkennen bis in die Tiefe des körperlichen, biologischen »Wissens« gefasst.[86] Die akademische Literatur zu »subjektivierter Arbeit«, »immateriellen Ressourcen« etc. als Aktiva, als Assets von sogenanntem »Human-« und »Sozialkapital«, von denen ich einige oben zitiert habe, hat inzwischen die Dimensionen einer Blase angenommen.

Im Großen und Ganzen operieren sie mit der Darstellung ihrer Befunde als objektive Gegebenheiten noch im tradierten wissenstheoretischen Selbstverständnis. Den Angriffscharakter unterschlagen sie. Bezeichnend ist, dass auch die besseren von ihnen, die immerhin die Frage von »Unterwerfung oder Entfaltung« stellen, methodisch nur die »Sicht auf Subjektivität als selbstbetriebene Unterordnung« vollziehen, wie es Ursula Holtgrewe schön formuliert.[87] Als Ausdruck einer bürgerlichen analytischen Intellektualität bleiben sie dabei hinter dem Kampfwissen eines kapitalistischen Strategieunternehmens wie McKinsey zurück, das immer an der Grenze zur widerständischen Subjektivität operiert und sie daher ständig in den Blick nehmen muss.

2. Der Virus der Selbstrationalisierung

Streik als Selbstbehauptung gegen die Diktate der Selbstunterwerfung, Klassenkampf als Wiederherstellung von Gesellschaftlichkeit in der Auseinandersetzung mit der sozialen Zerstörung der Rationalisierungsoffensive, Erkenntnis und Gegenwissen von unten im Prozess der Konfrontation, selten hat sich dies so deutlich artikuliert wie im Streik bei Gate Gourmet gegen die Strategien McKinseys. Es sind dieselben Strategien wie sie auch bei VW in Wolfsburg verfolgt werden. Sie korrespondieren in ihren entscheidenden Charakteristika mit den Strategien von Agenda 2010 und Hartz IV. Wenn sich Arbeitslose als Unterstützerinnen und Unterstützer in das Streikgeschehen eingebracht haben, so drückt dies die Nähe der Widerstandsformen und Selbstverständnisse aus. Der übergreifenden Offensive postfordistischer Sozialtechniken stellen sich übergreifende Bezüge der Selbsterfindung im Kampf entgegen.[88]

Gate Gourmet ist das weltweit zweitgrößte Catering-Unternehmen für die Versorgung mit Flugproviant, das an allen größeren Flughäfen des globalen Verkehrsnetzes operiert. Ursprünglich im Eigentum der Swissair wurde es schließlich von dem zweitgrößten Private-Equity-Unternehmer der Welt TPG gekauft, mit dem Ziel, durch weitere Rationalisierung die Rendite zu steigern. Hiermit wurde McKinsey beauftragt. Strategisch operierte McKinsey – immer auf der Höhe der neuesten Entwicklung – von der Auffanglinie aus, auf die sich die Managementpolitik aus der Krise der Gruppenarbeit zurückgezogen hatte. Fließbänder werden weiterhin aufgelöst, aber die Spielräume von Handlung und Selbstrationalisierung werden in sehr engen Verhaltenskorridoren in der Ausrichtung an verbindlichen Zielvorgaben und detailliertem Zielcontrolling geführt. Die Isolation der ArbeiterInnen und ihre Unterwerfung unter die Zwänge des Leistungswettbewerbs und gegenseitiger Konkurrenz zielten auch auf die Zerstörung alter Kollektivität, um sie im »Team« für die (Selbst-) Bewertung der Leistungs- und Unterwerfungsbereitschaft verfügbar zu machen.[89] Die Soft Skills, mit denen die Leute von McKinsey ihr soziales Objekt angingen, setzten dessen Leitvorstellungen von Change Management detailgetreu um.[90] Seine Akteure gaben sich leutselig. Sie kamen in lockerer Kleiderordnung, boten den Arbeiter/innen das »Du« an mit der Bitte, doch auch den »Doktor« weg zu lassen und erklärten, man wolle gemeinsam nach Verbesserungen suchen. Zunächst war der Spaß dran.

Man machte gemeinsam Ausflüge zum Kart-Fahren, wobei die Arbeiter/innen den Eindruck gewannen, dass sie auch jetzt schon auf einer Teststrecke waren, um praktische Erfahrungen mit ihrem Durchsetzungsvermögen, ihrer Aggressivität und ihrer Begeisterungsfähigkeit zu gewinnen. Die Kart-Teams wurden extra so ausgewählt, dass jeweils zwei völlig verschiedene Mitarbeiter zusammen waren. Der eine war ein sehr leistungsfähiger Mitarbeiter, der andere war Durchschnitt. Dabei wollte man sehen, wie sehr die Leute bereit waren, sich zu motivieren, sich einzubringen. Der nächste Schritt nahm dann spielerisch die Fähigkeiten zur Selbstrationalisierung in den Blick. Alle haben sich zusammen gesetzt und Spielzeugautos zusammengebaut. Jeder hat ein kleines Plastikauto bekommen, das aus 22 Teilen bestand. Die Aufgabe für sechs ausgewählte Leute bestand darin, 12 Autos schnellstmöglich unter spielerischer Führung und Beratung der McKinsey-Agenten zusammenzubauen. Das Spiel hieß: Rationalisierung und Standardisierung in Eigenleistung. Achim erzählt:

> »Die haben nie gesagt: ›Du musst das so oder so machen‹. Aber es kam immer das raus, was sie wollten. Die haben einen spielerisch dahin gebracht. Die haben die Leute dazu gebracht, selber ihre Arbeit infrage zu stellen. Nach diesem Spiel kamen alle Leute wieder und haben gesagt: ›Die haben ja Recht! Wir müssen wirklich mal anfangen, unsere Arbeitsabläufe zu überprüfen‹.«

Diese Phase des Change Managements gehört zum Standartrepertoire von McKinsey. Im Rahmen eines ähnlichen Auftrags bei EADS sollten die Mitarbeiter/innen Spielzeugflugzeuge in optimaler Zeit zusammenbauen, um ihre Eigeninitiative in die Rationalisierungsoffensive einzusaugen. Bei Gate Gourmet ist dies zuerst auch gelungen, wie Jens es selbstironisch beschrieb:

> »Ob man das glaubt oder nicht: wir haben uns während des Streiks öfter darüber unterhalten: Ich krieg diesen Virus nicht raus. Wenn ich in meiner Küche meinen Kaffee koche, dann überlege ich schon, welche Wege kann ich sparen, oder welche Sachen kann ich gleich mitnehmen, damit ich nicht dreimal laufe.« »Das Unterbewusstsein ist soweit festgenagelt, dass du dir jeden einzelnen Weg überlegst: ›Was kannst du damit verbinden, wie kannst du noch optimaler deinen Tag durchziehen‹ und das im privaten Bereich – soweit sind wir!«

Bei den kleinen Autos wurden die Zeitmarken nicht zu hoch gesetzt, sicher nicht unbeabsichtigt. In selbstironischem Stolz stellten die Arbeiter/innen fest, dass sie am Ende sogar schneller waren, als die vorgegebene Zeit es verlangte.

Dann wurde die Spielebene verlassen und es ging ans Eingemachte. Mit Hilfe von optischen Geräten wurden Arbeitsabläufe der isolierten Arbeiter/innen analysiert und auf strikte optimale Verhaltensabläufe reduziert. Die Auflösung der kollektiven Arbeitsprozesse, die in individuelle Arbeitsprozesse isoliert wurden, war ein entscheidender Zug des Rationalisierungsangriffs. »Sie sollen sich nicht verstecken können.«, heißt es dazu in der Selbstdarstellung McKinseys zu den Auseinandersetzungen bei Gate Gourmet. Die Vorgaben bei der Herstellung von Verpflegungseinheiten auf Tabletts waren durch Bilder genau festgelegt. Die individuelle Überwachung von oben war dann kein Problem mehr. Die übrigen Arbeitsabläufe waren zum Teil weniger eng geführt. Alle aber standen sie unter dem Diktat von Richtzeiten, die überall aushingen und den Druck der Selbstrationalisierung und -optimierung aufrecht erhielten. Sie waren derart eng aus den Berechnungen der reinen Arbeitsverrichtungen kalkuliert, dass für Pausen und Toilette keine Zeit übrig war.

Die Kontrolle über die sozialen Zusammenhänge wurde über die »Review-Meetings« hergestellt, auf denen es nicht nur um Produktivität im Betrieb ging, sondern auch um die Hintergründe der Leistungsfähigkeit im privatren Bereich, Lebensführung, Krankheit etc.

Mit dem Streik haben die Arbeiter/innen die Reißleine gezogen. Es ging auch, aber nicht allein um Löhne. »Menschenwürde« war ein Wort, das fast auf allen Transparenten stand. Im Laufe der Zeit wurden Beziehungen zu den Arbeiter/innen, die gegen Gate Gourmet auf dem Londoner Flughafen Heathrow streikten, geknüpft, gegenseitige Besuche organisiert. Es wurden Zugänge zu anderen Bereichen gesucht, in denen McKinsey ähnliche Rationalisierungsstrategien verfolgt, wie zum Beispiel in Krankenhäusern. Es war der Streik selbst, in dem die Arbeiter/innen ihre Menschenwürde zurückeroberten, ihre sozialen Zusammenhänge, ihr individuelles und kollektives Selbst wiederherstellten. Gerade dies war es, das Unterstützer/innen, die sich in anderen Bereichen vor allem im Kontext von Agenda 2010 und Hartz IV mit McKinsey und seinen Strategien konfrontierten, den Kontakt zu den Streikenden erleichterte. Nicht einen abstrakten Zugang über Parolen und Ideologien, sondern einen persönlichen Zugang aus der Selbstbehauptung gegen gesamtgesellschaftlich verallgemeinerte Zwänge, sich selbst zu unterwerfen und auszulöschen.

Das »Gegenwissen«, das sich in dem Buch über den Streik bei Gate Gourmet herstellte, ist Ausdruck dieser Auseinandersetzung. Es enthält genauere Analysen über die sozialtechnischen Zwänge zur Selbstunterwerfung, als die Begleitforschungen zur oben beschriebenen Offensive mit allen ihren Feldtagebüchern sie jemals herzustellen vermöchten. In ihnen begannen Kampferfahrungen aus den verschiedenen gesellschaftlichen Feldern dieser Offensive, auch aus Agenda und Hartz IV, zusammenzufließen. Für kurze Zeit gewann das Gestalt, was Walter Benjamin in dem Satz ausdrückte: »Das Subjekt historischer Erkenntnis ist die kämpfende, unterdrückte Klasse selbst.«[91] Es wurde deutlich, dass es keine »Wissenschaftlichkeit«, kein »Gegenstandswissen« zu diesen Prozessen geben kann, sondern dass die einzige »Wissenschaftlichkeit« das im Kampf entwickelte Gegenwissen ist, das erst die Bedeutung der neuen sozialtechnischen Strategien als Strategien des sozialen Kriegs offenlegt.[92] Es verweist die »Wissenschaftlichkeit« der Beratungsunternehmen, der Arbeitswissenschaften und -soziologie in den Bereich der Kriegswissenschaften. Es gibt keine »Idealtypik«, keine »Paradigmen«, diese stellen nur die wechselnde Leitbegrifflichkeit an den beweglichen Fronten der Auseinandersetzungen dar. So gesehen waren die Erkenntnisse derer, die den Streik bei Gate Gourmet führten und sich in ihn einbrachten, die einzig möglichen und wahren »wissenschaftlichen« Erkenntnisse. Sie senden auch in andere wissenschaftliche Bereiche, wie zum Beispiel Erziehungs-, Sozial-, Geisteswissenschaften überhaupt, eine klare Botschaft: das dort angebotene Wissen hat seinen Platz in den innovatorisch erneuernden Bemächtigungsstrategien und die neuen Dimensionen ihrer Gewaltsamkeit. »Wissen« ist das aus den Auseinandersetzungen hiermit gewonnene »Gegenwissen«. Es ist das Wissen nicht des Getriebes, sondern des Sands.

III VW, McKinsey, Wolfsburg und die Bewirtschaftung des Sozialen im Cluster

Zur Kooperation von McKinsey, Volkswagen und der Stadt Wolfsburg bei der Entfesselung seiner langfristig angelegten Clusterstrategien verweise ich zunächst auf die Ausführungen von Gerald Geppert in diesem Buch. Mir fällt an dieser Stelle auf dem Hintergrund meiner einführenden Abschnitte die Aufgabe zu, sie in die Strategien des sozialen Zugriffs und der Zwänge zur Selbstunterwerfung und Selbsteinspeisung zu erläutern. Sie bilden den Schwerpunkt der mit Hartz IV verfolgten Zielsetzungen. Niedergelegt ist all dies in dem von Peter Hartz unter Beteiligung von Mitarbeitern aus den Kommandoebenen der deutschen Politik und Wirtschaft (H. E. Schleyer, W. Tiefensee, H. Schartau, E. Voscherau etc.) erarbeiteten Bericht: »Moderne

Dienstleistungen am Arbeitsmarkt. Vorschläge der Kommission zum Abbau der Arbeitslosigkeit und zur Umstrukturierung der Bundesanstalt für Arbeit«.[93] »Fördern und Fordern« heißt das plastische Motto der mit der Agenda 2010 umgesetzten Strategien. Sie sind total, d. h., sie behandeln jeden Aspekt regionaler Entwicklung. So ist es das in ihrem Rahmen entwickelte Fallmanagement, um auf die Subjekte zuzugreifen, das die mikropolitischen Strategien an der Front des widerstrebenden Eigenwillens am drastischsten ausdrückt. *»Freiwilligkeit kann in der Arbeitsbeziehung zwischen dem CM* (Case-Manager D.H.) *als Vertreter/Vertreterinnen einer Verwaltung und ihrer Klientel als von Hilfe abhängigen Personen nicht als gegeben unterstellt werden. Wo sie erzwungen wird, kann sie ihre co-produktiven Potentiale nicht entfalten. Also ist es eine ganz wichtige Aufgabe der CM, die Kooperationsbereitschaft der Hilfeberechtigten zu gewinnen.«*[94] Case Management und Profiling behandeln die ganze Problematik unterschwelliger Gewaltpotentiale, die mit dem als grundsätzlich resistent begriffenen Subjekt konfrontiert werden. Bevor wir uns diesen Mikrostrategien an der seelischen Front, dem Eigenwillen des Subjekts im Prozess, in dem die Hartz-Strategien umgesetzt werden, zuwenden, wollen wir den total angelegten Zugriff und seine organisatorischen Projekte behandeln.

1. Totaler »Pull«

Im Sinne der obigen grundsätzlichen Ausführungen sagt es die Kommission eindeutig: Agenda 2010 und Hartz-Projekte auf dem Gebiet der Arbeits- und Sozialgesetzgebung zielen auf die tendenziell totale Mobilisierung und Einspeisung produktiver und unternehmerischer Handlungsenergien ins Cluster. Unter der Überschrift neue Arbeitsplätze durch Clusterbildung in regionalen Wirtschaftsräumen heißt es in Kapital 11:

> »... nicht nur im Inneren der Unternehmer, auch in ihrem Umfeld und in den Regionen ruhen Potenziale, die über die Perspektiven der nächsten Jobgeneration entscheiden. Um Wachstums- und Beschäftigungsdynamik auszulösen, müssen diese Potenziale aufgespürt und gezielt und regionenspezifisch mit innovativen Ideen gefördert werden. Hier setzt das Konzept der Clusterbildung an. Dabei bezeichnet der Begriff Cluster die regionale Konzentration und Vernetzung von sich ergänzenden wirtschaftlichen und nicht wirtschaftlichen Aktivitäten um ein bestimmtes Kompetenzfeld herum. Bei Clustern handelt es sich nicht um die Kooperation von Unternehmen zur Erlangung eines bestimmten, zeitlich terminierten Zieles, sondern sie bestehen von sich aus, weil es einen gemeinsamen Bezugspunkt gibt, um den herum sich eine innovative Vielfalt entwickelt. Die erfolgreichsten Regionen

weltweit beweisen: nicht Steueroasen oder Freihandelszonen, nicht attraktive Regionallagen oder Fördergebiete weisen den größten Beschäftigungszuwachs auf, sondern Regionen mit Clusterbildung. Nicht das Gießkannenprinzip ist erfolgreich, sondern die Bündelung von Ressourcen. Kreativität und Handlungsenergie auf die ›natürlichen‹ Anlagen eines sozio-kulturellen und ökonomischen Raumes. Starke Kerne üben auf andere Arbeitsplätze Anziehungskraft aus. Dort gelingt es, Zentren mit Schwerpunkten zu bilden, deren Leistungsträger und Fachleute sich regional zu Netzwerken verdichten. Dieses Milieu bildet den Nährboden für Unternehmensgründungen, Dienstleistungen sowie Wohn- und Freizeitkultur.«[95]

Im Überblick der Abbildung 3 (Kompetenzfelder definieren) wird die tendenzielle Totalität des Zugriffs eindrucksvoll in einer Liste der »Kompetenzfelder« demonstriert, die in den Dienst des Aufbaus von Clustern gestellt werden sollen. Das reicht von den »Hartfaktoren« wie Infrastruktur, Qualifikation der Arbeitskräfte, Bürokratie, Institutionen, Besiedelungsdichte über die »Softfaktoren«, Kultur, Tradition, Freizeitmöglichkeiten, Landschaft und über Unternehmensstruktur, Forschungsschwerpunkte und -einrichtungen bis hin zu »sonstige«. Weiter heißt es im Sinne dieser Totalisierung des Einspeisungs-»Pulls«: »Der erste Schritt, eine regionenspezifische Wirtschafts- und Arbeits marktdynamisierung in Gang zu setzen, liegt daher im Aufspüren regionaler Eigenheiten und in der Analyse ihrer Stärken und Schwächen. ... Von allen Formen von Wirtschaftsräumen haben Cluster die höchste Eigendynamik. Zu ihrer vollen Entfaltung brauchen sie einen langen Zeitraum, in der Regel 10 - 20 Jahre, wenn sie jedoch eine bestimmte kritische Masse überschritten haben, dann wachsen sie stabil und nachhaltig und ohne äußere Hilfe als selbstverstärkender eigendynamischer Prozess.« Dabei wird über Stärkung der Effizienz (durch Senkung von Transaktionskosten, Rationalisierung von Logistikketten und Kommunikationswegen, Intensivierung und Beschleunigung der kommunikativen Prozesse grundsätzlich auf die Dynamik unternehmerischer Handlungsenergien gesetzt, vor allem zur »Steigerung der Gründungsrate.« »Die Haupterfolgsfaktoren für Gründer sind neben einer zündenden Geschäftsidee, einer entsprechenden Unternehmerpersönlichkeit und dem erforderlichen Kapital (auf Clusterprozesse spezialisiertes Venture-Kaptial, D.H.). Zum einen die Möglichkeit Kooperationspartner zu finden, zum anderen der erste Referenz- oder Pilotkunde, der den Mut und den Unternehmergeist hat, ein innovatives Produkt einzusetzen oder ein völlig neues Dienstleistungskonzept zu nutzen. Beides ist im sozialen Zusammenhang und spezifischen Innovationsmilieu eines Cluster sehr viel leichter zu finden als andernorts.«[96] Wir sehen, hier findet das Verständnis des Clusters als Ort innovativer Willensenergien unternehmerischer »schöpferischer Zerstörung« seinen unmittelbaren Ausdruck.

Förderung von Existenzgründungen sollen durch Beratung und Coaching-Maßnahmen betreiben werden. Ebenso sollen Existenzgründungen aus Arbeitslosigkeit sowie durch Spin-Offs aus Hochschulen und Forschungseinrichtungen (wie sei sich vor allem in den USA in die Clusterdynamik eingespeist haben) gefördert werden.

Ausdrücklich begreift die Hartz-Kommission das Projekt der Wolfsburg AG mit seinem Konzept der Auto Vision als Initiativfunktion, Labor- und Lernprojekt für die Dynamik der Clusterbildung bundesweit – vor allem in den ostdeutschen Kernregionen. Hier wird der Clusteraufbau am Beispiel der Stadt Leipzig mit seinen Schwerpunkten beschrieben: Gesundheit, Biotechnologie, Medizintechnik, Life Sciences.[97]

Wir sehen, wie sehr die Initiative der Wolfburg AG geprägt ist von den Vorstellungen subjektiver Potentiale, wie sie Schumpeter in den barbarischen Energien gefunden hat, die sich in der Zerstörung des alten und Überwindung sozialer Widerstände ausgedrückt haben. Wenn wir weiter unten zu den Fronten sozialer Auseinandersetzungen kommen, dann müssen wir diesem handlungsenergetischen Kern Rechnung tragen. In diesen Vorstellungen schwingt die Politizität der Feinderklärung gegen die widerständische, sich sträubende Existenz mit wie auch die Bereitschaft zu barbarischen Formen der Transformation.

Diese Vorstellungen im zeithistorischen Kontext der Hartz-»Reformen« kommen nicht aus dem Nichts. Sie greifen ein in ein Sozialgefüge, das bereits seit Jahrzehnten Feld innovativer Schocks ist, deren Beharrungskräfte sich unter dem Dauerbeschuss dessen, was wir »Deregulierung« nennen, bereits transformiert hat. Dazu gehört der in die sozialen Zusammenhänge der DDR entfesselten sozioökonomischen Schocks einer Zertrümmerung von Unternehmen, Infrastruktur, sozialen Garantien und Zusammenhängen ebenso, wie der etwas softere Dauerbeschuss, der in Deutschland von allen Kräften betrieben und unterstützt wurde, die vormals zum postnazistischen Korporatismusgehörten. Die Initiative aus Wolfsburg AG und ihrer Übersetzung in Politik durch die Agenda stellen nur eine Etappe in diesem Prozess schöpferischer Zerstörung dar. Sie geht nunmehr jedoch wieder endgültig von der ersten Phase neoliberaler Schock- und Zertrümmerungspolitik in eine Phase der organisatorischen Neueinbettung und »Vergesellschaftung«, wenn man so will, über. Ihre Analogien zum sich organisierenden Kapitalismus vor hundert Jahren haben wir oben schon berührt.

2. Soziale Zerstörung, Drohung, Fordern, Fördern

Der Bericht der Hartz-Kommission ist natürlich nicht die erste Initiative in dieser Richtung. Sie ist vielmehr ein historischer Knoten, in dem die Strategien und Konfliktlinien verschiedener Sektoren auf dem Weg in einen neuen sich organisierenden Kapitalismus zusammenlaufen, ebenso wie in die Eröffnung des globalen Kriegs. Eine Konfliktlinie in der regional- und großraumstrategischen Reorganisation der »Wissensgesellschaft« haben wir gerade behandelt. Die anderen sozialstrategischen Konfliktlinien, die sich in »Agenda 2010« hineingebündelt haben, haben sich auf verschiedenen Feldern entfaltet: Jugendpolitik, Psychiatrie, Kriminalitätspolitik, Ausländerpolitik. Die Ausländerpolitik ist in Deutschland Labor, Test- und sozialstrategisches Aufmarschfeld in einem gewesen. Ein erster Versuch, komplexe Erfassung von Daten, Lebenssachverhalten, Einschätzungen, Selbsteinschätzungen zu organisieren und datentechnisch handhabbar zu machen, wurde mit der Einrichtung des Ausländerzentralregisters (AZR) unternommen. Mitwirkungspflichten, Berichtspflicht, informatorische Milieu- und Umfelderfassung, all dies gehörte schon zum Arsenal des AZR. Die Feinderklärung gegen Asylsuchende als »Parasiten«, Herabsetzung der Menschenwürde auf Prozentniveaus des Sozialhilfesatzes, Ersetzung von Geldleistungen durch Sachleistungen und »Fresspakete«, waren Momente in dieser Entwicklung. Ein anderes Feld war die soziale Säuberung städtischer Kernbereiche in der Auseinandersetzung mit Obdachlosen, Bettlern, Drogenabhängigen, wie sie jetzt ihre Fortsetzung in der Ausfilterung von Hartz IV-Empfängern und der damit verbundenen neuen sozialräumlichen Gliederung findet. »Metropolitane Stadt und sozialer Krieg« war ein Titel, unter dem ich diese Strategien und den ihnen zugrunde liegenden sozialen Antagonismus in Köln aus der Perspektive von unten behandelt habe.[98] Damals war das Leitthema der linken Kritik eher Vertreibung und Ausgrenzung. Die Strategien globaler »schöpferischer Zerstörung«, d.h. von Zerstörung und Wiedereinbettung im Zuge einer regional und global entfesselten Reorganisationsoffensive, als »Modernisierungsprozess« wurden nur wenig thematisiert.

Hier beschränke ich mich auf die engere Vorgeschichte der Hartz IV-Strategien im Cluster, wie sie von bestimmten kommunalen Vorreitern, wie Köln, Bielefeld, Krefeld – teilweise unter maßgeblicher Federführung Bertelsmanns – vorangetrieben wurde. Vor allem sozialdemokratisch regierte Städte wie Köln, Hamburg, Offenbach hatten sich an niederländischen und dänischen Modellen orientiert und aufmunitioniert. Die Politik der Selbstaktivierungszwänge waren über die sozialdemokratische Rezeption von Blairs »New Deal« für die bundesrepublikanische Sozialpolitik adoptiert und adaptiert worden. Besonders die Stadt Köln entwickelte sich zu einem regelrechten Inkubator innovativer Strategien auf dem Weg zum Hartz-Bericht und seiner Umsetzung.

So besteht die Bedeutung des Berichts der Hartz-Kommission nicht darin, neue Sozialstrategien und -techniken erfunden, sondern diese in ein regionales und globales Konzept integriert zu haben. Die zu »ARGEN« umgebildeten Arbeitsämter bilden dementsprechend orientierende Kerne und Steuerungszentren für die Vernetzungsprozesse (z.T. in untereinander gebildeten Konsortien) einer Vielfalt bis dahin entwickelter städtischer Jobbörsen, Betreuungs- und Rehabilitationseinrichtungen. Nachfolgend werde ich den wissensstrategischen Griff nach den Subjekten in der unmittelbaren Konfrontation auf dem Arbeitsamt umreißen. Ich analysiere und gebe nicht allein den Kommissionsbericht wieder, sondern beziehe mich auf zentrale Papiere aus der Zeit vor und nach dem Kommissionsbericht, insbesondere auf das »Handbuch Beratung und Integration«, auf Studien von Bertelsmann (z.T. gemeinsam mit McKinsey[99]), des Deutschen Städtetags und auf den vom Land NRW herausgegebenen Leitfaden »initiativ in NRW« über Theorie und Praxis des Case Managements.[100] Selbstredend beziehe ich mich auf die Erfahrungen der Initiative »Agenturschluss«.

Im Grunde ist es ganz simpel. Wir können in den strategischen Leitlinien die zentralen Elemente wiedererkennen, die wir schon im wissensgesellschaftlichen Angriff auf die Arbeiter/innen von Gate Gourmet festgestellt haben: existenzielle Drohung als Voraussetzung der Selbstaktivierung und -unterwerfung unter Zielgrößen mit geringen Freiheitsgraden eines engen Richtungskorridors. Hier heißt das Druckmittel nicht Entlassungsdrohung, um sich selbst unter dem Diktat einer verbindlichen Zielvorgabe mit detailliertem Zielcontrolling zu aktivieren, sondern die Drohung operiert mit existenziellem Druck, gegebenenfalls sogar zu verhungern. Sie wird zum Antrieb der Selbstunterwerfung und Dynamisierung im engen Rahmen einer »Zielvereinbarung«, die auf einen »gemeinsam« mit dem Fallmanager erarbeiteten »Eingliederungskontrakt« fußt.

Der Hartz-Bericht sieht dies kategorisch als »Leitbildwechsel«[101] von der aktiven zur aktivierenden Arbeitsmarktpolitik: als paradigmatischen Umbruch. Dass dieser Umbruch durchaus als Transformation im Wege der »schöpferischen Zerstörung« verstanden wird, der Zerstörung alter Sozialmilieus und Einstellungen, wird an vielen Stellen deutlich. So heißt es zum »Prinzip Fördern und Fordern im Fallmanagement« des Arbeitsamts Köln: *»Fordern bedeutet ... die Kultur spezifischer Milieus aufzubrechen«*[102] und im Case-Management-Leitfaden des Landes NRW:

»Nicht auszuschließen ist die Möglichkeit, dass Hilfesuchende sich in ihrer Situation ›eingerichtet‹, sich mit ihr ›arrangiert‹ haben. Oft reicht also ein gutes Angebot nicht, um Menschen zu verlocken, ihre gewohnte Lebensweise aufzugeben – und öfter noch sind die Angebote auch wenig verlockend. Ein gewisses Maß an Druck und Zwang kann also durchaus den Effekt haben, Leute in Bewegung zu bringen und Entwicklungen in Gang zu setzen ... Und diese Haltung verlangt eine sozialpolitischen Setzung von »oben«[103]. »Typ 3 – Hilfe zur Arbeit ist konträr zur aktuellen Lebensweise ... Die Hilfeberechtigten haben sich in einer Lebensweise ›eingerichtet‹ oder sind in sie ›hineingewachsen‹, in der andere Normen und Maßstäbe gelten als in der Arbeitsgesellschaft. Häufig handelt es sich hier um marginalisierte Lebenszusammenhänge, und wenn Hilfeberechtigte ihren Status quo gegen Veränderungen und Interventionen verteidigen, so verteidigen sie dabei in der Regel zugleich für sie unverzichtbare Überlebensstrategien, mögen die auch noch so defizitär sein. Integrierte Hilfe zur Arbeit ist hier, ob sie will oder nicht, Hilfe zu einem neuen Lebensentwurf unter extrem riskanten Bedingungen und mit extrem hoher und nachhaltiger Fallverantwortung. Hier können drei Untertypen gebildet werden: Die Gruppe von Hilfeberechtigten, die fest eingebettet sind in eine Familientradition und in die entsprechenden Netzwerke des Lebens in und mit der Sozialhilfe. Im Fachjargon spricht man hier von ›Sozialhilfeadel‹ und meint damit auch, dass diese Hilfeberechtigten gelernt haben, unter Bedingungen des sozialkulturellen Existenzminimums ›kompetent‹ auszukommen, d. h., nicht zu verwahrlosen. ... Es verwundert nicht, dass die Eingruppierung von Fällen in diese Typologie der Intervention häufig schwierig und etwas ›gewaltsam‹ ist. Fälle scheinen zu Beginn der Arbeit ›einfach‹ und die Vermittlung in Arbeit ›biographiekonform‹, doch dann häufen sich die Schwierigkeiten und Konflikte und schwere Widerstände werden deutlich und müssen in die Arbeit einbezogen werden.«[104]

Wie sehr sich die Strategen des Fallmanagements bewusst sind, dass sie an einer sozialen Front operieren, zeigt auch die Übersicht der Prozessschritte des »Case Managements« aus dem zitierten Leitfaden des Landes NRW. Hier ist Teil des einleitenden Schritts, »Diagnose« (manchmal auch »Anamnese«) genannt, die »Differenz der Sichtweisen/Interpretationen des Ratsuchenden« festzustellen. Weiter wird angeraten: »Analyse des Widerstands, Nutzung des Widerstands als Erkenntnisquelle«.[105] Prägnanter kann man das oben schon bei McKinsey behandelte Verständnis des sozialen Antagonismus als Ort der »Wissensgesellschaft« kaum ausdrücken.

Im Hartz-Bericht, im NRW-Leitfaden und in anderen Berichten wird klar formuliert, dass der Umbruch zu einem neuen Unterwerfungsparadigma eine Konfrontation und ein Spannungsverhältnis eröffnet, die – und die amerikanische Literatur ist sich dessen genauer bewusst, als die deutsche – das Spannungsverhältnis noch einmal potenziert, das der Übergang zum Fordismus/Taylorismus geschaffen hat. Die Konfrontation vor hundert Jahren war bestimmt von einem Rationalisierungsangriff neuer metropolitaner Giganten auf tradierte Bestände von Arbeits- und Lebensautonomie, wie sie das Gefälle von metropolitaner Facharbeit bis hin zu den Herkunftsorten der mobilisierten Arbeiterbäuerinnen und Arbeiterbauern bestimmte. Diese aufgerissene Spannung, die ihrerseits das Spannungsverhältnis der industriellen Revolution zum nationalen Umfeld noch einmal steigerte, drückte sich in komplexen Widerstandsformen aus, welche zunächst in rassistischen, sexistischen und sozialrassistischen Formen der Sozialarbeit des »Progressismus« abgearbeitet wurden, die dann im 1. Weltkrieg mit militärischen Mitteln fortgesetzt wurden. Diese »schwarze Seite« des Progressismus reproduziert sich im fundamentalen Umbruch zum postfordistischen strategischen Paradigma, wie er Gegenstand unserer Untersuchung ist.[106] Besonders der Case-Management-Leitfaden des Landes NRW spiegelt gerade in der Vorsichtigkeit seiner Herangehensweise ausdrücklich das Bewusstsein dieser sozialen Spannung und Frontstellung lebhaft wider.

Unter aller sozialarbeiterischer Tünche und bei aller sozialarbeiterischen Raffinesse: es ist die immer präsente Drohung mit Verelendung, Hunger, Tod, die im Hintergrund dieses paradigmatisch-strategischen Umbruchs steht.

> »Verletzt der Kunde die Regeln, indem er trotz intensiver Klärung seiner Situation und der geeigneten Handlungsoptionen die angebotenen Möglichkeiten nicht annimmt und keine Bereitschaft zu aktiver Mitwirkung zeigt, wird das JobCenter in angemessener und differenzierter Weise seine Leistungen reduzieren oder schließlich einstellen (Flexibilisierung der Sperrzeit) ... Ebenso klar und eindeutig wie der wechselseitige Anspruch auf Leistung gilt die Verbindlichkeit des Leitprinzips ›Eigenaktivitäten auslösen – Sicherheit einlösen‹. Das JobCenter lässt sich auf keine ›Spiele‹ mit Kunden ein, die erkennbar nicht willig und bereit sind, eine zumutbare Beschäftigung aufzunehmen.«[107]

Die Drohung ist real, das Gerede von den »Spielen« nicht ganz. Denn ein Transformationsmanagement zur Selbstunterwerfung unter das Zentraldiktat des »Pull« ist langwierig. Es bedarf der Auflösung jahrzehntelang gepflegter (Widerstands-)Praktiken, strategischer Sicherheiten, langgeübter Gewohnheiten und aller Facetten einer tradierten fordistischen Lebenspraxis und Weltsicht, tradierter fordistischer Selbstverständnisse und »mentaler Modelle« von unten. Und wie schon die Sozialpolitik des dritten Reichs geprägt war von der Angst vor »1918«, so nehmen die Strategen die Schwierigkeiten nicht leicht. Aus diesem Grund spielen der Zugriff auf die ganze »Lebenswelt« und der Einsatz der »Soft Skills«, wie er auch das Transformationsmanagements der »schöpferischen Zerstörung« aus dem Hause McKinsey prägt, eine große Rolle. »Soft Skills« reichen vom kommunikativen Einseifen über die Nutzung sozialer und institutioneller Netze, Kirchen etc. bis zur »Ehrlichkeit«:

»Die ›Case Management Society of America‹ definiert Case Management als einen kooperativen Prozess ... Gegenstand des Case Management – dies stellt die zweite wichtige Dimension der zitierten Definition dar – bedeutet nicht nur, professionelle Dienstleitungen zu erschließen, sondern Unterstützungsnetzwerke in der ›Lebenswelt‹ der Klientinnen und Klienten zu identifizieren und zu aktivieren, d.h. ›Netzwerke‹ auf verschiedenen Ebenen zu knüpfen und auch für den Einzelfall nutzbar zu machen. Dies beinhaltet eine deutlich planerische und sozialräumliche Ausrichtung des Case Managements ...« »Hier sind die Hilfeberechtigten im anspruchsvollen Sinne Koproduzenten der Diagnose ... Eine Diagnostik, die eher umfassend und fallorientiert ansetzen muss, die Fragen der Kooperationsbereitschaft und -fähigkeit des Hilfeberechtigten mit zu klären hat, ist qualitativ auf Akzeptanz durch die Hilfeberechtigten angewiesen. Diagnostisches Wissen ist strukturell Herrschaftswissen. Ist die Validität der Diagnose abhängig von der Qualität der Koproduktion, dann muss der diagnostische Prozess durch vertrauensbildende Maßnahmen abgesichert werden.«[108] »Auch hier sind zwei entgegengesetzte Pole benannt, die in ihrer extremen Ausprägung kaum vorkommen dürften. War schon die Beratung im Case Management mehr oder weniger ›infiziert‹ von Druck, Zwang und Unfreiwilligkeit, so gilt dies für die Hilfeplanung umso mehr. Hier nämlich stehen zwangsläufig verbindliche Absprachen, gegenseitige Verpflichtungen und mögliche Sanktionen immer ›irgendwie‹ am Erwartungshorizont der Beteiligten. Die Hilfeberechtigten gehen einen Kontrakt ein. Das ›Fördern und Fordern‹ ist ein konstruktives Element der Hilfeplanung. Wenn das Arbeitsbündnis zwischen CM (Case Manager D.H.) und Hilfeberechtigten es zulässt, dass die Zwänge und Nötigungen auf beiden Seiten offen thematisiert werden können, ist der Raum geschaffen für eine angemessen offene, kooperative Hilfeplanung. Jedoch: ›Freiwilligkeit‹ kann in der Arbeitsbeziehung zwischen den CM als Vertreter/Vertreterinnen einer Verwaltung und ihrer Klientel als von Hilfe abhängigen Personen nicht als gegeben unterstellt werden. Wo sie erzwungen wird, kann sie ihre koproduktiven Potenziale nicht entfalten. Es ist also eine ganz wichtige Aufgabe der CM, die Kooperationsbereitschaft der Hilfsberechtigten zu gewinnen«.

So soll möglichst die Sanktionsdrohung in den Hintergrund gedrängt werden:

»Eine erste und wichtige Voraussetzung ist, dass innerhalb des Case Management offen und klar auf Sanktionen verzichtet wird, die lediglich dem Zweck dienen die Zusammenarbeit der Hilfeberechtigten zu erzwingen. Die härteste Sanktion im Case Management kann nur die Beendigung der gemeinsamen Arbeit sein.«

(Klar doch: Mit der Konsequenz der harten Schnitte.) Es gehe immer darum, das Subjekt wieder ins Boot zu holen. Aus diesem Grund wesentlich subtiler, aber im Grunde wie bei der Folter (und dieser Hinweis findet seine Rechtfertigung in den Initiativen zur rechtlichen Relativierung des Gebots der Achtung der Menschenwürde sowie des Folterverbots) mit flexiblen Sanktionen operiert.

»Die Regelungen zur Zumutbarkeit stehen in unmittelbarem Zusammenhang zur Verhängung von Sperrzeiten. Lehnt der Arbeitslose ein zumutbares Stellenangebot ohne wichtigen Grund ab, so wird nach bisheriger Rechtslage das Arbeitslosengeld für eine befristete Zeit (in der Regel 12 Wochen) nicht gezahlt und die Anspruchsdauer um die Dauer der Sperrzeit gekürzt ... Um Verwaltungsaufwand bei der Festsetzung von Sperrzeiten zu minimieren, sind Tatbestände und deren Rechtsfolgen zu definieren. So kann etwa für die Verweigerung der Teilnahme an einer Maßnahme zur Integrationsförderung eine kürzere Sperrzeit verhängt werden, als für die Ablehnung eines zumutbaren Arbeitsangebotes. So kann je nach Sperrzeittatbestand eine mehrwöchige Stufung vorgesehen werden.«[109] »Der Abbruch einer Maßnahme hat immer konstruktiv zu erfolgen. Das bedeutet für den Case-Manager und seinen Klienten zügig Alternativen zu entwickeln. ... Hat der Klient den Abbruch durch schweres, objektives Fehlverhalten selbst verursacht, müssen zügig entsprechende harte Sanktionen, wie z.B. die Kürzung von Leistungen eingeleitet werden. Dabei ist allerdings immer zu überlegen, in wie weit das Fehlverhalten Symptom für tiefer liegende Konflikte des Klienten ist. An dieser Stelle ist dann die psychosoziale Diagnosefähigkeit des Case-Managers gefragt. Kommt er – gegebenenfalls mit Unterstützung professioneller Diagnostiker – zu dem Ergebnis, dass der Klient eine weitere Chance verdient hat, ist die Sanktionierung im Sinne des ›Fördern und Forderns‹ mit neuen Perspektiven zu verknüpfen. Es ist dann z.B. vorstellbar, dass sich der Klient sukzessive wieder seine volle Transferleistung erarbeiten kann.«[110]

Dieses flexible Drohpotential gilt jedem der technischen Stadien der »Kooperation«, von »Anamnese« und »Profiling« über den »Eingliederungsvertrag« bis zu seiner Umsetzung.

Der Schwerpunkt der wissensgesellschaftlichen Offensive auf das Subjekt und sein Umfeld ist die »Anamnese« und das »Profiling«. Profiling ist die umfassende Erhebung nicht etwa von »Daten« oder »Informationen«, sondern von komplexen Erfahrungen zu Mentalität, Lebenssituation, Selbstverständnis, Leistungsbereitschaft, Unterwerfungsbereitschaft im Prozess der »Kooperation« zwischen Fallmanager und seinem Gegenüber. In diesem Prozess geht es nicht nur um harte Fakten, sondern Erfahrungen des Fallmanagers mit Motivation, Selbstbild, Resistenz, Widerstand bis in den psychosozialen Hintergrund seiner »sozialen Netzwerke« hinein. Dies zielt also auch um die Bereiche dessen, was in der unternehmerischen wissensgesellschaftlich en Offensive mit »tacit knowledge« bezeichnet wurde, die Gesamtheit der handlungs- und potentialbestimmenden Faktoren und Kräfte. Ausdrücklich wird betont, dass es im Sinne des wissensgesellschaftlichen »Pull« um solche Strategien geht, »die am einzelnen Menschen ansetzen und ihn »ganzheitlich« in den Integrationsprozess einbeziehen«.[111]

> »›Lehrer, Prediger, Freund und Polizist‹ – dies ist die Kurzformel, mit der im angloamerikanischen Sprachraum Aufgaben und Anforderungen an Fall-Manager umrissen werden. Hinter diesem Begriff verbirgt sich jedoch mehr als eine neue Berufsbezeichnung: Er steht für einen grundlegenden Paradigmenwechsel hin zu ganzheitlichen Strategien zur Eingliederung Arbeitsloser in das Erwerbsleben.«[112]

Der Prozess wird in verschiedene Stadien unterteilt: Erstkontakt, Profiling, Eingliederungsplanung und Vertrag, Umsetzung. Dabei ist die Vereinzelung des sozial eingebundenen Individuums als »Fall« in der Einsamkeit des Fall-Managements jenseits der kollektiven Schutzräume Voraussetzung für die Operation. Im »Erstkontakt« geht es einmal um den Hinweis auf die Mitwirkungspflicht und die Pflicht, die »vorhandenen Selbsthilfepotentiale auszuschöpfen. Im Sinne des aktivierenden Staates bedeutet dies, dass der Arbeitslose seine Ressourcen mobilisiert ... «. Eingebettet ist diese mit existenziellen Sanktionen bewehrte Pflicht in »softe« Rahmenbedingungen: »Ruhe, ansprechender Raum, Wohlgefühl, freundliche Gestaltung des Raumes«, in dem die Beraterin oder der Berater ihre/seine Eigenschaften entfalten kann:

> »Einfühlungsvermögen, Verständnis, lockere Atmosphäre schaffen, kein Bürokratismus, Verständnis erwecken durch aktives Zuhören, Feed back – Blickkontakt halten, – offene Körperhaltung, Lösungsansätze versuchen

so zu formulieren, dass der HE (Hilfeempfänger, D.H.) das Gefühl hat, dass es seine eigene Idee ist bzw. gemeinsam erarbeitet. Eventuell an der Tür persönlich abholen, erst über Belangloses sprechen, HE zur Ruhe kommen lassen, ... HE erzählen lassen (unstrukturiert) ... Nachfragen erst, nachdem HE allein geschildert hat, keine Suggestivfragen – Fragen, Stärken des Klienten herausfinden, Hemmnisse/Schwächen herausfinden. Klärung des Sozialhilfeanspruchs erst am Ende dieser Phase!«

Ambiente und Soft Skills dienen der totalen Erfassung und Ausforschung des sozialen Objekts (»Tiefenprofiling«, wie es im Kommissionsbericht heißt) auf dem Wege eines kommunikativen Prozesses bis zur Ausschöpfung von Mechanismen psychologischer »Übertragung/Gegenübertragung.«[113] Hier muss der Case Manager durch professionelle Gesprächsführungs- und Fragetechniken seinen Klienten sukzessive auf den richtigen Weg bringen. Aber auch die besten Techniken werden nicht immer zum Erfolg führen, so dass dann »die Unterstützung durch Assessment oder ein anderes praktisch orientiertes Diagnoseverfahren in Anspruch genommen werden muss«. Die Gesprächssituation ist natürlich gekennzeichnet nicht nur durch eine Asymmetrie der Macht, der Drohpotentiale, sondern auch des Faktenwissens: Der Fallmanager kann sämtliche zugänglichen kommunalen Daten und auch sonstige Datenbestände mobilisieren.

Dies führt dann zum »Eingliederungskontrakt«, zu einer »Hilfeplanvereinbarung«, die als Leitlinie für die erzwungene Selbstaktivierung und dementsprechende Sanktionen dient. Das Subjekt wird im als »freie Vereinbarung« deklarierten Korridor unter der ständigen Sanktionsdrohung zur Selbstaktivierung, Mobilisierung und Optimierung angeleitet und ständig überprüft. *»Durch die Eingliederungsvereinbarung wird das Leitprinzip ›Eigenaktivitäten auslösen – Sicherheit einlösen‹ verwirklicht. Die vereinbarten Aktivitäten werden regelmäßig überprüft. Durch die differenzierte und flexibel handhabbare Sperrzeitenregelung kann die Ernsthaftigkeit der eigenständigen Integrationsbemühungen verstärkt werden.«*[114]

Dieses »Profiling« wird zugleich an der Leitlinie der wirtschafts- und sozialpolitischen Strategiebildung aus dem »Kompetenz-Center« der Region und den Wünschen der regionalen und örtlichen Untenehmen vorgenommen, die dem unterworfenen Subjekt nicht durchsichtig ist, um eine optimale Erschließung der menschlichen Ressourcen für die Unternehmen zu gewährleisten, das sogenannte »Matching«[115] (einpassend Zur-Deckung-Bringen). Auch ein anderer Hintergrund bleibt dem Subjekt verborgen: Die Orientierung des Profilers, die durch eine übergreifende Software gelenkt wird, in die die Erfahrungen in standardisierter Form einfließen und in der der permanente strategische Lernprozess der Arbeitsverwaltung seinen technischen Ort findet. Ferner die Orientierung am »Benchmarking« der Arbeitsverwaltung, d. h. an der Zieloptimierung, die denselben Regeln folgt wie die Zielvereinbarung, überwacht und optimiert durch das Instrumentarium eines bundesweit koordinierten »Controlling«. Hierin fließt der Erfahrungsaustausch im Rahmen des deutschen Städtetags und zwischen den Kommunen ein, der uns weitgehend verborgen bleibt.

Im Rahmen des »Schwarzbuch Hartz IV« sind aus der Perspektive der Subjekte und ihres Widerstands eine Vielzahl von Erfahrungen mit den Sozialtechniken des Fallmanagements und des »Profilings« berichtet worden, vor allem mit den entwürdigenden Prozeduren die Berichts-, Selbstunterwerfungs-, Selbsteinspeiungszwänge umzusetzen. Dazu gehören, der Zwang, exzessiv Bewerbungsschreiben zu trainieren; den Privatbereich für Hausbesuche, Sozialdetektive und Prüfdienste zu öffnen; auf Überraschungsbesuche gefasst zu sein, verbunden mit Umfeldschnüffeleien in der Nachbarschaft; ferner wird erwartet, sich in die Zwänge zur Selbstreflexion, zur Selbsterforschung und zum Geständnis einzuüben; sich in Habitus und persönlichem Auftreten durch Farb- und Stilberatung, Kosmetik, Bekleidung selbst zu stilisieren. Gefordert wird, sich in »Selbsteinschätzungsseminaren« selbst zu erforschen (wie die von Foucault beschriebenen mittelalterlichen Exerzitien) und sich selbst zu entwerten, indem aufgezwungene Menschenwertskalen übernommen werden. Die Selbstentwertung erfolgt gegenüber der vernetzten informativen Übermacht gewaltiger Datennetze, aus denen sich die totalisierenden Ansprüche auf »ganzheitliches« Outing und totale Selbstüberantwortung an die Profiler speisen, die jeden Aspekt des körperlich/seelisch/sozialen »Ganzen« zum Gegenstand ihrer Inquisition machen: Denk-, Verhaltens- und Handlungsstrukturen, Charaktereigenschaften wie Belastbarkeit, Kontakt- und Konfliktfähigkeit, Selbstbeherrschung, Abwägungs- und Entscheidungsfähigkeit, Ehrgeiz, Arbeitswut, Diskretion, Engagement, Alltagsgewohnheiten (Esssucht/Esslust, Alkohol, Medikamente, Regelmäßigkeit der Nahrungsaufnahme, Laster, Sporttreiben, gesundheitsbewusstes Leben), Verhaltenseigenschaften im Team, Fähigkeiten in Kommunikation, Kooperation, Problemlösung, Kreativität, Selbständigkeit, Arbeitsteilung im Haushalt und Familie etc.[116]

3. Die Vertiefung des Seelenmanagements

Inzwischen werden zunehmend Zugriffsmöglichkeiten in das Seelenmanagement des Hartz IV-Instrumentariums einbezogen, die die tradierten Strukturen psychologisch-psychiatrischer Interventionsformen auflösen und in das Arbeitskraftmanagement einbeziehen. Das zielt auf die Einbindung eines einen kohärenten Komplex sozialarbeiterischer, gesundheitspolitischer, psychosozialer und psychiatrischer »Dienstleistungen« aus einer Vielzahl zum Teil schon bestehender Einrichtungen. Die Stadt Köln macht sich auch hier mit einem Modellprojekt der Konzeption »JobPromote« zum Vorreiter. Dieses »Modellprojekt, zur Förderung besonderer Zielgruppen des Arbeitsmarktes und zur Erprobung von Kombilohn-Modellen« wird federführend von dem Rehabilitationsprojekt des Beschäftigungsträgers »Zug um Zug e.V.« der Stadt Köln im Verbund mit weiteren Kölner Trägern wie der »Alexianer-Brüdergemeinschaft GmbH«, der Jugendhilfe Köln e.V. u.a., die auch umgesetzt, »Zug um Zug e.V.« führt sie mit dem Fallmanagement der ARGE Köln und der dort eingerichteten Sonderabteilung DiMa (Disability Management), dem ZAPF (Zentrum für Analyse von Potenzial und Fähigkeiten) sowie dem arbeitsdiagnostischen Fachdienst der beruflichen Bildung Köln »JobProfil« und ähnlichen Institutionen zusammen. Hierzu zählen im weiteren die Diakonie Michaelshoven eV. (Dachverband der Wohlfahrtspflege) und das »Institut für Qualitätssicherung in Prävention und Rehabilitation GmbH« an der Sporthochschule Köln, das den Aufbau eines »ressourcenorientierten Gesundheitsmanagements« betreibt und einbringt, und die Brücke zur Industrie zum Beispiel in der Kooperation mit dem Gesundheitsmanagement beim Automobilhersteller Ford herstellt und ausbaut. Kurz: Es handelt sich um einen übergreifenden Organisationsprozess. Die Vorläufigkeit, die Mobilisierung und Unübersichtlichkeit der Kompetenzen und organisatorischen Konturen ist Ausdruck des »learning by doing«. Die Kritik in der Orientierung an alten System- und Bürokratievorstellungen verfehlt den postmodernen Prozess. In ihm entgrenzen, hybridisieren und vernetzen sich die verschiedenen Agenturen sozialer und sozialpsychischer Bewirtschaftung zu einem Gesamtkomplex, in dem auch die Schutzfunktionen tradierter Interventionsprofile, Kompetenzgrenzen und Zuständigkeitsschranken durchbrochen werden.

Aus diesem Grund macht es wenig Sinn, das interventionsstrategische Vokabular aus der Perspektive unterschiedlicher Disziplinen her aufzuschlüsseln. Physiologische, psychosomatische, psychosoziale, psychologische und psychiatrische Dimensionen verschwimmen und fließen zusammen. So heißt es zur Zielgruppe von »JobPromote«:

> »Das Angebot richtet sich an arbeitslose Personen mit signifikantem gesundheitlichen Einschränkungen bzw. Behinderungen sowie mit oftmals multiplen psychosozialen Problemlagen. Bei dieser Zielgruppe handelt es sich in aller

Regel um gering qualifizierte Bezieher von Transferleistungen, die in der ARGE Köln von den Mitarbeiter/innen des Fallmanagements DiMa betreut werden. Diese Personen gelten als erwerbsfähig nach dem Sozialhilfegesetzbuch II (SGB II), haben jedoch meist erhebliche Leistungseinschränkungen, wobei es sich dabei oftmals um diffuse, bislang nicht geklärte und nicht diagnostizierte Auffälligkeiten und Problemlagen handelt, die nur mit erheblichem Aufwand aufgearbeitet werden können. Es sind dies: psychisch und somatisch behinderte Menschen oder solche mit besonderen gesundheitlichen Beeinträchtigungen, die diesen gleichzustellen sind; Menschen mit seelischen Beeinträchtigungen, die aufgrund ihrer besonderen Vermittlungshemmnisse bisher keinen oder keinen nachhaltigen Zugang in Arbeit, Qualifizierung und Beschäftigung finden konnten und ohne eine spezifische Förderung wahrscheinlich keinen Zugang finden werden. Viele dieser Menschen haben schon Regelinstrumente zur Eingliederung behinderter Menschen sowie Maßnahmen zur Qualifizierung und Förderung der Arbeitsfähigkeit durchlaufen, ohne daraus dauerhaft in ein sozialversicherungspflichtiges Arbeitsverhältnis vermittelt werden zu können, da neben einer möglichen anerkannten Behinderung auf vielfältige persönlich Integrationshemmnisse sowie auch mangelnde Problem- und Krankheitseinsicht die erfolgreiche Eingliederung in den Arbeitsmarkt verhindern.«[117]

Die Aufgabenzielrichtung der »DiMa« (Disability Management) überlappt die von JobPromote und ist mit ihr verflochten:

»Für den Aufbau eines spezialisierten Fallmanagements für Menschen mit gesundheitlichen Beeinträchtigungen spricht die Komplexität der Vermittlungshemmnisse dieser Kundengruppe. Z.B. attestierte seelische, körperliche, geistige Behinderungen, Störungen in der Sozialkompetenz, Einhergehen mit Langzeitarbeitslosigkeit, Sprachdefizite, Schulden, fehlende Schul- und Berufsausbildung, Suchtproblematik, problematisches soziales Umfeld. Erforderlich ist die Bündelung aller Kompetenzen, im Sinne eines besonderen, behinderungsbezogenen Fallmanagements.«

Überlappend auch die Zielgruppendefinition oder das Interventionsfeld von ›JobProfil‹, das im Auftrag der ARGE Köln operiert:

»Finden Sie aufgrund Ihrer seelischen Probleme oder Ihrer psychischen Erkrankung nur schwer Zugang zum Arbeitsmarkt? Haben Sie Ihre bisherigen Erfahrungen mit Arbeit entmutigt? JobProfil wendet sich an Menschen mit seelischen Problemen und /oder psychischen Erkrankungen und bietet Ihnen – Informationen über berufliche Perspektiven – Förderung fachbezogener und sozialer Kompetenzen ...«

Sozialtechniken und Zwänge zur Selbstaktivierung und -unterwerfung eigener Ressourcen, wie wir sie oben behandelt haben, stehen im Zentrum dieses Gesamtkomplexes. Einbezogen und ihnen dienstbar gemacht wird das ganze diagnostische und therapeutische Arsenal der arbeitspsychologischen, psychosozialen und psychiatrischen Erfassung. Eine besondere Rolle spielen dabei die unzähligen Tests, in denen – unter dem Gesichtspunkt der Verwertbarkeit – Leistungsbereitschaft, Aufmerksamkeitspotentiale, Persönlichkeitsprofile (bis in Fähigkeiten zur Einsatzbereitschaft, Empathie, Kooperationsfähigkeit etc.) vermessen werden. Immer also geht es um die Überwindung von Eingliederungshemmnissen:

> »Neben der konkreten Qualifizierung für bestimmte Arbeitssituationen sind flankierende Unterstützung, die persönliche Stabilisierung sowie die Entwicklung der sozialen Kompetenz, ein wichtiger Teil des Prozesses der beruflichen Integration während der Phasen der Beschäftigung und Qualifizierung bei den Trägern des Verbundes. Die Zielgruppe gesundheitlich beeinträchtigender ALG II-Empfänger/innen ist aufgrund langjähriger Arbeitslosigkeit und des Scheiterns der bisherigen Integrationsbemühungen häufig in wichtigen Kommunikations- und Verhaltensweisen wie Pünktlichkeit, Durchhaltvermögen, Aufnehmen, Verstehen und Befolgen von Anweisungen etc. ungeübt und bedarf hierzu der individuellen Unterstützung – auch bei der Wiedergewinnung der erforderlichen Motivation zur Überwindung der bestehenden Eingliederungshemmnisse. Weiterhin existieren in den meisten Fällen erhebliche persönliche Probleme (familiärer Art bzgl. der Wohnsituation bis hin zur Verwahrlosung etc.), die unmittelbar vor Ort und konkret bearbeitet werden müssen. Bei den Trägern des Verbundes steht die hierzu notwendige Kompetenz für die individuelle Unterstützung am konkreten Arbeitplatz, in der Anleitung, der sozialpädagogischen Betreuung und der Unterrichtung durch Lehrkräfte / Ausbilder/innen zur Verfügung, sodass vor Ort gewährleistet werden kann: Motivierung und Aktivierung der Teilnehmer/innen bei der Umsetzung der verabredeten Zielvereinbarungen am Arbeitsplatz; Anleitung zu angemessenen Verhaltensweisen am Arbeitsplatz ...«

Die ohnehin schon massiven Formen der Entmündigung durch die Entgrenzung des Fallmanagements in die Totalität psychisch-sozialer Dimensionen, werden noch durch die Einbeziehung psychiatrischer Dienste und angebundene niedergelassene Psychiater gesteigert. Die im Projektbericht von »JobPromote« genannte »mangelnde Problem- und Krankheitseinsicht« wird hier mit dem gesamten Drohpotential psychiatrischer Verfügungsmacht aufgeladen. »Krankheitsuneinsichtigkeit« ist das Kürzel für die totale Entmündigung des Subjekts. Die existenziellen Zwänge zur totalen Selbstüberantwortung und Selbstauslieferung von Wissen hat eine strukturelle Nähe zu Zwängen und Folter, wie sie in der Bandbreite der Behandlung in den irakischen und afghanischen Lagern bis hin nach Guantanamo ausgeübt werden. Dort sind inzwischen Ethnologen, Anthropologen, Soziologen in die Counterinsurgency-Strategien einbezogen worden, die an den Transformationspotentialen in Richtung auf eine postmoderne Sozialstruktur arbeiten.

Angesichts der Einbeziehung all dieser Dimensionen in ein kohärentes Interventionsnetz wäre es allerdings falsch, die Analyse und Charakterisierung ihres Potentials von ihren verschiedenen Seiten her aufzuschlüsseln. Zwänge, Demütigung, Entmündigung verschmelzen zu einem Gesamtarsenal, dessen Einschätzung im derzeitigen Stadium vorläufig bleiben muss. Betroffene erleben, dass »ihre« Akte auf Entscheidung des Fallmanagements unkontrollierbar durch verschiedene Abteilungen dieses Komplexes wandert – bis zur DiMa und möglicherweise zu psychiatrischen Instanzen. Die Sicherheit und die Kontrollmöglichkeit des Unterworfenen, die zuvor noch durch die Grenzen der von einander getrennten Einzelinstitutionen mit ihren eigenverantwortlichen Stellungnahmen, Attesten, Gutachten gewährleistet schien, bricht gegenüber dieser Entgrenzung und Hybridisierung zusammen. Akte, Informationen, Einschätzungen wandern in diesem Geflecht herum, auf das die Betroffenen nur geringe Einflussmöglichkeiten besitzen. Der Angriff auf die menschliche Würde, die der Kultursoziologe Wolfgang Engler schon im Konzept von Hartz IV diagnostizierte[118], findet in diesen Zwängen zur Selbstauslieferung seine Zuspitzung.

Bei einem Besuch der DiMa-Abteilung in der ARGE Köln-Mülheim brachte die Aktionsgruppe »Zahltag« zusammen mit interessierten Betroffenen all das zum Ausdruck. Eine »Erkenntnis« in dieser Konfrontation von unten, die viele Gemeinsamkeiten mit den Auseinandersetzungen im Streik bei Gate Gourmet offenbarte. Die Uneinsichtigen konfrontierten die »Wissenschaftlichkeit« der Eingliederungsstrategen mit ihrem Gegenwissen.

4. Übergreifende Vernetzung

Die Fallmanager und Profiler operieren aus einem dichten republikweiten Netz heraus, über das Informationen, Erfahrungen, Strategieoptionen, sozialtechnische Feldversuche vermittelt, und ständig auf den aktuellen Stand der Offensive gebracht werden. Interna, Verfahrensweisen, Grad der Einbeziehung und Auswertung europaweiter und weltweiter Erfahrungen in anderen Aufmarschfeldern der »Pull-Offensive« können wir nur erahnen. Netzwerktechniken von Intranet und Internet spielen dabei eine zentrale Rolle. Ja, man kann sagen, dass das »Netz«, die »Vernetzung« mehr noch als im Bereich der Unternehmensstrategien über die Vernetzungsagenturen der großen Beratungsgesellschaften ein entscheidender Komplex der Bemächtigung des Sozialen durch die Schlüsseltechnologien der postmodernen innovativen Offensive im Sinne Schumpeters darstellt.

Bereits im Jahr 2000 wurde im Projekt MoZArT (Modellvorhaben zur Verbesserung der Zusammenarbeit von Arbeitsämtern und Trägern der Sozialhilfe) das »Data-Warehouse-Konzept« in einer ersten Testphase erprobt. Auf diesen Erfahrungen baute die Entwicklung einer EDV-gestützten Geflechtsanalyse in der Modellregion Rhein-Neckar im Jahre 2005 auf. Sämtliche im Rahmen des Profiling erhobenen Daten bis zu den Daten sozialer Geflechte wurden in spezialisierte Case-Management-Programme und Data-Warehouse-Module wie LAPChange von LAP-Consult eingepflegt und dort im Sinne des »Data-Minings« verdichtet.[119] Knuth Hennecke von der BASF AG hat auf der Fachtagung der Bundesagentur für Arbeit und der Bertelsmannstiftung in Mannheim am 11. November 2004 einen Sachstandsbericht auch zur informationstechnischen Seite vorgestellt mit dem Ziel, Erfahrungen auszutauschen, voneinander zu lernen und Synergien zu nutzen, um die »Bündelung von Maßnahmen und Ressourcen für die betroffenen Menschen im Rhein-Neckar-Dreieck« voranzutreiben. Das Diagramm des Netzwerks soll regional den Datenabgleich zwischen Agenturen und Kommunen (Sozialatlas, Arbeitsmarktmonitoring), die Vereinheitlichung und Vergleichbarkeit der Leistungsstandards und Mindeststandards für Trägerdienstleistungen, den Fluss der aus dem Fallmanagement gewonnenen Informationen und die gemeinsame Maßnahmeplanung im Erfahrungsaustausch über die Wirksamkeit von Maßnahmen sicherstellen. Darüber hinaus geht es auch um die datentechnisch moderierte Qualifizierung der Fallmanager im Rhein-Neckar-Dreieck durch datengestützte Erstellung von Anforderungsprofilen der verschiedenen Kompetenzdimensionen – von der Sozial- und Methodenkompetenz, Gender-Kompetenz, Selbstreflexion bis hin zu Controlling etc.[120]

Das LAP InfoWarehouse ist modular aufgebaut und ist darum offen für Vertiefungen und Erweiterungen. Es zielt auf die Auswertung nicht nur von Finanz- und Bestandsdaten, sondern vor allem auch qualitativer Daten im Sozial- und pädagogischen Bereich, also auf Biographie- und Anamnesedaten aus der Profilingarbeit. Es erlaubt damit den schnellen Abgleich von Datenbeständen und Informationen zu Strategien und Erfolgen bzw. Hindernissen und Schwierigkeiten.

Hinsichtlich Technologie und Softwarearchitektur wird der Datenbankserver MySQL (eine open-Source-Datenbank) eingesetzt, die auch in Unternehmen Anwendung findet. Wir können hier nicht im Einzelnen auf die Charakteristika dieser »Data-Minings« eingehen. Entscheidend ist, dass die Software selbst im Sinne eines »Pull«-Konzept[121] gestaltet ist und die Formalisierung und Rationalisierung sozialtechnischer und technologischer Bemächtigung in völlig neue Dimensionen hineintreibt. Der »Pull« und »Sog« in eine offene Software-Dynamik ist infolge standardisierter und gelenkter Partizipationsformen innerhalb enger Korridore das Charakteristikum des neuen postmodernen sozialen Kommandos überhaupt. Wir kennen es von Wikipedia oder der neuen Architektur großer kommunikativer Systeme, wie sie in den neuen »social networks« (MySpace etc.) pullende und einziehende partizipatorische Selbsteinspeisung in alle Dimensionen der Gesellschaft hineintreibt. Durch das LAP-InfoWarehouse kann man sich über »http://www.LAP.de« durchklicken. Ein Ausflug zur Selbsteinspeisung in die Welt des dynamischen Open-Source-modularisierten Kommandos.

5. Verrechtlichung

Wir müssen uns von vorne herein von zwei Ansätzen verabschieden. Erstens, vom Versuch, die Rechtsentwicklung im Kontext der wissensgesellschaftlic hen Innovationsoffensive an überkommenen Rechtsformen, -garantien und -grundsätzen zu messen. Tut man dies, so wird man permanent Rechts- und Verfassungsverstöße feststellen, ohne Sinn und Nutzen. Und zweitens ist es ebenso wichtig, sich von der marxorthodoxen Rechtstheorie zu verabschieden. Sie war zu sehr an das verkürzte Verständnis von »Ökonomie« auf Markt- und Wertrelationen reduziert, blind für die historischen Entwicklungen der lebendigen Klassenauseinandersetzungen und insoweit unhistorisch. Vielmehr gilt es das Augenmerk darauf zu richten, wie Rechtstechniken mit den neuen, hier thematisierten Technologien korrelieren und sie mit einem völlig neuen Verrechtlichungsmodus begleiten. Wie in anderen Bereichen der Überantwortung des »Öffentlichen« an ein privatisiertes Regime (Bahnhöfe, Innenstädte, »Sicherheitspartnerschaften« der Polizei) bedeutet dies nicht völlige Willkür, sondern eine Standardisierung von Verhaltenssituationen, die den tradierten Typus von »allgemeinen« Rechten und Pflichten durchbricht und neu regelt. Diese Regelungen werden stärker mit den jeweiligen Selbstunterwerfungsregimes der verschiedenen Felder eng geführt. Auf der anderen Seite ist dieser Prozess (ich sage absichtlich nicht, das Kapital oder das System, weil diese Begrifflichkeit selbst überholt ist) angewiesen auf Legitimation, wie nie zuvor.

Ausgangspunkt ist natürlich die »Privatisierung« von Macht- und Entscheidungsbefugnissen im Raum vormals öffentlicher Verwaltung. Damit wird die wissensgesellschaftliche innovative Dynamik aus den tradierten institutionellen und rechtlichen Bindungen entfesselt. Die Auflösung rechtlicher Existenzgarantien kann nur im globalen Gefälle bis hin zu den totalen Zertrümmerungen alter Staatlichkeit in den drei Kontinenten und ihrer Reduktion zu »Failed States« begriffen werden. Erodiert wird zugleich das alte »Völkerrecht« als Recht staatlich verfasster Nationen.

Hier kann und soll nicht spekuliert werden. Zunächst wäre der rechtliche Charakter der »Zielvereinbarung« zu untersuchen. Staatliches Handeln war früher Handeln durch »Verwaltungsakt«: ein hoheitlicher Befehl. »Zielvereinbarung« wird gern als »Vertrag« gesehen. Nur: der »Vertragspartner« ist nur begrenzt frei, den Vertrag abzuschließen und das »Ziel« zu vereinbaren. Der Prozess, den »Partner im Wege des Case Management in die Vereinbarung hineinzubewegen oder besser hineinzuzwingen, ist seinem »rechtlichen« Charakter nach neu und daher wenig »verrechtlicht«. Das rechtliche Verständnis dieses Prozesses hat sich auch gegenüber der liberalistischen Verrechtlichung – die Marx noch in der Figur der »Freiheit« als Ausdruck des »stummen Zwangs der Verhältnisse« behandelt hat –, sehr viel weiterentwickelt. Die Berechtigung zum subtilen Management, zu den subtilen Sozialtechniken der gewaltgeladenen Bewegung in den »Vertrag« hinein, wird nach anderen Formen der »Verrechtlichung« rufen. Analytisch kann man sich an den Herangehensweisen orientieren, mit denen Franz Neumann die Verrechtlichungsformen unter der Macht der großen Monopole gegenüber Staat und ArbeiterInnen in der Zwischenkriegszeit und im Nationalsozialismus analysiert hat: Maßnahmegesetz, Generalklauseln, unbestimmte Rechtsbegriffe und (schon jetzt) die Standardisierung regelnder Verträge. Es soll hier angemerkt werden, dass der methodische Zugang Franz Neumanns, einem der profundesten Analytiker der Bewegung monopolkapitalistischer Sozialerschließung bis in den Nationalsozialismus hinein, eine Fülle von Gesichtspunkten enthält, die über den Bruch zum Postfordismus hinaus die aktuelle Analyse der neuen Verrechtlichungsformen leiten können. Vor allem wäre die Kasuistik zu beobachten, die sich im weitgespannten Macht- und Kompetenzrahmen des Fallmanagements entwickelt. So heißt es im Hartz-Bericht zum Thema »Flexibilisierung der Sperrzeit«:

> »Die Regelungen zur Zumutbarkeit stehen in unmittelbarem Zusammenhang zur Verhängung von Sperrzeiten. Lehnt der Arbeitslose ein zumutbares Stellenangebot ohne wichtigen Grund ab, wird nach bisheriger Rechtslage das Arbeitslosengeld für eine befristete Zeit (in der Regel 12 Wochen) nicht gezahlt und die Anspruchsdauer um die Dauer der Sperrzeit

> gekürzt ... Die starre Sperrzeitregel soll daher flexibilisiert werden. Hierfür bieten sich zwei Vorgehensweisen an: Differenzierung der Sperrzeit nach Sperrzeittatbeständen. Um Verwaltungsaufwand bei der Festsetzung von Sperrzeiten zu minimieren, sind Tatbestände und deren Rechtsfolgen zu definieren. So kann etwa für die Verweigerung der Teilnahme an einer Maßnahme zur Integrationsförderung eine kürzere Sperrzeit verhängt werden, als für die Ablehnung eines zumutbaren Arbeitsangebotes. So kann je nach Sperrzeittatbestand eine mehrwöchige Stufung vorgesehen werden. Dem Gesetzgeber wird empfohlen, eine eindeutige gesetzliche Regelung zu treffen, die Sperrzeittatbestände und -dauer differenziert festlegt, damit die Entscheidung nicht ins Ermessen des Vermittlers gestellt wird. Leistungskürzung statt Sperrzeit. Sperrzeit wird ersetzt durch Kürzungsmöglichkeiten. Nicht die Dauer des Bezugs wird eingeschränkt, sondern die Höhe der Leistung. Es wird im Sinn einer effektiven Durchsetzung des so definierten Steuerungsmechanismus vorgeschlagen, die Darlegungslast für die Unzumutbarkeit einer angebotenen Beschäftigung entsprechend der Risikosphären zu verteilen. Das JobCenter muss die Umstände nachweisen, die in seiner eigenen oder in der Risikosphäre des Arbeitgebers liegen (z.B. : Verstöße des Arbeitsverhältnisses gegen Gesetze) während der Arbeitnehmer die Beweislast für Umstände trägt, die seinem Nachweis obliegen (z.B. gesundheitliche Einschränkungen, familiäre Umstände, Arbeitsverhältnisse usw.).«[122]

Natürlich bleibt der gewaltige Kompetenzraum der Eingliederungsvereinba rung unangetastet, gleich, ob dieser mit Soft- oder Hard-Skills erzwungen wurde. Das gilt ebenso für die Feststellung der Verhaltensanforderungen, die sich daraus ergeben, wie beispielsweise die der mangelnden Kooperation. Kurz: es bleibt das enorme Potential, alte Verhältnisse zu zerstören und über die Druckmittel erzwungener Selbsteinspeisung zu verfügen, um die Subjektivierung des kapitalistischen Zugriffs voranzutreiben. Hierzu heißt es ausdrücklich und programmatisch:

> »Gesetzliche Vorgaben reduzieren und Regelsteuerung zurücknehmen. Die heutigen gesetzlichen Regelungen der Arbeitsförderung sind gekennzeichnet durch eine Vielzahl einzelner auf Zielgruppen zugeschnittener Instrumente mit sehr differenzierten Detailregelungen und Durchführungsanweisungen. Damit die Vermittler ihren unternehmerischen Dienstleistungsfunktionen zukünftig besser gerecht werden können, sind erforderlich: höhere Flexibilität und mehr Gestaltungsspielräume vor Ort; konsequente Ausrichtung am Bedarf der Arbeitssuchenden und der Unternehmungen in der

jeweiligen Region; mehr Transparenz für alle Beteiligten und ein geringerer Verwaltungsaufwand. Die Reduzierung der Regelungen und Vereinfachung der Instrumente erfolgen schrittweise parallel mit der stärkeren Dezentralisierung und der Ausweitung der Budgetkompetenzen.«[123]

Bei mangelndem Einverständnis mit den Sanktionen wird der »Kunde« auf das betriebsinterne Management verwiesen:

»Verstößt nach Auffassung des Kunden das JobCenter gegen die Regeln und erwartet z.B. nicht zumutbare Aktivitäten zur Beendigung der Arbeitslosigkeit, steht dem Kunden neben bzw. vor dem Gang zum Sozialgericht ein qualifiziertes Beschwerdemanagement offen«.[124]

Der Versuch einer historischen Extrapolation des Verrechtlichungsprozesses im Kontext der postmodernen Selbstunterwerfungs- und Aktivierungszwänge würde den Rahmen dieser Schrift sprengen. Es liegt auf der Hand, dass sie nicht im Selbstverständnis des reformistischen »Kampfs ums Recht« (Ihering) geleistet werden kann, sondern die Impulse aufgreifen muss, wie sie in verschiedenen historischen Stadien zur Analyse von Verrechtlichungsprozes sen entwickelt worden sind. Von Marx natürlich in seinen frühen Schriften, aber auch von solchen aufmerksamen Kommentatoren wie Emil Lederer in der wilhelminischen und Franz Neumann oder Raphael Lemkin in der nazistischen Phase. Denn auch der Nationalsozialismus war in der Anpassung des Rechts an die Innovationsdynamik des sozialen Zugriffs rechtstechnisch außerordentlich produktiv und hat, wie wir wissen, mit Öffentlichrechtlern wie Ernst Forsthoff (»Daseinsvorsorge«) den Weg in die Verrechtlichungsformen des bundesrepublikanischen Korporatismus vorbereitet.

6. Regionale Hierarchisierung des »Pull«

Der Hartz-Bericht entwirft eine klare institutionelle hierarchische Struktur der Region als Sozialraum der Einspeisungsimperative. Die JobCenter, als die lokalen Zentren für alle Dienstleistungen am Arbeitsmarkt, entwickeln »für die von ihnen betreuten Unternehmen ... ein angepasstes Serviceprofil«. Kleine und mittlere Unternehmen werden branchenspezifisch durch die Job-Center betreut. Große Unternehmen erhalten feste Ansprechpartner. Die Großkundenbetreuung erfolgt durch die Kompetenz-Center (dazu unten). Diesen Service stellt der Hartz-Bericht als umfassend und total dar:

»Neben den originären Dienstleistungen der (BA-neu) integriert das Job-Center arbeitsmarktrelevante Beratungs- und Betreuungsleistungen (Sozialamt, Jugendamt, Wohnungsamt, Sucht- und Schuldnerberatung, Schnittstelle PSA usw.) ... Das Job-Center ist für alle Arbeitgeber der Region und für alle Erwerbsfähigen zuständig, die arbeitslos bzw. Arbeit suchend sind, einschließlich der bisherigen erwerbsfähigen Sozialhilfeempfänger. Die Einführung von flächendeckenden JobCenter als einheitliche Anlaufstelle für alle Erwerbstätigen hat größte Priorität.«[125]

Diese Totalisierung sieht der Bericht als sozialstrategische Rationalisierung:

»Ziele: ... Angebot ganzheitlicher Problemlösung, Synergieeffekte durch Vernetzung, übersichtliche Orientierungshilfen für Kunden, Förderung Self-Service, Schaffung von Freiräumen für neue Beratungsqualität.«[126]

Übergeordnet sollen die Landesarbeitsämter zu institutionellen KompetenzCentern umgestaltet werden, in denen sich die Global Player wie VW (oder die Bundeswehr) politisch zur Geltung bringen können (als »Ansprechpartner«) und von denen aus das Cluster-Management betrieben werden kann im Sinne einer gerade in den neuen Bundesländern »zeitnahen forcierten Zusammenarbeit mit den Akteuren der Wirtschaftspolitik zur Entwicklung wachstumsdynamischer Cluster ...«.[127] Die totale Indienststellung der Region – total auch im Sinne der Befugnisse des Case Managements – unter die Anforderungen aus den Unternehmen wird hier am deutlichsten:

»Die KompetenzCenter sind die Hauptansprechpartner für Unternehmen, deren Personalentscheidungen einen gravierenden Einfluss auf die Beschäftigungssituation einzelner Standorte, Regionen oder sogar Länder haben. Beim Key Account Management der KompetenzCenter geht es um eine schnelle und rechtzeitige Einleitung von Maßnahmen, wenn sich die Personalbedarfe dieser Großkunden ändern. Bei drohendem Verlust der Beschäftigung in großen Unternehmen koordinieren die KompetenzCenter in Abstimmung mit Landesregierung, Gewerkschaften und lokalen JobCentern die einzuleitenden Maßnahmen. Die operativen Aufgaben (Personalauswahl, Qualifizierung) werden von den örtlich zuständigen JobCenter wahrgenommen. Bei Ansiedlungen von Großunternehmen mit regionaler Bedeutung unterstützt das KompetenzCenter die Personalrekrutierung des Unternehmens in Abstimmung mit den JobCentern.«[128]

Hier wird die Vision eines dynamischen Clusters als sozialräumlich totalisierte »Pull«-Dynamik zur Einspeisung aller regionalen Ressourcen, Kreativität und Handlungsenergien plastisch, von denen oben schon die Rede war. Zugleich wird in dieser Totalisierung der paradigmatische Umbruch von der in die Krise geratenen fordistischen »Push-Rationalisierungsoffensive« zu Clustern als Kernen großräumlich und global entfesselter Selbsteinspeisung- und Selbstaktivierungszwänge fassbar. Diese vom Cluster als imperialer Kern transnationaler Globalisierung ausgehende Dynamik hat McKinsey-Chef Jürgen Kluge schon mit Blick auf Wolfsburg in dem oben (Kap. I,3) angeführten Wirtschaftswoche-Interview berührt. Das von ihm mit Eberhard Abele und Ulrich Näher 2006 herausgegebene »Handbuch Globale Produktion" behandelt vor allem betriebliche und wachstumsspezifische Aspekte dieser vom Cluster ausgehenden Globalisierungsdynamik: die modulare Form[129] der »Gestaltung globaler Produktionsnetzwerke« und ihre Kostendynamik (Tobias Meyer, Frank Jacob in Kap. 4), und ihr transnationales Management (dieselben mit M.Leopoldseder in Kap. 7) in Supply Chain, Logistik, Entwurf und Verwirklichung als prozesshaft-fließendes »roll-out« mit Change Management der Belegschaften (am Beispiel Mercedes-Benz),

Aus der zyklenhistorischen Überblicksperspektive reproduziert sich die typisch »teutonische« Fassung einer nachholenden Entwicklung und Anpassung an die Impulse US-amerikanischer Clusterdynamik. Sie wiederholt die historische Bewegung, in der sich der nationale »organisierte Kapitalismus« an die fordistisch/tayloristische Dynamik US-amerikanischer Kerne angeschlossen hatte, um ihrerseits das Diktat in den europäischen und zugleich globalen Raum nationaler Volkswirtschaften zu verlängern – zugleich in einer riskanten antagonistischen Kooperation mit den amerikanischen Entwicklungszentren.[130]

7. Deutsche Totalisierungs-Phantasien

Darüber hinaus prägt sich die totalisierende Tendenz des Projekts in dem Vorhaben aus, sämtliche gesellschaftlichen Kräfte umfassend einzubinden. Unter dem Titel »Profis der Nation« zielen die Vorschläge des Hartz-Berichtes auf eine »Allianz der 6,1 Mio. Profis der Nation«. Benannt werden u.a. 90 Tausend Mitarbeiter/innen von BMA und BA und 11 Tausend Bundes-, Landes- und Kommunalparlamentarier/innen, 53 Tausend Geistliche, 1 Mio. 868 Tausend Lehrer/innen, 1,318 Mio. Wissenschaftler/innen, 60 Tausend Mitarbeiter/innen der Wohlfahrtseinrichtungen, 260 Tausend Künstler/innen, 800 Mitarbeiter von Arbeitsloseninitiativen, 545 Tausend Mitglieder von Vereinen, 80 Tausend Funktionsträger/innen in Gewerkschaften und natürlich 1,7 Mio. Unternehmer/innen und Manager/innen sowie 72 Tausend Vertreter/innen aus Wirtschaft und Arbeitgeberschaft.[131] Es geht um die faktische und mentale Einbindung aller in ein kollektives »Wir«:

> »Mit der Allianz der Profis wird eine Koalition für ein flächendeckendes Netzwerk von konkreten Projekten gebildet ...«. Dennoch wird diese Herausforderung häufig als das Problem ›der anderen‹ empfunden. ›Die anderen‹, das sind Politik, Unternehmer und die Arbeitslosen selbst. Wir

werden diese fatalistische Perspektive verlassen. Wenn wir den Kampf gegen die Arbeitslosigkeit gewinnen wollen, dürfen wir uns nicht passiv verhalten. Wir können nicht weiterhin den Status des Beobachters einnehmen. Arbeitslosigkeit in ihren weiterreichenden Folgen betrifft auch uns. Sie vernichtet Entwicklungschancen und Potentiale unserer Gesellschaft für die gegenwärtige und die nachfolgenden Generationen. Deshalb gilt: wir müssen einen Weg finden, wie wir uns aus unserer persönlich-individuellen Lage heraus Engagement für die Bewältigung dieser für unserer Gesellschaft so zentralen Herausforderung entfalten können. Gefordert ist engagierte Solidarität – von jedem Platz dieser Gesellschaft aus. Es beginnt mit dem Perspektivenwechsel: Arbeitslosigkeit ist alles andere als ein Problem ›der anderen‹. Gleich, welche Aufgabe und Stellung wir in dieser Gesellschaft einnehmen – Arbeitslosigkeit ist ›unser‹ Problem, ist ›mein‹ Problem. Von hier aus suchen wir die Ja – aber – Statik, die uns allenthalben begegnet, zu überwinden. Wir suchen Verbündete, die bereit sind, sich mit uns aktiv an der Problemlösung zu beteiligen. ... Hierzu wollen wir die ›Allianz der Profis‹ schließen.«[132]

Das Hartz-Projekt enthält das Kleingedruckte zu den vielen »Ruck«-Reden unserer Bundespräsidenten und den medialen »Du-bist-Deutschland«- und »perspektive-deutschland«(McKinsey, ZDF, Weizsäcker)-Initiativen: Ein organisatorisch ausgefeiltes Projekt zur Einspeisung aller Energien in die kapitalistische Reorganisationsoffensive über die Klassengrenzen hinweg. Das gilt zunächst für den Transformationsprozess innerhalb der Bundesanstalt für Arbeit selbst, der die in den Unternehmen entwickelten Selbstoptimierungsdiktate nachvollzieht. Im gewerkschaftlichen Bereich fordert der Kommissionsbericht dazu auf, dem längst initiierten Funktionswandel verstärkt Rechnung zu tragen, wonach

»sich die Mitbestimmung von einer Schutzfunktion immer stärker zu einer Gestaltungsfunktion bei der Unternehmensentwicklung und der Beschäftigungschancen verlagert hat. Das Anforderungsprofil für Arbeitnehmervertreter wächst. Gestaltungsaufgaben verlangen viel häufiger Mitverantwortung für unternehmerische Entscheidungen als früher. ... Die Betriebsräte werden dadurch zu Mitverantwortlichen selbst bei Unternehmensverkäufen, Standortverlagerungen und damit der Arbeitsplatzsicherung. Strategisches Denken, unternehmerisches Verhalten, Anerkenntnis, Berücksichtigung der Wettbewerbsfähigkeit, Ergebnisorientierung und Identifizierung von neuen Produktchancen – wer dies alles als Betriebsrat integriert und zur Voraussetzung für neue und sichere Arbeitsplätze erklärt, betreibt im besten Sinne proaktive Mitbestimmung.«[133]

Dies ist nicht neu. Der innergewerkschaftliche Transformationsprozess hat längst eingesetzt. Gewerkschaften und Betriebsräte propagieren und beteiligen sich an den Cluster-Strategien[134], Betriebsräte suchen im Rahmen der Selbsteinspeisungsstrategien ein neues gewerkschaftliches Aufgabenprofil[135]. Selbsternannte Sozialisten heißen sie in Form einer »sozialistischen Gouvernementalität« herzlich willkommen (s.u. Kap.VI.4).

Die 1.318 Mio Wissenschaftlerinnen und Wissenschaftler werden durch die Kommissionsvorschläge aufgefordert, Examens- und Diplomarbeiten auf ihre wissenschaftliche Umsetzung der arbeitsmarktpolitischen Herausforderung auszurichten, insbesondere auf dem Gebiet der betriebswirtschaftlichen, sozialwissenschaftlichen, aber auch gesundheits-, ingenieur- und naturwissenschaftlichen Studiengänge. Gemeinsame Veranstaltungen zur Arbeitsmarkt- und Beschäftigungspolitik sollen zu einer institutionalisierten Zusammenarbeit der einzelnen Universität und Fachhochschule mit den jeweiligen JobCentern, PSA und KompetenzCenter führen.[136] Darüber hinaus sollen die 1.868 Mio. Lehrkräfte an Schulen, die Erzieherinnen und Erzieher, Sozialpädagoginnen und Sozialpädagogen zur Verlängerung der Initiativen in die Schulklassen angehalten werden.[137] Über die mit Befriedigung konstatierte Einbindung des diakonischen Werks der evangelischen Kirche, des Caritas-Verbands, CVJM, Johanniter-Orden hinaus sollen die Mitglieder der Kirchengemeinde auch über seelsorgerische Betreuung, Predigten usw. im Sinne der Hartz-IV-Totalisierung erreicht werden. Dasselbe gilt für Vereine etc.[138] Besonders die Journalisten sollen von der pauschalen Charakterisierung der Arbeitslosen als »Drückeberger« umschalten und ein Chancen- und Integrationsbewusstsein fördern. »Durch gezielte Aktionen und Programme wie ›gemeinsam packen wir es an und schaffen das Problem in drei Jahren!‹ kann eine Aufbruchstimmung erzeugt werden«.[139]

Früher nannte man das Gleichschaltung aller gesellschaftlichen Kräfte. Postmodern zielt es nicht mehr auf das fordistisch-tayloristische »Schalten«, sondern auf die Dynamisierung eines gesamtgesellschaftlichen Prozesses totaler Selbsteinspeisung. Die Formierung einer volksgemeinschaftlichen Front gegen das soziale Objekt, die mit riesigen Datenpools und Vernetzungen quer durch die Institutionen und Akteure hindurch geschaffen werden soll, ist seitdem in ständiger Bewegung und bedürfte einer genauen Detailstudie. Sie kann an dieser Stelle nicht geleistet werden.

Als Beispiel wäre eine Fachtagung anzuführen, zu der das diakonische Werk der Ev. Luth. Landeskirche in Braunschweig e.V. – sozusagen unmittelbar am Kraftzentrum Wolfsburg – am 5.10.2005 eingeladen hatte. Derartige Fachtagungen sind bundesweit in großer Zahl initiiert worden, um Kontakte und Kooperation einzuschleifen und zu verstetigen. Referenten und Teilnehmende an den Workshops kamen aus der ARGE der Stadt Braunschweig und ihren verschiedenen Fachbereichen wie Soziales und Gesundheit, der AWO, der Stadt Salzgitter, den Landkreisen Goslar, Wolfenbüttel, sozialpsychiatrischen Diensten, ambulanten Hilfen, Diakonien, dem DRK etc. Für die kirchliche Salbung dieser Fachtagung »›Vom Fordern und Fördern‹ – Elemente zur Koordination und Beratung im Fallmanagement« sorgte Lothar Stempin, Direktor des Diakonischen Werkes Braunschweig. Die nötige gesellschaftliche Entwicklungsdynamik könne nicht nur ein Projekt der Leistungsfähigen sein, sondern Aufgabe aller. Einleitend erklärte er die Leistungsberechtigten müssten »als mitgestaltende Subjekte – theologisch als von Gott gewollte und angenommene Geschöpfe – ernstgenommen werden in ihrem ganzheitlichen Bedarf an Beratung und Begleitung«. Betont und erörtert wurde seitens der ARGE Braunschweig die »nachhaltige Integration in den Arbeits- und/oder Ausbildungsmarkt im Sinne einer Förderung der Marktfähigkeit«. Diese geschehe im Rahmen eigens aufgebauter Netzwerkstrukturen mit den Wohlfahrtsverbänden, den Bildungsträgern, der Schuldnerberatung, Suchtberatung, psychosozialen Beratung, des Frauenhauses und der Beartungsstelle für Wohnungslose. Als Knotenpunkt im Vernetzungsprozess dienten »Schwerpunktansprechpartner für verschiedene Themenschwerpunkte zum Kontaktaufbau, Klärung grundsätzlicher Fragen und Abstimmung von Verfahrensabläufen«. Die Zusammenfassung der Ergebnisse der Workshop-Gruppen unterstrich »eine akzeptierende Grundhaltung aller Akteure und der Wille, den Hilfeprozess kooperativ zu gestalten und sah den Schlüssel für ein zielführendes Fallmanagement: funktionierende Kommunikation. Festgestellt wurde, dass ein persönliches Kennen der Akteure dafür sehr hilfreich ist. Gegenseitige Besuche fördern das Kennenlernen und damit die Zusammenarbeit ... Hilfekonferenzen wären sehr sinnvoll.« [140]

8. Linkspartei im Fahrwasser

Alle Bundesländer haben inzwischen – zumeist im Fahrwasser der Initiative von McKinsey und Volkswagen – auf Clusterpolitik umgestellt und die Sozialstrategien regionaler Bewirtschaftung der lebendigen Ressourcen an die Strukturen der Agenda 2010 angebunden. Frühe konsequente Treiber in dieser Entwicklung waren sozialdemokratische Regierungen, so in Nordrhein Westfalen,[141] wo McKinsey ja auch eingestiegen ist, und Brandenburg.

Die CSU hat in Bayern etwas später nachgezogen.[142] Ich kann das hier nicht im Einzelnen darstellen. Mit wenig Mühe wird man auf den Home-Pages ihrer Wirtschaftsministerien schnell fündig. Von den Parteien haben nicht nur SPD, CDU und Grüne Clusterpolitik zu ihrer Sache gemacht, sondern auch PDS und Linkspartei. Früh hat sich die PDS in verschiedenen industriepolitischen »Leitbilddebatten« an den Leitgedanken der regionalen Wachstumskerne (RWK) im »Unternehmen Region« herangetastet. Sie betreibt ihren Anschluss und spezifischen Beitrag zur Clusterpolitik auf Länderebene, während sie sich auf Bundesebene weitgehend auf ökonomistischen Populismus beschränkt. In diesem Rahmen trägt sie auch die Sozialtechniken der Demütigung und Zwänge zur Selbstunterwerfung mit – getreu ihren produktivistischen Traditionen in der »sozialistischen« Umsetzung des Taylorismus.[143] Die frühen dezidierten Initiativen der SPD in Brandenburg haben der PDS Gelegenheit gegeben, sich sehr elaboriert und nahtlos – wenn man von dem Geschäft des profilorientierten Kleingerangels um Details absieht – in die Clusterstrategien der SPD einzubringen. In der Vorstellung ihrer »Wirtschaftspolitik im landesweiten Blickwinkel« unter der schillernden Parole »Alternativen sind machbar« lässt »Die Linkspatei.PDS«-Fraktion im Landtag Brandenburg verlauten:

> »Für eine Stabilisierung der Wirtschaftsbasis ist es unverzichtbar, diese und andere prägende Kompetenzfelder weiter zu stärken, denn sie bieten wesentliche Ansatzpunkte für die politische und soziale Gestaltung regional verankerter wissensbasierter Ökonomien. Dafür bedarf es aus unserer Sicht einer grundlegenden Weiterentwicklung der Förderlogik und der Förderstruktur. Vor diesem Hintergrund hat DIE LINKE in Brandenburg mit dem Leitbild ›Für ein zukunftsfähiges und solidarisches Brandenburg‹ einen strategischen Ansatz entwickelt. Er beschränkt sich nicht nur auf die Stärkung einzelner Wachstumskerne und industrieller Cluster. Künftig wird es, gerade auch vor dem Hintergrund zunehmend knapper werdender Mittel, nicht mehr darum gehen, immer wieder einzelne Neuansiedlungen anzustoßen und zu unterstützen. Vielmehr muss der Erhalt bestehender Unternehmen in innovativen Bereichen in den wirtschaftspolitischen Fokus gerückt werden ... Vorhandene regionale Cluster müssen weiter entwickelt und insbesondere die Zusammenarbeit der Unternehmen untereinander sowie mit Wissenschaftseinrichtungen ausgebaut werden. Netzwerke zu öffentlichen Forschungseinrichtungen sind von zentraler Bedeutung ... Durch zielgerichtete politische und institutionelle Förderung muss es gelingen, wirtschaftliche Innovationspotenziale konsequent mit regionalen Wertschöpfungsketten und Kreisläufen zu verbinden und gleichzeitig die

sozialkulturelle Einbettung innovativer Unternehmen in die regionale Wirtschaft zu unterstützen.«[144]

Im Projekt »Dialog für Brandenburg« ist die Linkspartei derzeit dabei, das Cluster-Projekt über Regionalkonferenzen unters Volk zu bringen – ganz in der Manier der Butter-Eier-Kuchen-Rezepte der diskursiven Mentalitätsänderung, wie sie Beratungsunternehmen empfehlen. Das Diskussionspapier ihres Matadors Ralf Christoffers vom April 2007 zur »Leitbilddebatte« spult flüssig das geläufige Vokabular von der größeren Eigenverantwortung der handelnden Akteure im Prozess der Stabilisierung von Wertschöpfung und Beschäftigung, der Einbeziehung weicher Standortfaktoren etc. herunter.[145] Der *parteipolitischen Einbindung* altlinker Strömungen über verschiedene Ebenen der Partei, die Führungsgremien von attac, und der »Interventionistischen Linken« oder der Zeitschrift »Sozialismus« (dazu unten mehr im Kapitel VI.4) bis ins (vormals) radikale linke Spektrum hinein, kann ich hier nicht im Einzelnen nachgehen. Sie zielt auf die Herstellung eines neoreformistischen Blocks, der die grundlegenden Strategien postfordistischer Unterwerfung absichern, verrechtlichen (derzeit im Diskurs globaler Rechte) und in linke Milieus treiben hilft.

IV Die Felder der Offensive

Es wurde oben schon darauf hingewiesen, dass Unternehmen, die wie McKinsey, Bertelsmann und der ganze Pool der Beratungsfirmen kapitalistische Strategiebildung als Ware verkaufen, auf allen gesellschaftlichen Feldern operieren. Wir haben den totalisierenden Charakter dieser Strategien besonders in den Initiativen, die »Arbeitsmarktreformen« zu implementieren, verfolgt. Ich kann an dieser Stelle keinen detaillierten Überblick geben. Lediglich exemplarisch und summarisch möchte ich einige wenige Interventionsfelder skizzieren.

1. Schule und Universität

Die Schule ist naturgemäß eines der wichtigsten Einsatzfelder der beschriebenen Sozialtechniken.[146] Die Bertelsmannstiftung hat von Anfang an die Initiative und Hegemonie im Prozess der Transformation der Bildungsinstitutionen in Anspruch genommen und behauptet. Bei ihr lässt sich auch am deutlichsten die Orientierung der Leitstrategien am Unternehmenssektor ablesen. Für die Leitung ihres »Centrums für Hochschulentwicklung« (CHE) konnte sie im Jahre 1993 Detlef Müller-Böling gewinnen. Müller-Böling war zuvor als Spezialist für »Wissensmanagement in der Industrie« Hochschullehrer und Rektor der Universität Dortmund gewesen.[147] Im Jahre 2000 veröffentlichte er im Verlag der Bertelsmann-Stiftung das Buch »Die entfesselte Hochschule«, in dem die Grundzüge der neuen deutschen Hochschulpolitik entwickelt werden, wie sie über das CHE in Politik, Schule und Hochschule hineingetrieben wurden. Zwar spielt Bertelsmann und sein CHE bildungspolitisch eine bedeutende Rolle, aber seine Transformationsstrategien sind bis in deren Selbstverständnis hinein in die allgemeinere Offensive eingebettet, wie sie hier dargestellt wird.

Die Charakteristika dieser Techniken kennen wir schon:

– die Isolation und Vereinzelung der Lernindividuen zum »unternehmerischen Studenten« bzw. »unternehmerischen Schüler« bilden die Voraussetzung, um bemächtigend auf sie zugreifen zu können

– die »Modularisierung«, d.h. die Zerlegung des Gesamtlernprozesses in Lehreinheiten als Lernpakete

– die Einführung von »Zielvereinbarungen« (vor allem in der Schule) und des »bench-marking« als »softe« Ziel- und Vergleichsgrößen zur Führung und Bewertung mit Punktesystemen

– das »Total Quality Management«[148] als permanentes Qualitätstribunal (an den Universitäten ist die laufende Bewertung im Modul mit Bonus- und Maluspunkten in verschiedenen Softwaremodellen des Studienmanagements bereits installiert, ebenso die Unterwerfung zur Selbstkontrolle im Wege der »Selbstevaluation« in Formularen und Software), um die Universitäts- und Schuleffektivität zu steigern – begleitet von übergreifenden Evaluationsformen wie in PISA und TIMSS[149]

– das Spiel mit der existenziellen Angst im Schema von Inklusion/Exklusion, die in der Schule mit rabiateren Formen in der Zusammenarbeit von Polizei, Sozialagenturen und Schulführung einhergeht

– die schon vorbereitete und zu erwartende Anbindung der Kreditwürdigkeit (für Kleinkredite der Banken zur Bezahlung der Studiengebühren) an das universitäre Punktesystem.

Die »Modularisierung« ist die lernspezifische Form der »Re-Taylorisierung«, die wir oben in der Automobilindustrie beschrieben haben. In besonderem Maße trägt die Initiative zur Bildung von »Exzellenzclustern« im Inneren der Hochschulen zur vollständigen Zertrümmerung des kollektiven Charakters von Lehren, Lernen, Diskursen bei. Durch die Exzellenzinitiative werden Fördermittel an die Bündelung wissensgesellschaftlicher Energien in spezielle Bereiche und ihre Bewertung in bundesweiten Rankings geknüpft.[150] Als weiterer Vorstoß der postmodernen Offensive verlängern sie die Clusterstrategien ins

Feld der bereits erodierten Gemeinschaft von Lehrenden und Lernenden alter Prägung und wirken als regelrechte Sprengsätze »schöpferischer Zerstörung« in genau dem Sinne, wie wir ihn hier behandelt haben. Die Kritik an der Zweiklassenuniversität, der Chancenungleichheit, der Steigerung der Selektivität, ja der Ineffizienz angesichts des Beharrungsvermögens alter Elite- und Statusstrukturen (im Bourdieu'schen Sinne) mögen vielleicht einzelne Facetten berühren. Sie verfehlt aber den strategischen Ort und Bedeutung in der umfassenden, auf die Gesamtgesellschaft zielenden Clusteroffensive[151], wie sie sich in Konzepten der »lernenden Region« u.ä. abbildet.[152] Es sind nicht nur die dem Massenstudium überlassenen Bachelors, es sind auch die neuen regionalen Unterklassen der HartzIV-Reservoirs, von denen die Exzellenz-Cluster abgesprengt werden und die diesen neuen dynamischen Kernen und »Leuchttürmen« der Wissenschaft zu dienen und zuzuarbeiten bestimmt sind – als neue Sklaven der Wissensgesellschaft.[153] Das ist der innere Motor, der die Risse in der sozialen Oberfläche und die Einkommensdifferenzen produziert, die dieser Tage als »Rückkehr der Klassengesellschaft« wahrgenommen werden.[154]

Zu Recht haben Jan Masschelein und Maarten Simons diese Erschließung eigener Ressourcen als »Selbstkapitalisierung« gekennzeichnet.[155] Eine Selbstkapitalisierung versehen mit dem technischen Leitmotiv: »Jeder Mensch ist ein Experte«.[156] Unter Sprengung der je örtlichen und nationalen Grenzen werden diese Initiativen in die »European Higher Education Area« eingeschrieben, den »Europäischen Bildungsraum«. Er wurde im Bologna-Prozess im Jahre 1999 als »Europa des Wissens« eingeleitet wurde, in dem auch die europaweit vergleichbaren Master- und Bachelor-Studiengänge ihren Ursprung haben. Apologetisch haben J. Masschelein und M. Simons auf der anderen Seite die neue Bewirtschaftung von Selbstunternehmertum, des »Willen zum Wissen« und der menschlichen »Freiheit« als Reproduktion des Kantischen Imperativs auf neuer Ebene formuliert:

> »Unternehmerisch sein ist der Ausgang des Menschen aus seiner selbstverschuldeten Unproduktivität. Unproduktivität ist das Unvermögen, sich seines menschlichen Kapitals ohne Leitung eines anderen zu bedienen. Selbstverschuldet ist die Unproduktivität, wenn die Ursache derselben nicht am Mangel an Humankapital, sondern am Mangel an Entschlossenheit und Mut liegt, sich seines Humankapitals ohne Leitung eines anderen zu bedienen.« »Wage es, das Selbst zu mobilisieren!« »Habe den Mut, dich deines eigenen Kapitals zu bedienen!«[157]

Wir werden diesen Imperativ weiter unten als Leitlinie des Irakkriegs und der neuen Inwertsetzungsstrategien in den drei Kontinenten wiedererkennen. Die Kampagne »Du bist Bertelsmann«, die vor zwei Jahren in Hamburg gegründet wurde, hat alle diese Gesichtspunkte früh thematisiert und bis in die militärisch-hegemonialen Europa-Strategien verfolgt.[158] Auch der studentische Widerstand scheint begonnen zu haben, sich mit diesen neuen Sozialtechniken zu konfrontieren. An verschiedenen Hochschulen sind Initiativen entstandenen, um freie Universitäten ins Leben zu rufen, so bspw. auch in Köln im Frühjahr 2007 als »Freie Uni Köln« (FUK).[159]

2. Gesundheit

Auf dem Gebiet des Krankenhauses und des Gesundheitswesens sind die Diktate zum Selbstunternehmertum und zur Selbstoptimierung allen Leser/innen aus dem öffentlichen Diskurs, der Presse und aus eigenen Erfahrungen wohl derart geläufig, dass sich detaillierte Ausführungen erübrigen dürften. Wir haben sie oben auch schon im Rahmen der »work-life-balance« abgehandelt. Ernährung, Bewegung, Sport, Alkohol- bzw. Tabakgenuss, Lebensstil im weiteren Sinne, die Selbstevaluierung an der Leitlinie eines persönlichen Risikoprofils, alle diese Facetten gehören zum Bereich dieses Zugriffs.

3. Militarisierung

Militärischer Einsatz und die Erweckung innerer Bereitschaft, Gewalt anzuwenden und zu töten, sind gleichfalls zu einem Feld geworden, die subjektiven Ressourcen neu zu bewirtschaften. Das Bundeswehrmanagement und hier maßgeblich der ehemalige Generalleutnant und stellvertretende Heeresinspekteur Jürgen Schnell, Professor für Sicherheits- und Militärökonomie/Streitkräftemanagement an der Universität der Bundeswehr München, hat auf seinem Spezialgebiet Militärisches Management in drastischer Weise das Tötenwollen als »immaterielle Ressource« thematisiert. (Er steht hier exemplarisch für eine umfassende Beschäftigung mit den »immateriellen Ressourcen« der Kriegführung, die vor allem im angloamerikanischen Bereich geführt wird.) Aus einem seiner Vorträge sei zitiert:

> »Der Krieg hat seinen Ursprung jedoch nicht nur in den Kosten-Nutzen-Kalkülen der Kontrahenten. Die eigentlichen treibenden Kräfte liegen tiefer. Es ist die Lust an der Macht und erfolgreichen Aggressionen. Das Unzivilisierte und Ursprüngliche ist es, was fasziniert – der Wegfall aller künstlichen Regeln ... Offensichtlich ist es so, dass der Mensch – oder vorsichtiger formuliert: viele Menschen – bindungsfreie existenzielle Herausforderungen suchen, um sich selbst zu finden. Nirgends ist die Chance dafür so groß wie im Kampf, wie in der Bewährung im Kampf. Gewalt, Kampf und Sieg auf Dauer nur

im Fernsehen zu erleben, ist für viele dann nur ein schwaches und wenig zuverlässiges Substitut ... Der Mensch sucht seine Individualität, aber er leidet auch oft unter ihr. Die Sehnsucht nach Ich-Entlastung und Verschmelzung mit anderen gehört deshalb auch zu seiner Natur. Die stärkste Erfüllung dieser Sehnsucht ist die Gemeinsamkeit im Kampf – abgesehen vielleicht von der Liebe. In diesem Licht ist der Krieg dann kein politisches Mittel mehr, sondern er wird zum Zweck und löst sich von allen gesellschaftlichen Bindungen ... .«[160]

Das Thema mehrerer seiner Schriften ist das Vertrauensmanagement zur Selbstentfesselung und Selbsteinspeisung der Bereitschaft zu töten und zu sterben. Die Einbeziehung auch immaterieller Ressourcen in der amerikanischen »nationalen Sicherheitsstrategie« (NSS) und im deutschen Weißbuch 2006 zur Sicherheitspolitik Deutschlands und zur Zukunft der Bundeswehr aus dem Bundesministerium der Verteidigung korrespondiert mit dieser Bewirtschaftung immaterieller Ressourcen als Strategie der Subjektivierung in dem hier besprochenen Sinn. Bestürzend ist, wie mit dieser Subjektivierung zugleich offen an die Traditionslinien des deutschen Militarismus angeknüpft wird.[161]

4. Der imperialistische Griff ins Immaterielle

Der Zwang zur Selbsterschließung eigener immaterieller »Ressourcen« fügt sich nahtlos in den Kontext einer »schöpferischen Zerstörung« der Peripherien ein. Sie charakterisiert die postfordistische Reorganisation des Imperialismus. Dies wird vor allem in der individualisierten Inwertsetzung deutlich, wie sie in der Strategie der Kleinkrediteprogramme insbesondere in Afrika und Indien, aber auch in Lateinamerika und anderen Zonen umgesetzt wird. Auch sie setzt die in den neuen Kriegen und Gewaltformen schockartig herbeigeführte Zerstörung der tradierten sozialen Zusammenhänge und die Isolierung des Individuums voraus. Dies stellt einen zentralen Gesichtspunkt für die Einleitung des Irakkriegs dar. Schon vor Beginn des Kriegs wurde offenbar, dass nicht etwa Massenvernichtungswaffen und nicht einmal (allein) die Kontrolle über das Öl die Gründe für die Intervention waren. Dies wurde spätestens auch einer breiteren Öffentlichkeit deutlich, als die Stagnation der immateriellen Ressourcen der muslimischen Welt im US-amerikanischen Greater-Middle-East-Ansatz auf die Agenda gesetzt wurde. Es war jedoch Thema bereits vor dem Krieg. Die Stagnation der ökonomischen Dynamik (und damit auch die Gefährdung durch die unruhigen Jugendlichen, bzw. jungen Männer) wurde in den zurückgebliebenen und unbeweglichen »Mentalitäten« der muslimischen Welt gesucht. Michael Ledeen hat es als führendes Mitglied des für die Entwicklung der Bush-Doktrin maßgeblichen »American Enterprise-Instituts« [AEI] auf den Punkt gebracht:

> »Die radikale Transformation mehrerer nahöstlicher Länder von unterdrückerischen Tyranneien zu freien Gesellschaften ist völlig in Übereinstimmung mit dem amerikanischen Charakter und der amerikanischen Tradition. Schöpferische Zerstörung ist unser zweiter Name, sowohl nach Innen in unserer eigenen Gesellschaft als auch nach außen. Wir reißen die alte Ordnung jeden Tag ein, vom Business zur Wissenschaft, Literatur, Kunst, Architektur und Film zu Politik und Recht. Unserer Feinde haben den Wirbelwind von Energie und Kreativität immer gehasst, der ihre Traditionen bedroht (was immer sie sein mögen) und sie beschämt für ihre Unfähigkeit, Schritt zu halten. Wenn sie Amerika ihre traditionellen Gesellschaften zerstören sehen, dann fürchten sie uns, weil sie nicht zerstört werden wollen. Sie können sich nicht sicher fühlen, so lange wir da sind, weil unsere Existenz selbst – unsere Existenz, nicht unsere politische Strategie – ihre Legitimität bedroht. Sie müssen uns angreifen, um zu überleben, gerade wie wir sie zerstören müssen, um unsere historische Mission voranzutreiben.«

Weiter heißt es:

> »Dies ist genau die Botschaft, die wir senden wollen, denn am Ende des Tages müssen wir den Muslimen zeigen, dass sie von ihren Terrorherren fehlgeleitet wurden, dass sie in sich selbst die Quelle ihres Jahrhunderte langen Versagens suchen müssen und dass die beste Hoffnung für sie in der Kooperation mit der zivilisierten Welt und in größerer Freiheit für alle ihre Völker liegt.«[162]

Es ist hier unmöglich, die Einzelheiten der weiteren Entwicklung nach Kriegsbeginn darzustellen.[163] Wie breit diese sozialstrategischen Vorstellungen eingebettet sind, zeigt Philippe Beaugrand im IWF Working Paper Nr. 40 aus dem Jahr 2004 unter der Überschrift: »Und Schumpeter sagte, ›So sollt ihr wachsen‹: die zukünftige Suche nach ökonomischem Wachstum in armen Länder.« Hier werden die Schocktherapien und Formen sozialer (auch kriegerischer) Zerstörung als Voraussetzung und Begleiterscheinung immaterieller Kapitalbildung und ökonomischer Reorganisation vor allem im Wege der Kleinkrediteprogramme behandelt.[164] Auch die amerikanische »Nationale Sicherheitsstrategie« (NSS) und das deutsche »Weißbuch 2006« beziehen den Griff nach den immateriellen Ressourcen mit ein. Die in der Bertelsmann Stiftung gepflegte sog. Venusberg-Gruppe hochrangiger Militärexperten betont im Entwurf einer »European Grand Strategy« den komplexen militärisch-zivilen Charakter des kriegerischen Transformationsmanagements. Globalisierung als Erschließung immaterieller Ressourcen im Wege der sozialen Zerstörung und Reorganisation, als »schöpferische Zerstörung« der Gesellschaftlichkeit sind bisher wenig thematisiert worden. Im amerikanischen Diskurs hat dies immerhin Mark LeVine mit mehr und jetzt nachhinkend Naomi Klein mit weniger historisch-materialistischem Tiefgang versucht.[165] Es sind nicht allein der Schock, es ist der Zwang zur Selbsterschließung und Unterwerfung eigener Ressourcen bei Strafe der Vernichtung, der diese Strategien charakterisiert.

V Selbstbehauptung

»Ich lege Feuer, also bin ich.« Dies ist ein Satz aus einem giftigen Beitrag André Glucksmanns für die Frankfurter Allgemeine Sonntagszeitung vom 20.11.2005 zu dem »Flächenbrand« in den Armutsgürteln von Paris unter der Überschrift »Der Geist des Hasses«: »In Frankreich hat die Stunde des Nihilismus geschlagen«. Glucksmann geißelt vor allem die Weigerung, sich für den politischen Prozess in Forderungen, Vorschlägen, Diskursen, ja einer Inhaltlichkeit der Kämpfe zugänglich zu machen.

> »Es schlägt die Stunde des Nihilismus, der nun einen Imperativ zu seiner Parole erkoren hat, der bisher nicht zu gelten schien: ›Fick alles!‹«

Seine Kritik gilt auch dem »Gutmenschentum« aus Politik und Gesellschaft.

> »Die Moralapostel wollen die Brandstifter nicht kränken. Also ziehen sie in eine groteske Schlacht um Worte, damit sie der Grausamkeit der Fakten aus dem Weg gehen. Einige, die den Gebrauch des Wortes ›Gesindel‹ geißeln, schreiben nur ein paar Zeilen weiter von ›Barbaren‹, ›Wilden‹ oder ›Schlägern‹.

Diese radikale Interpretation von rechts nimmt den Glutkern des Flächenbrandes als Totalverweigerung von Kommunikation und angebotener Politizität wahr. Er steht damit nicht allein. Die Debatte in Frankreich versuchte zu begreifen, wie der Riss und der Bruch aller vermittelnden gesellschaftlichen und kommunikativen Prozesse, Institutionen, Prozeduren, Instanzen sich in dieser nonkommunikativen Explosion ausdrückte. Das Spannungsverhältnis, das ihr Widerschein erleuchtete, ist sozialstrategischer Natur und hat eng mit der französischen Clusterpolitik zu tun. Seit Jahren treibt die französische Regionalpolitik das Spannungsverhältnis zwischen den Kernen neuer Cluster und ihren sozialen Umfeldern und Kommandoräumen in die Höhe. Paris,

Lyon, Marseille, Nizza wurden in einer enormen Dynamik zu Zentren der Akkumulation im Sinne von Clustern verdichtet, mit einer gewaltigen Steigerung des Gefälles von Kathedralen der Macht zu Umfeldern der Machtlosigkeit, vom Luxusglanz neuer innovativer Eliten zur sie umgebenden Armut, von verdichteten Knoten informationstechnischer Bedeutung im Netz der Weltgesellschaft zu abgehängten kommunikativen Prozessen, von Aufwertung und Abwertung von Menschenqualitäten. Beschäftigt mit dem deutschen Sozialprozess, ist uns weitgehend entgangen, wie sehr diese Offensive im Nachbarland forciert wurde. Die Tatsache, dass die »Banlieues« Lebensraum maghrebinischer zumeist muslimischer Einwanderer ist, spielt sicher eine Rolle dabei, dass Leute wie Glucksmann sofort den Bogen zum Nahen Osten, insbesondere Irak schlagen. Dass sie es dabei versäumen, den Prozess schöpferischer Zerstörung und Entwertung von Menschenqualität zu berücksichtigen, liegt in ihrer sozialrassistischen Perspektive. Was sie bestürzt ist die Tatsache, dass das soziale Objekt nicht mehr in den angebotenen Politikformen antwortet.

Sanem Kleff, bis Mai 2005 bei der GEW zuständig für multikulturelle Angelegenheiten, äußerte sich in einem Interview der taz:

> »Außerdem gibt es in Frankreich seit Jahren einen rassistischen Diskurs, der den Immigranten sagt: verschwindet, ihr seid nichts wert. Die Gewalt richtet sich gegen diese Demütigung ... Es ist kein Zufall, dass in Frankreich Schulen und Kindergärten angezündet werden. Das ist kein bewusster politischer Akt. Aber es zeigt, wogegen sich die Wut richtet: Die Institutionen, die für die Jugendlichen da sein sollen, aber es in ihrem Empfinden nicht sind«.[166]

Isolde Charim wies in einem Kommentar zu den Vorgängen in New Orleans nach dem Hurrikan »Katrina« und den Ereignissen in Melilla und den Pariser Bränden auf die Bedeutung sozialer Identität hin: *»Sie versichern sich, dass sie existieren ... Gerade diese Sinnlosigkeit dient aber einem Zweck, dem der eigenen Existenzbehauptung.«*[167] Und der grüne Sozialpsychologe Martin Altmeyer erklärt diese Gewalt unter der Überschrift »Ich hasse, also bin ich« als »Praktiken der Selbstvergewisserung« im Sinne des »Genres« des »Self-Design«... einer subjektkonstituierenden Gewalt. Aus der soziologischen Ecke warnte Jean-Pierre LeGoff vor einer Analyse in den Denkmustern des traditionellen Klassenkampfs. Die Ereignisse in der Banlieue seien weniger auf Armut und Misere zurückzuführen als auf Auflösungserscheinungen der Identität, die schwer zu erfassen seien. Die gewalttätigen Auseinandersetzungen aus der Banlieue seien auch nicht mit dem Lumpenproletariat zu vergleichen.[168] Schnell wurden die französischen Riots auch auf die soziale Situation in Deutschland bezogen.

In einem der vielen angstvoll vergleichenden Kommentare sprachen die Politologen Franz Walter und Matthias Micus in einer Dokumentation der FR vom 28.12.2005 von der Unfähigkeit der »Zurückgelassenen«, eigene, subjektive Identitäten auszubilden, »Vorstellungen eines positiven Selbst ... besitzen sie kaum«.

»Traditionslinke« werden hier einwenden, dass dies bedeutungslose Psychologisierungen seien und dass es auf objektive gesellschaftliche Verhältnisse ankomme. Diese Haltung ist lange schon obsolet und leidet an einem zugleich idealistischen und objektivistischen Verständnis gesellschaftlicher Prozesse. Bereits im Fordismus, aber spätestens im Postfordismus ist eins deutlich geworden. In dem Maße, in dem das Kapital die Herausforderung der Konfrontation mit revolutionärer Subjektivität in den vielen sozialrevolutionären Prozessen bis hin in die 70er Jahre angenommen hat, wie es oben einleitend beschrieben wurde, ist »Subjektivität« zum Terrain dessen geworden, was wir früher »Klassenauseinandersetzungen« genannt haben. Die einleitenden Kommentare von Glucksmann bis Micus könnten beliebig fortgesetzt werden. Sie korrespondieren mit den Wahrnehmungen des Grundkonflikts postmoderner Inwertsetzung mit der antagonistischen Subjektivität auf dem Feld der Arbeit, wonach nunmehr der Klassenkampf »in die Seelen und Köpfe der Arbeitskräfte selbst« verlagert werde. Dies entspricht auch dem Frontverständnis von McKinsey und den Coaching-Strategen, die den »sozio-somato-psychopolitischen Krieg« (um den gefährlich objektivierenden Begriff von der »Biomacht« auf ihren Kern zurückzuführen) im produktiven Alltagsgeschehen betreiben. Castells findet diesen Grundkonflikt zwischen der offensiven Dynamik der Schlüsselindustrien und dem »Selbst«, der sich in einer Vielfalt von Auseinandersetzungsformen ausdrückt. Dieses »Selbst« ist natürlich keine ontologische Größe im Sinne einer festen Gegebenheit, ebenso wenig wie sich die im Konflikt ständig wandelnden Inwertsetzungsstrategien auf eine ontologische Größe »das Kapital« reduzieren lassen, auch wenn sie auf dem Sockel »toten« Kapitals operieren. Es sind Größen, die sich in der historisch offenen Logik eines Antagonismus zu neuen Gestalten hervorbringen, »emergieren«. Ihre Klassifizierung zu »Klassen« gehört einer historisch überholten Schematik an.[169] Darum beleuchtet auch der Aspekt »der existenziellen Selbstvergewisserung« in der Prozesshaftigkeit ihrer Ausdrucksformen nur eine Facette. Gleichwohl lässt diese den ungeheuren Spannungsrahmen aufscheinen, der die Offensive aus den Kathedralen und der Selbstmanifestation des metropolitanen Herrenlebens von den Subjekten trennt, nach denen sie im Prozess ihrer zerstörerischen Weltbemächtigung greifen. Es ist ein globaler Spannungsbogen, an dessen einzelnen Fronten und mikropolitischen Auseinandersetzungen sich diese Spannung in den Logiken und der Position des jeweiligen Felds artikuliert – immer zugleich als Kämpfe um Einkommen und als Prozess der Verwirklichung des Selbst, des Sozialen, der moralischen Ökonomie. Auch wenn es (noch) kein kohärenter Prozess ist, auch wenn die Zirkulation der Kampferfahrungen sich noch ihre Wege sucht, vielfach gebrochen und unterbrochen ist, so lassen sich gleichwohl die jeweiligen Äußerungsformen nur aus dem globalen Spannungsrahmen, aus dem prozessierenden Gesamtantagonismus verstehen und verorten. Dieser Gedanke erscheint abstrakt. Er ist gleichwohl unerlässlich. Herleiten lassen sich die Äußerungsformen auf diese Art und Weise nicht. Aber aus den konkreten Erfahrungen an den spezifischen Orten – und das schließt die jeweiligen Opportunismen und die damit verbundene Zugänglichkeit für reformistische Wünsche und Angebote ein – lassen sich Zugänge zu weit entfernten Prozessen in den drei Kontinenten leichter erschließen. Das gilt auch für die Zugänge zu denjenigen, die diese als Migranten mit sich und in die Realität unserer Auseinandersetzungen hineintragen. Der grundlegende Ausgangspunkt bleibt jedoch immer der: Sie können nicht Gegenstand von Analyse und Beobachtung sein, weil die Subjekte als Zentren unaufhebbar eigenen Weltverständnisses ihre Kampfformen, Vorstellungen, Moral organisieren. Es gibt keinen Begriff des Sozialen, keinen feldtheoretischen Begriff, der es erlaubte, hierüber hinwegzugehen.

Die Tiefe und Komplexität der Konfrontation können wir uns nur vor Augen führen, wenn wir uns an die Auseinandersetzungen mit der – zyklisch analogen – »Frühphase der fordistisch-tayloristischen Offensive erinnern. Sie war ähnlich komplex, auch sie war bestimmt vom globalen Spannungsbogen, der aus den Dörfern der drei Kontinente und Schwellenländer (wie z.B. Russland und Mexiko bis in die fordistisch/tayloristischen Schlüsselindustrien der Metropolen der Vereinigten Staaten und Europas reichten. Auch damals war es unsinnig, aus dieser komplexen Dynamik etwa das Widerstandsverhalten der Millionen arbeitslosen und verelendeten Handwerker und Facharbeiter in ihrer Auseinandersetzung mit den neuen reformistischen Sozialstrategien herauszulösen und gesondert zu behandeln. Das globale Konfliktfeld, in das sie sich einlagerten, war bestimmt von der Militanz, in der die Dörfer Russlands, Südeuropas und Mexikos sich mit den zunehmend autokratischen Regimes konfrontierten, mit der die Bauernarbeiter/innen in ihrer binnen und weltweiten Migration ihre moralische Ökonomie in die hochtechnologischen Schlüsselindustrien der damaligen Zeit hinein trugen: in Moskau, Petersburg ebenso wie Chicago und New York.

Der Überblick, den das »Schwarzbuch Hartz IV« über die militanten

Aktionen, Demonstrationen etc. gegen den sozialen Angriff gibt, lässt sich aus der Berichterstattung der letzten zwei Jahre leicht ergänzen. Die Wut der Betroffenen ist immens. Net-Tribune berichtet, dass die Unfallkassen wegen eines Anstiegs »gewalttätiger Übergriffe« auf Mitarbeiter öffentlicher Verwaltungen nach der Hartz-IV-Reform Alarm schlagen. Im Jahr 2005 habe es 1.600 Angriffe auf Angestellte gegeben, die Leistungen der Unfallkasse in Anspruch genommen hätten. Beispielsweise berichtete die Sprecherin vom Bundesverband der Unfallkassen bei der Vorstellung eines Präventionsprojekts für die kommunalen Hartz-IV-Arbeitsgemeinschaften am 02.03.2007 in München von einem Fall im Oberfränkischen Kronach. Dort habe kürzlich ein Arbeitsloser eine Angestellte des Job-Centers niedergeschlagen und mit Aktenordnern beworfen. Der Bundesverband der Unfallkassen habe deshalb das Modellprojekt »ABBA« (Arbeitsbelastungen und Bedrohungen in Arbeitsgemeinschaften nach Hartz-IV) ins Leben gerufen. Es sieht die Schulung von Mitarbeitern und Maßnahmen zur Entspannung der Situation vor. Bei ABBA sollen Aufsichtspersonen und Psychologen eng mit den Verwaltungen und Unternehmen zusammenarbeiten. Maßnahmen »effektiver Gewaltprävention« werden in einem breiten Spektrum von Technik, Organisation und Person ins Auge gefasst, von der Gestaltung des Wartebereiches und der Vermeidung langer Wartezeiten bis hin zu neuen Interventionsformen des Sicherheitsapparates.[170]

Wie sehr dies in den hier erörterten Zusammenhang hineingehört, haben die Erfahrungen der »Agenturschluss«-Initiative Köln deutlich gemacht, vor allem bei den »Zahltag«-Aktionen der letzten Monate.[171] Ihren Hintergrund bildeten die eigenen Erfahrungen mit scheinbar absichtslosen und zufälligen Unregelmäßigkeiten der Auszahlungen, der Willkürlichkeit von Kürzungen, mit Schikanen, Demütigungen und Entmündigungen beim »Fallmanagement«. Die Aktionen stießen direkt ins Feld der mikropolitischen Auseinandersetzungen vor: durch Begleitungen der Betroffenen, Kontakte und Auseinandersetzungen in den, Vor- und Warteräumen der ARGE, durch die auch privatisierte Areale der Arbeitsverwaltung für die Öffentlichkeit vorübergehend zurückerobert wurden. Hierbei ging es über die Proteste gegen die Dürftigkeit der Hartz-IV-Leistungen und die Unregelmäßigkeiten der Zahlungen hinaus um die Rückeroberung der Menschenwürde. Es wurde deutlich, wie sehr das Ausmaß der Zerstörung von Lebensautonomie, Entmündigungen und Demütigungen in den Formen der Zwänge zur totalen Selbstauskunft, Selbsteinschätzung und Unterwerfung auf neue Energien der Selbstbehauptung trafen. Das Wort »Wut« trifft dies sicher, verschleiert aber zugleich vieles. Es war keine blinde Wut. Sie war getragen von Einschätzungen und Erkenntnissen der Situation, die die »Wissenschaftlichkeit« der Soziologen und Sozialpsychologen weit in den Schatten stellte. Dies kam besonders am 03. Dezember 2007 zum Ausdruck, als eine beachtliche Menge von »Zahltag«-Aktivisten und interessierten ARGE-Betroffenen die Räume der »DiMa« in der ARGE Köln-Mühleim belagerte. »Gegenwissen« über die Funktionsweise des oben beleuchteten »Gesamtarsenals« von normaler Fallbearbeitung bis »DiMa« setzten den schützend vor der Tür seiner Angestellten postierten Leiter der »ARGE« Köln qualifiziert unter Druck. Es enthüllte den sozialpsychopolitischen Charakter dieses »wissenschaftlichen« Komplexes. Ein »Gegenwissen«, wie es sich auch in den Auseinandersetzungen bei Gate Gourmet manifestiert hat.

In diesem mikropolitischen Kontext gehören auch die psychischen und psychosomatischen Reaktionen in Form von Erkrankungen, die im Gesamtfeld von Borderline bis Burnout eher verschwimmen, als dass sie sich differentialdiagnostisch noch mit klaren Trennlinien unterscheiden ließen. Autonomie, Authentizität, Eigenwille, Eigensinn, Selbstheit haben in dem angegriffenen Bemühen, »selbst« eine Welt mit herzustellen, eine fundamentale politische Bedeutung. Diese Bedeutung hat ein neues Gewicht, ein neues Profil, eine neue existenzielle Schärfe erhalten, seit die Gewalttätigkeit psychischer Bemächtigung neue Tiefen zu erschließen sucht. Ich habe in meinen bisherigen Arbeiten schon darauf hingewiesen, dass besonders in innovativen Umbrüchen und Take-Offs dieser grundlegende Antagonismus sich in neuen Formen reproduziert. Simmels Vorstellungen vom »individuellen Gesetz«, Durkheims Überlegungen zur »Anomie«, der lebensphilosophische Begriff von »Seele«, auch Webers Behandlung von »Charisma« ist erkennbar auf die damals neue Etappe funktionalistischer Rationalisierung bezogen, ebenso wie der damalige Renner auf dem Feld psychischer Erkrankungen namens »Neurasthenie«.[172] Wenn der totalisierende Charakter des postmodernen Zugriffs nunmehr darauf abzielt, dem »Selbst« auch noch seine eigene Einspeisung, Auflösung und Vernichtung abzuzwingen, so ist »Krankheit« ein unzureichender Begriff für einen ganzen Komplex von Überforderung, Weigerung bis hin zur Revolte. Immerhin spricht Ehrenberg vom »neuen politischen Zwang« als Grund der chronischen Erschöpfungsdepression.[173] Inzwischen rückt deren Symptomatik auch unter den Kindern und vor allem an den Schulen immer mehr ins Blickfeld.[174] Diejenigen, die die Psychologie (wie Otto Benkert am Beispiel Anna K.[175]) nach Therapie in eine neue Balance entlassen, sind nicht »geheilt«, sondern regelmäßig Objekte einer »lebenslangen Wartung«.[176] Und wenn sich die Energien der Selbstbehauptung aus derartigen Krisen im Erlebnis der Authentizität politisieren, dann hält die politische Psychologie nicht den Arzt und Therapeuten bereit, sondern neue Sicherheitsstrategien bis hin zum Antiterrorismus, wie wir unten sehen werden.

Ein unausgeleuchtetes Feld bleiben hier sicher die individuellen Verweigerungsformen und Strategien der Aneignung und Einkommensverbesserung. Auch über die Kontakte, Solidarisierungen und dauerhaften Beziehungen außerhalb der ARGE und Jobcenter, aber auch auf den Fluren gibt es kaum Berichte und sichere Einschätzungen. Die Formen, in denen die massiv bedrängten Jugendlichen dem Druck begegnen oder in Kleinkriminalität ausweichen, um dann dem Case Management der neuen Jugendknäste ausgeliefert zu werden, haben sich kaum in Erfahrungen der Linken niedergeschlagen.

Aber auch wenn wir die Einzelheiten wüssten, wir wüssten noch immer nicht viel darüber, wie sie mit den Auseinandersetzungen an anderen Fronten des postfordistischen Angriffs korrespondieren: in den Betrieben, in den Schulen, an den Universitäten und wie das europäische und das globale Spannungsfeld hier hineinreicht. Wir dürfen darüber hinaus auch nicht vergessen, dass die Entrechtung und Transformation der Verrechtlichungsmodi, die Auflösung und Flexibilisierung des staatsbürgerlichen Status, die schöpferische Zerstörung des fordistischen Alltagsbewusstseins und seiner Routinen, die Bedrohung und Auflösung überkommener Identitäten und existenzieller Selbstvergewisserung, dass sie alle Dimensionen des fundamentalen Umbruchs darstellen, die auf der anderen Seite der sozialen Frontverläufe völlig neue Prozesse der alltäglichen und existenziellen Selbstvergewisserung auch im politischen Raum mit sich bringen. Der Begriff »Prekarisierung« trägt nicht weit. Einmal, weil jede historisch-zyklische Umbruchsphase im Wege schöpferischer Zerstörung des Alten einen umfassenden »Prekarisierungsprozess« mit sich gebracht hat, zum anderen, weil er viel zu unbestimmt und allgemein ist.

VI. Soziale Feinderklärung und Terrorismusverdikt

1. »Gouvernementalität«: Die konzeptionelle Vernichtung des Anderen

Die Strategen der Wissensökonomie und Subjektivierung organisieren die aggressiven Strategien und Sozialtechniken aus der Perspektive des Kapitals. Sie wissen und sie sagen es wenigstens: Es gibt ein »Anderes«, ein Selbst, ein Gegenüber, das sich ihnen entgegensetzt. Sie wissen es, weil es sich im Kampf gegen sie manifestiert und formt, weil sie mit ihm rechnen, weil sie mit ihm rechnen müssen. Und sie tragen ihm als lebendigem Gegenüber Rechnung, weil sie zwar ihre Strategien zu idealtypischen Vorstellungen kristallisieren lassen mögen, diesen aber keine eigenständige Existenz zukommt. Wirklichkeit gewinnen sie nur in der offenen Auseinandersetzung mit ihrem Gegenüber, dem Selbst, der Subjektivität, dem Eigenwillen, der »Seele«, in die sie ihren Krieg entfesselt haben. Einer »Seele«, die ihre sozialen Formen, ihre moralische Ökonomie im Konflikt selbst neu erfinden muss.

Die Subjektivität, die sich in ihrer ganzen sozialen Vielfalt im historisch offenen Prozess dieser Auseinandersetzung ihre Verwirklichung, ihre neue Wirklichkeit, ihre Existenz sucht, ist in dieser Vielfalt der perspektivische Ausgangspunkt für Handeln und Erkennen. Wenn die praktischen Strategen, die von ihrer Seite aus den historischen Prozess zu beherrschen suchen, dies wissen, wie tragen die konzeptionellen Entwürfe der verschiedenen Disziplinen ihnen Rechnung? Nachdem ich oben schon die Begriffspolitik der »Subjektivierung« behandelt habe, möchte ich hier exemplarisch einen propagandistischen Komplex behandeln, der wie kein anderer eine hegemoniale Rolle im Diskurs über die postmoderne Konfliktualität gesucht hat: der Diskurs über »Gouvernementalität«. Das Spektrum seiner Teilnehmer reicht von rechts bis in die Bereiche neoreformistischer Formierung. Bei allen Unterschieden zielt ihr methodenstrategisches Konzept darauf ab, das hegemoniale Strategie- und Deutungsmonopol für die Sozialtechniken, wie wir sie hier beschrieben haben, zu behaupten und zu sichern. Auf der anderen Seite jedoch, die sich gegen diese behauptende Subjektivität konzeptionell auszuweißen, auszulöschen, ja letztlich den Perspektiven von Aussonderung und Vernichtung anheim zu geben. *Zugespitzt* kann man sagen: Es ist eine Methodenstrategie der konzeptionellen Vernichtung des sich diesen aggressiven Sozialtechniken entgegensetzenden »Anderen« in seinem Eigenwillen, in seiner Subjektivität, in seiner Wirklichkeit.

Vorweg: Man könnt sagen, es handelt sich nur um Diskurse, um Methoden des Verstehens, um Philosophie. Dies ist ein überholter Standpunkt. In einer Welt, in der es einen archimedischen Punkt der Erkenntnis nicht geben kann, kommt der Philosophie, den philosophischen und methodischen Synthesen eine ganz andere Bedeutung zu. Wenn es richtig ist, dass wir uns immer schon »materiell« im Prozess der »immateriellen« Impulse, Kräfte, Bewegungen, Zielrichtungen bewegen, dann kann es Erkenntnis nur aus dem Prozess dieser Bewegung heraus geben. Und da entscheiden die Positionen des wirklichen Prozesses, aus denen sie sich organisieren. Philosophie, selbst die letzten philosophischen Synthesen haben hier noch ihren Platz und erklären sich aus diesem Prozess heraus. In diesem Prozess finden auch die Konzeptionen von »Gouvernementalität« ihren historischen Ort. Ich kann an dieser Stelle nur ihre Grundzüge wiedergeben und beschränke mich mit einigen Ausblicken auf andere, exemplarisch auf ihren führenden deutschen Matador Ulrich Bröckling, der sich damit eine Professur in Leipzig verdient hat.[177]

2. Der Begriff »Gouvernementalität«

Schon über die Herleitung des Begriffs »Gouvernementalität« gibt es einen Haufen Literatur, deren Erörterung diesen Rahmen sprengen würde. In der Regel berufen sich diejenigen, die den Begriff gebrauchen, auf Michel Foucault. Das gilt auch für die im anglo-amerikanischen Raum betriebenen »Governmentality Studies«. Der Hauptbezugspunkt sind Foucaults Studien zur »Selbstführung«, zur »Sorge um sich selbst«, die ihren Ausgangspunkt in der Philosophie und in den Techniken der Selbstertüchtigung in der griechischen und römischen Ethik nehmen und ihre Weiterentwicklung im christlichen »Pastorat« verfolgen. Diese Ansätze werden nach Heraussäuberung ihrer kritischen Elemente[178] zum legitimatorischen Ursprung der Sozialtechniken der Selbstrationalisierung vernutzt, wie sie Gegenstand dieser Arbeit sind. Im engen Zusammenhang damit werden auch Foucaults Vorlesungen über den deutschen Ordoliberalismus und amerikanischen Neoliberalismus aufgerufen, die die Gesamtheit des menschlichen Handelns und Vorstellungen von Humankapital in den Bereich des ökonomischen einbezogen haben. Der Begriff selbst wird – ebenfalls unter Berufung auf Foucault – aus »Gouvernement« (Regierung) und »Mentalité« (Mentalität, Denkweise) zusammengesetzt, eine Fehldeutung, die der Herausgeber der Vorlesungen Foucaults am Collège de France, Michel Sennelart, überzeugend gerügt hat.[179] Die Kombination von Führung und Selbstführung als Verbindung von Herrschaftstechniken mit den Technologien des »Selbst«, den Praktiken des Regierens und »Sich-selbst-Regierens«, werden als Kern der Theorie über »Gouvernementalität« auf allen Feldern der Gesellschaft dargestellt.

Ulrich Bröcklings Arbeiten stellen im Wesentlichen fleißige Literaturberichte zu verschiedenen Erscheinungsformen des wissensgesellschaftlichen Angriffs dar. Sie sind durchaus anregend, wenn man dabei im Hinterkopf behält, dass es sich um Ausdrucksformen und Felder eines historischen Angriffs im Kontext des sozialen Antagonismus handelt. Das genau ist jedoch der Knackpunkt. Bröckling – und hier steht er exemplarisch für nahezu alle anderen Gouvernementalitätstheoretiker/innen – unterschlägt den Angriffscharakter. Er unterschlägt ihn bewusst und systematisch. Das kann man daraus entnehmen, dass er die oben wiedergegebene arbeitswissenschaftliche Literatur durchaus kennt. Ablesen kann man es auch daraus, dass Bröckling sich ausdrücklich auf den englischen Psychohistoriker Nikolas Rose beruft.[180] In »Die Seele regieren« (»Governing the Soul«)[181] organisiert Rose mit nüchterner Härte seine Geschichtserzählung allein aus der Perspektive sozialer Bemächtigung und Zurichtung »der Herstellung von Subjekten«.[182] So lobt er am Taylorismus die neue Aufmerksamkeit für individuelle Unterschiede zwischen Personen und zwar nicht nur am Arbeitsplatz, sondern in der Gesellschaft.[183] Die dadurch angestoßenen Entwicklungen psychologischer Testverfahren » ... *machen das Individuum erkennbar, kalkulierbar und handhabbar bis zu dem Punkt, dass er oder sie von anderen unterschieden und im Verhältnis zu ihnen bewertet werden können«.*[184] In dieser Weise verfolgt er die Fortschritte der »Seelenbeherrschung« bis in die jüngsten postmodernen Entwicklungen. Bröckling hingegen betreibt Begriffskosmetik. Er *neutralisiert* den Angriff zur »Anrufung«. Das Subjekt wird »angerufen«, es wird mit der Anrufung »adressiert«, sich selbst zum Gegenstand optimierender, flexibilisierender, rationalisierender, steuernder Selbsttechniken zu machen. Es ist nur ein »Appell, zum Unternehmer bzw. Unternehmerin des eigenen Lebens zu werden«.[185] Diese Anrufung, auf sich selbst einzuwirken, erzeuge in der Totalität und Unabschließbarkeit des Prozesses einen »Sog, der antreibt, ohne dass die Angetriebenen je ankommen könnten«, einen Sog, die eigene Freiheit und Ressourcen in eine permanente Dynamik der Selbstvernutzung einzuspeisen: *»Freiheit kann zweitens so etwas wie freiwillige Zugehörigkeit bedeuten, die Bereitschaft, sich in ein größeres Ganzes einzufügen und einzubringen.«*[186] Begriffsstrategisch abgesichert wird die Unterschlagung des Angriffscharakters dadurch, dass der Blick auf den Ort des historischen Prozesses und die Einbettung in den historischen Antagonismus von vorneherein vermieden wird. Die Krise des Fordismus und die Kampfformen, in denen sich die Subjektivität gegen die Gewalt des Fordismus/Taylorismus manifestiert haben, werden ausgeblendet und geraten gar nicht erst in den Blick. Ursprung ist ein »Modell«, das bei Althusser entlehnt wird, und das er – diesen zitierend – so wiedergibt:

> »In der Urszene, mit der er diesen Begriff (der »Anrufung«, D.H.) einführt, ruft ein Polizist einem Passanten auf der Straße nach: ›He, Sie da!‹ Der so Angerufene dreht sich um »in dem Glauben, der Ahnung, dem Wissen, er sei gemeint« und wird durch diese physische Wendung zum Subjekt, weil er damit anerkennt, dass der Anruf genauso ihm galt ... Löst man das Beispiel vom Repräsentanten staatlicher Souveränität und ersetzt die Stimme des Polizisten durch andere Instanzen, so liefert die Szene ein Modell auch für die gesellschaftliche Erzeugung und Selbstkonstitution einer Figur, die heute eine, wenn nicht die grundlegende Form darstellt, in der Individuen als Subjekte angerufen werden: das unternehmerische Selbst.«[187]

Kurios. Sollte mir da was entgangen sein? Hätten VW, die ARGE, die Militärs im Irak vielleicht wirklich nur »He, Sie da!« gerufen? Sodass ihre sozialen Objekte angesichts der Höflichkeit ihres Gegenübers beschämt und schweigend ihren inneren Wandel vollzogen hätten? Der Spaß ist grimmig, denn der Sinn des Manövers ist klar. Die Subjektivität des »Anderen« als Selbst, das den Gang der Geschichte in der Auseinandersetzung mit den Strategien des Zwangs zur Selbstunterwerfung bestimmt, wird ausgeblendet, gelöscht, es wird in dieser Form in die Gewalt der neuen Zugriffsstrategien theoretisch, konzeptionell, philosophisch noch einmal eingespeist und darin aufgelöst, vernichtet.

3. Die existenzielle Bedrohung des Anderen

Nun weiß Bröckling durchaus, dass es Widerstand gibt, ja er betont dies immer wieder.

> »Widerstand ist nicht einfach nur die Gegenkraft der Macht, er ist ebenso dasjenige, das der Macht ihre Richtung und Gestalt gibt.«[188]

Es ist wohl die stärkste Identifikation mit der Perspektive der Macht, mit dem Modell dieser »Anrufung«, wenn Bröckling die totalisierende Kraft ihres Sogs von vorneherein als Siegerin setzt:

> »Das unternehmerische Selbst existiert nur als Realfiktion im Modus des Als-ob – als kontrafaktische Unterstellung mit normativem Anspruch, als Adressierung, als Fluchtpunkt von Selbst- und Sozialtechnologien, als Kraftfeld, als Sog ... weil die Anforderungen unabschließbar sind, bleibt alles Bemühen ungenügend; weil sie unvollständig und widersprüchlich sind, zeitigen sie nicht intendierte Effekte. Diese Unschärfen, Fehlschläge und Widerstände setzen der Regierung des unternehmerischen Selbst Grenzen, sie zeigen ihr im gleichen Zuge jedoch, wie sie die Instrumente verfeinern und geschickter ansetzen kann. Nur in der Konfrontation mit seinen Gegenkräften nimmt das Kraftfeld der unternehmerischen Anrufung Form an.«

Ein vom unternehmerischen Subjektivierungsregime unberührtes Außen oder einen ihm entzogenen Innenraum des Selbst gibt es nicht oder wenn, dann nur als Zone künftiger Eroberungen, wo ungenutzte Ressourcen ihrer Erschließung harren. Doch auch die Verflüssigung von Positionen und ein Hin- und Herspringen zwischen pluralen Identitäten führen nicht aus dem Bann dieser Anrufung heraus.[189]

> »Weil die unternehmerische Anrufung einer Logik der Entgrenzung folgt, gibt es kein jenseits der Grenzen, sondern allenfalls Räume, in denen der Sog stärker oder schwächer wirkt, der Imperativ, unternehmerisch zu handeln mehr oder weniger von anderen Anrufungen überlagert wird.«

Und so charakterisiert Bröckling dieses »Nichtandere« des Feldes, das ohnehin schon dem Sog gehört mit depressiver Erschöpfung, gegen sich selbst gerichteter Wut, vielleicht einer Strategie des Müßiggangs.[190] Dies verfolgt nichts weniger als die konzeptionelle Vernichtung der Subjektivität und des antagonistischen Subjekts. Es ist zugleich eine aggressive Subjekt-Objektverkehrung, wie sie die Avantgarden kapitalistischer Erneuerung in ähnlichen historischen Umbrüchen immer zur Grundlage ihrer Selbstherstellung gemacht haben: im sozialen Abscheu der englischen Puritaner gegen die Unterklassen als »vielköpfige Hydra«[191], im Rassismus der deutschen und amerikanischen Avantgarden gegen die osteuropäischen Unterklassen und Einwanderer zu Zeiten des Umbruchs zum Taylorismus. Die konzeptionelle Vernichtung und Entmündigung des »Anderen« war in allen historischen Momenten das Geschäft des methodisch-philosophischen Diskurses und ist es auch heute wieder. Gegen die historische Evidenz der Kämpfe erhebt sich die Avantgarde und ihre methodologischen Priester dergestalt zum Subjekt der Weltgeschichte.[192]

Wie immer in solchen historischen Momenten garnieren sich die »Anrufungen« mit durchaus giftigen und mehr oder weniger bösartigen Drohungen. Gut, Bröckling hütet sich wohlweißlich, die Drohungen in erster Person auszusprechen. Seine Rolle und Brauchbarkeit als kritischer Grenzträger der Offensive wäre dadurch infrage gestellt. Die Identifikation ist subtiler. Er stellt die Aussonderung, das Abschieben in die Überflüssigkeit als unvermeidliche und systemische Folge der »Anrufung« dar, denen man nur durch die Selbstüberantwortung entgehen könne.

> »Wie der Markt neben den erfolgreichen Unternehmern auch ein Heer von Überflüssigen produziert, so definieren die Communities der Zivilgesellschaft nicht nur Zugehörigkeiten, sondern auch Andere, die aus der Gemeinschaft ausgeschlossen und im Extremfall gewaltsam verfolgt werden ... wie die marktwirtschaftlichen und zivilgesellschaftlichen changieren allerdings auch die auf den Staat bezogenen gouvernementalen Strategien zwischen einer Grammatik der Sorge und einer Grammatik der Härte. Die Logik der Partizipation wird durchkreuzt von Strategien des Paternalismus, der Disziplinierung und Repression. Ohne Beschwörung von Opferbereitschaft, ohne selektive Exklusion der Nichtstaatsbürger, ohne präventive Kontrollmechanismen und sanktionierende Gewalt kommt auch der aktivierende Staat nicht aus. Nicht nur ›Fördern‹, sondern auch ›Fordern‹, und wo das nicht fruchtet, auch ›Überwachen und Strafen‹ ... auch auf die umgekehrte Frage, welchen Übeln denn mittels Partizipation begegnet werden soll, gibt es mehr als eine Antwort: einmal geht es gegen Unmündigkeit und

Fremdbestimmung, das andere Mal soll dem Zerreißen des sozialen Bandes entgegengewirkt werden, im dritten Fall schließlich gilt der Kampf der Trägheit, Unflexibilität und Ineffizienz hierarchischer Führungsmodelle. In allen drei Fällen steht das geforderte partizipative Regieren und Sich-selbst-Regieren nicht in Opposition zur Freiheit, vielmehr handelt es sich um ein Regieren durch Freiheit – governing by freedom. Freiheit ist hier nicht das, was durch Regierungspraktiken begrenzt, beschnitten oder kanalisiert wird, sondern eine Ressource, die nutzbar gemacht und deshalb gestärkt werden soll. Den gewährten Partizipationsmöglichkeiten steht deshalb ein Partizipationsdruck gegenüber. Wer sich weigert mitzumachen, sieht sich leicht als autoritätshörig, verantwortungslos oder entscheidungsschwach gebrandmarkt. Man kann Teilhabe und Mitbestimmung nicht erzwingen, aber man kann für ein Klima sorgen, das darauf hinwirkt, und verfügt auch über die Mittel, um der Forderung Nachdruck zu verleihen. In der Sprache der Sozialbürokraten: wer seiner Mitwirkungspflicht nicht nachkommt, verliert seinen Leistungsanspruch. Niemand muss den Partizipationsforderungen nachkommen, der Preis für Verweigerer ist jedoch hoch: der Ausschluss aus der Gemeinschaft der Menschen guten Willens. Ist das Ideal des Mitbestimmens erst einmal als moralische Pflicht verankert, wird das Nicht-mitmachen-Wollen oder -Können zum Sündenfall schlechthin.«[193]

Es gibt keine Überflüssigkeit von Menschen, ebenso wie kein Mensch illegal ist. Überflüssigkeit ist ein Kampfbegriff. Er transportiert die Drohung aus einer aggressiven Entwertungsstrategie. Gefragt wird gar nicht erst nach anderen Dimensionen der Freiheit und des Selbst, gefragt wird nicht nach einer Moral und Ethik der Nichtunterwerfung gegen den »Sog« und jenseits des »Kraftfelds«, gefragt wird nicht nach einer moralischen Ökonomie des fraglosen und bedingungslosen Selbstwerts der Menschen.

»Fraglos« ist für Bröckling nur die Perspektive der Gegenseite, der er eine »enorme Anziehungskraft« zubilligt. Andere Perspektiven werden nicht eröffnet:

»Sie (die aktivierende starke Zivilgesellschaft) stellt ein Konstrukt von enormer Anziehungskraft dar, das über politische Fraktionierungen und soziale Milieus, Disziplingrenzen und fachliche Zuständigkeit hinweg fraglose Plausibilität beanspruchen kann.«[194] (Hervorhebungen D.H.).

Fraglos ist die Plausibilität des postmodernen Zwangs zur Selbstaufgabe und Selbsteinspeisung nur dann, wenn die Frage des sich selbst im Kampf gegen den Angriff herstellenden und verwirklichenden Subjekts nicht mehr zugelassen und eliminiert wird. Im Grunde genommen ist diese eliminatorische Identifikation mit der Offensive die Neueinkleidung einer sattsam bekannten Figur, die die Unterwerfung und Selbstunterwerfung bis in ihre barbarischen »schwarzen« Seiten in den Fortschritt des historischen Modernisierungsprozesses einschreibt.

> »Auch wenn sich die Programme von den entwicklungspolitischen Konzepten der sechziger und siebziger Jahre absetzen, bleibt ihnen die politische Rationalität der Modernisierung eingeschrieben. Bemächtigung und Zurichtung der Bemächtigten für den bei aller Pfadabhängigkeit doch nach westlichem Vorbild konzipierten Entwicklungsprozess gehen Hand in Hand: ›Die Menschen werden dazu bemächtigt‹, als Elemente im großen Projekt der Moderne zu fungieren.«[195]

Die engen Freiheitskorridore, die das Kapital – wie wir oben gesehen haben – bei Strafe des Untergangs zur Überwindung der Krise des tayloristischen Gehorsamszwangs einräumen musste, um sich auf ein neues Niveau der Vernutzung zu retten, sie werden hier als Tor zur Freiheit gefeiert.

> »Die Freiheit vom Gehorsamszwang wird erkauft mit der Pflicht zur permanenten Optimierung und Selbstoptimierung. Die Macht, die Empowerment verspricht und verleiht, haben die Bemächtigten auf sich selbst zu wenden, und diese subjektivierende Faltung soll sie produktiver machen als äußere Autoritäten es je vermöchten«.

Und mit propagandistischem Gestus:

> »Kann man ernstlich etwas gegen Programme haben, die dazu verhelfen sollen, die eigenen Machtpotentiale zu erweitern, statt über Ohnmacht zu klagen, politische Entscheidungen aktiv mitzugestalten, statt in Untertanenmentalität zu verharren, Kontrolle über das eigene Leben zu gewinnen, statt den Regeln anderer zu gehorchen? – Wohl kaum.«[196]

Es ist die Chuzpe, jemanden als Wohltäter zu feiern, der einen anderen mit vorgehaltener Pistole zum Selbstmord zwingt. Wenn wir die »schwarze« Seite der »Anrufung« zur Selbstunterwerfung mit einbeziehen, die Zwänge, die Bedrohung mit der Aussonderung in die Überflüssigkeit, mit Hunger, Existenzvernichtung, Tod, so können wir in seiner Verbindung mit »Modernisierung« leicht Denkfiguren wiedererkennen, die in den Diskursen um »Zivilisation und Barbarei«, »Ambivalenz« und »Janusgesichtigkeit« der Moderne in den 1990er Jahren und bis heute eine große Rolle gespielt haben und spielen. Ihre Felder waren der Nationalsozialismus (dessen Modernisierungsfunktionen konsequent immer mehr ins Blickfeld geschoben werden) und die Barbareien des Jugoslawienkriegs. Diese Diskurse behandeln die »schwarzen Seiten« der Modernisierung, die Politik der Vernichtung, wie sie als Ausdruck der biopolitischen Bewirtschaftung des Sozialen im Nationalsozialismus durch Foucault und Agamben untersucht wurden.[197] Die biopolitische Bewirtschaftung des Sozialen mit ihren Formen der rassistischen und antisemitischen Feinderklärung und Vernichtung und der Aussonderung der Überflüssigen in der biopolischen Bewirtschaftung des Sozialen gehört als geschichtliche Erscheinung des Fordismus der Vergangenheit an. Nicht jedoch die neue schwarze Seite der Modernisierung in der tendenziell totalen Steigerung und Intensivierung des Griffs in die Seelen der Menschen. Die Diskussion über die Implikationen und Perspektiven der Verbindung von Barbarei und produktiver Modernisierung im postmodernen Zyklus steht dringend an, hat jedoch kaum begonnen.[198]

Die Vorstellung von sozialen Kämpfen, gar Klassenkämpfen im Feld der Arbeit werden in der Totalität des Sogs in die Selbstunterwerfung erstickt: Zustimmend zitiert Bröckling:

> »Selbstgesteuerte Gruppenarbeit macht Engagement und Beteiligung zur Pflicht. Für die arbeitenden Subjekte werden radikal veränderte Selbstdarstellungsnormen verbindlich. Sie können sich nicht länger legitim als Spielball von Prozessen, als Opfer oder Betroffene darstellen, sondern müssen sich – wenn sie sich nicht selbst von vorne herein auf der ›Verliererseite‹ verorten wollen – zeitgemäß als autonom agierende Subjekte präsentieren.«

Er fährt dann schlussfolgernd fort:

> »›Arbeiterautonomie‹, noch in den 60er und 70er Jahren eine klassenkämpferische Parole, die Fabrikbesetzer und Streikkomitees auf ihre Fahnen schrieben, hat den Ruch des Subversiven eingebüßt und ist zum Rationalisierungsinstrument mutiert ... «.[199]

Arbeit wird zur anthropologischen Kategorie eingeebnet, die widerstreitenden Akteure zu »der Mensch«.

> »Wenn die Arbeit mit dem Beginn der modernen Nationalökonomie ins Zentrum der Wissenschaft von Wert und Tausch der Güter rückt, so impliziert dies nicht nur einen epistemischen Umbruch ökonomischer Kategorien, sondern auch den Entwurf eines neuen Menschen, dessen Verlangen, dessen Leistungsfähigkeit, wie dessen Verausgabung zu offenen potentiell unbegrenzten Größen werden.«[200]

In allem also erweist sich Bröckling als propagandistischer Akteur der Zwangs- und Gewaltstrategien der Agenda 2010 in allen ihren sich totalisierenden, demütigenden, aussondernden und eliminatorischen Tendenzen.[201] Bröckling ist bei Leibe nicht nur Theoretiker. Er bringt sich in den Kontext strategischer

Diskurse ein, wie im Herbst 2007 in einem von der Regierung des Landes Brandenburg mit organisierten Kongress über »Empowerment«, in dem alle akademischen Größen präsent waren, denen man in der länderspezifischen Umsetzung der oben beschriebenen Zwänge zur Selbstunterwerfung begegnet.[202]

4. »Sozialistische Gouvernementalität«

Die Praxisrelevanz des Begriffs »Gouvernementalität« im strategischen Diskurs über postmoderne Unterwerfungs- und Inwertsetzungsoptionen ist damit nicht erschöpft. Und darin liegt in erster Linie die aktuelle Brisanz seiner Karriere. Wir haben oben schon darauf hingewiesen, dass die »Linkspartei« in die »Clusterstrategien« eingestiegen ist und den Widerspruch zur Agenda 2010 ökonomistisch auf das »Kleinklein« im Gerangel um Art und Höhe der Unterstützungsleistungen reduziert. Der konkrete historische Ort des »sozialistischen« Bekenntnisses zu den neuen Strategien des Zwangs zur Selbstunterwerfung im Begriff der »sozialistischen Gouvernementalität« war der Aufgalopp der »Linkspartei« in der Fusion von WASG und PDS im Jahre 2005. Mit einer Vielzahl von Aufsätzen und Buchbeiträgen versuchen diverse Autorinnen und Autoren diese Strategien in das Geflecht der Bewegungsinitiativen hineinzutragen. In dem propagandistisch »Die Zukunft ist Links!« aufgemachten PROKLA-Heft Nr. 141 (Dezember 2005) veröffentlichten bspw. Joachim Bischof, Hasko Hüning und Christoph Lieber einen Aufsatz unter dem Titel »Von der neoliberalen zur sozialistischen Gouvernementalität. Anforderungen an eine Rifondazione der Linken«. (S. 522) Unter Berufung auf verschiedene Theoretiker und Strategen der »Gouvernementalität«, unter ihnen auch Bröckling, fordern sie dazu auf, die neuen Formen gouvernementaler »Selbstführung« zur Grundlage einer »sozialistischen Gouvernementalität« zu machen, und zwar:

> » ... in allen gesellschaftlichen Bereichen, auch und gerade der Lohnabhängigen«. (S. 523)

Dieter Sauer zitierend heißt es:

> »Die Subjektivität der Beschäftigten – ehemals Störfaktor und oft illegale Kompensationsfunktion – wird jetzt zu einem produktiven Faktor und zu einer expliziten Aufforderung: ...«. (S. 523)

Sozialistische Selbstunterwerfung also. Offensichtlich ist dies nicht mehr als eine postmoderne Erneuerung des platten marxorthodoxen Bekenntnisses zur Fabrikgesellschaft, eine nachholende Eingliederung in die kapitalistische Offensive, die die realsozialistische Taylorisierung vor 80 Jahren auf neuem

Niveau reproduziert.

»Die sozialistische Plan- und Kommandowirtschaft stellt ihrerseits schon eine schlechte und unzulängliche Alternative zum Fordismus dar. Insofern muss an die heute entwickelten Formen von Selbstorganisation und Selbststeuerung angeknüpft werden, die sich inner- und außerhalb des Unternehmens herausgebildet haben«. (S. 534)

Selbstunternehmertum wird als Lernziel bejaht:

»In der oft aufgeherrschten Übernahme der Unternehmerperspektive können die Lohnabhängigen ihrerseits ein Wissen über den Zusammenhang von Produktivkraft, Kerngeschäft, Finanzialisierung und konkurrenzvermittelter Verteilung der Wertschöpfung ausbilden und sich für einen anderen Umgang mit der Produktivität gesellschaftlicher Arbeit und insbesondere eine andere Verteilung der Produktivitätsgewinne auf gesamtgesellschaftlicher Ebene sensibilisieren ... Diese sind die Grundlage ihrer Einmischung in die neuen marktorientierten Steuerungssysteme und die sich dabei entwickelnden Formen der Aneignung des Unternehmerischen.«

An anderer Stelle (in: Sozialismus 32. Jg., H. 10/2005) äußern sich Bischoff und Julia Müller in der Auseinandersetzung mit einem Beitrag von Katja Kipping und Roland Blaschke noch deutlicher:

»Durch Forderung und Anerkennung kreativer Leistung hat die moderne betriebliche Arbeitsorganisation längst damit begonnen, das Subjekt zurück in die Produktion zu holen, wo Teile der Linken noch gegen toyotistische Windmühlen anrennen. Auch Kipping/Blaschke bieten die Sicherheit der bloßen Existenz an, wo das kapitalistische Gesellschaftsmodell längst die ganze Person der Beschäftigten – ihre Emotionen und ihren Willen zur Leistung und Teilhabe – anspricht.«[203]

Am Schluss ihres Artikels nennen Lieber/Hüning/Bischoff die Speckseite offen, der dieser Wurst-Wurf gilt: die Vielfalt der linken sozialen Bewegungen, die es in die hegemoniale Struktur der Linkspartei als außerparlamentarisches Reservoir einzubinden gilt. Der Angelpunkt dieser Gouvernementalitäts-Propaganda wurde in der Rede Lothar Biskys auf dem Parteikongress im Dezember 2005 deutlich, die das Liebeswerben um dieses Reservoir überdeutlich und fast poetisch zum Ausdruck brachte.[204]

Dies sind Initiativen, das Projekt der Zwänge zur Selbstunterwerfung als neue Ressource der Produktivität weit nach links zu treiben und außerparlamentarische Linke bis in die linksradikale Szene hinein in ihren Dienst einzuspeisen. Exemplarisch sei hier Thomas Seibert genannt, der als Mitgründer und Kader der sogenannten »interventionistischen Linken« nicht nur für reformistisch orientierte, sondern auch für linksradikale Bewegungen nach Realo-Optionen einer »Komplizenschaft« mit der Linkspartei sucht:

> »Kann es hier eine Komplizenschaft zwischen der moderaten und der radikalen Linken geben, müsste es nicht eine solche geben, jenseits steriler Denunziationen »reformistischer« Beschränkung oder »revolutionärer« Staats- und Realitätsferne? Wie wäre auf beiden Seiten das Vertauen in die Möglichkeiten einer solchen Komplizenschaft zu schaffen?«[205]

Nachdem die Grünen als hegemoniale Avantgarden große Teile der »alternativen« Linken in den Transformationsprozess des Kapitalismus eingebracht hatten, setzen neue hegemoniale Kräfte dies im Versuch der Einbindung radikaler Linker in die Weiterentwicklung der »Agenda« fort.

5. Sicherheit, Feinderklärung, Antiterrorismus

Es sind die auf einen langen Zyklus der Gewalt angelegten Zurichtungsstrategien des Taylorismus und Fordismus bis in ihre Vergesellschaftung hinein, die den Hintergrund für seine Kriminalisierungs-, Repressions- und Sicherheitsstrategien bilden und sie verständlich machen. Im aktuellen Sicherheitsdiskurs sind hierzu sehr präzise Vorstellungen entwickelt worden. Er bezieht ihre aktuellen Entwicklungen bis hin zum Feindstrafrecht und Terrorismusverdikt auf die Dynamik des Umbruchs zur »Wissensgesellschaft« wie ich sie oben beschrieben habe. Leitvorstellung ist dementsprechend die »Entgrenzung« im Begriff der »erweiterten Sicherheit«. Sie wird nicht nur militärisch und im Durchbruch durch die institutionell abgesicherten Grenzen zwischen Bundes- und Landespolizei, Verfassungsschutz und Geheimdienst und im inter- und intrainstitutionellen Informations- und Datenaustausch gesehen und analysiert, sondern auch in den neuen Tendenzen der vertieften »Lebensformkontrolle«.

> »Die neuen Verbindungen von staatlich öffentlichen, privatwirtschaftlichen und kommunitären Institutionen ergeben eine Allianz aus Sicherheitsherrschaft und Lebensformkontrolle.«[206]

Die Sicherheitsstrategien richten sich auf präventive »Bevölkerungskontrolle«.

> »In der Bevölkerungskontrolle ist das Polizieren nicht mehr auf das Individuum ausgerichtet. An seine Stelle tritt die Bevölkerung insgesamt und spezielle Gruppen von Menschen im Besonderen, die auf der Grundlage von statistisch ermittelten Risiken beobachtet, kontrolliert und sanktioniert werden …«

und gegebenenfalls zum Gegenstand »moralischer Kreuzzüge« gemacht werden.[207] Symptomatisch sind Initiativen der Umstellung des strafrechtlichen

Schuldbegriffs auf »Lebensführungsschuld«.[208] Wenn Lebensform und Alltag zu den Feldern der Selbstinwertsetzung gehören, dann gehören ihre Risiken, Verweigerungen und Störungen auch zum Einsatzfeld neuer Strategien der Sicherheit und der Feinderklärung: »Das kriminalpräventive Interesse verlagert sich von der tat- und täterbezogenen Reaktion hin zur möglichst risikoarmen Gestaltung von Alltag«.[209] Die neue Etappe im Prozess der Selbstrationalisierung der Lebensführung, in dem Fremdzwänge schubweise in Selbstzwänge umgewandelt werden, muss daher nicht nur Kontrolle ausüben, sondern den Risikopotentialen und Störungen im alltäglichen Prozess der Selbstrationalisierung und -unterwerfung präventiv begegnen. Es ist auf dem Hintergrund der wissensgesellschaftlichen Blockierungen und Krisenphänomene, die wir oben behandelt haben, auch im sicherheitsstrategischen Diskurs von einer »Krise des Wissens« die Rede.[210] Dabei geht es in der Bewirtschaftungsform der »Selbstformierung« nicht nur allein um Informationen. So wies August Hanning als Präsident des Bundesnachrichtendienstes darauf hin, dass die »aktuellen und perspektivischen Bedrohungspotentiale ... durch eine enorm gestiegene Komplexität und Vielfalt« gekennzeichnet seien, die er nur für bewältigbar hält, wenn mit »integrierten und interdisziplinären« Arbeitsweisen »die neuen Informationsbedürfnisse« befriedigt würden. Erforderlich hält er ein »globales sicherheitspolitisches Denken«.[211] In diesem Zusammenhang geht es nicht nur um Vernetzung, sondern es geht um das Eindringen in soziale Zusammenhänge. So zielt der Ansatz des »Community Policing« auf die »gemeinsame Anstrengung zwischen der Polizei und der Gemeinde, um Probleme der Kriminalität und Unordnung zu identifizieren, wobei alle Akteure der Gemeinde Lösungen für Probleme suchen. Es basiert auf engen, von gegenseitigem Nutzen geprägten Beziehungen zwischen der Polizei und den Mitgliedern der Gemeinde«.[212] Diese Hybridisierung und Entgrenzung staatlicher und privater Sicherheitspolitik bezieht immer mehr Akteure ein und geht in immer neue Tiefen der gemeinsam betriebenen Prozesse des Wissens in der Doppelbedeutung von Wissensgewinnung und Wissensformung. Wissenschaften, Sozialarbeiter, Kirchen, kritische Linke werden (wie wir aus der Praxis der runden Tische wissen) konsequent in eine »Enthoheitlichung« der inneren Sicherheit einbezogen. Dies ist auch das Feld der inzwischen in die Tausende gehenden Sicherheitspartnerschaften zwischen Polizei und Privaten. Ein Bereich, der in der letzten Zeit besonders wichtig geworden ist, ist die »hybridisierte« Zusammenarbeit zwischen Universitäten, Schule und Polizei, vor allem, aber nicht nur in sogenannten »problematischen« Schulen mit hohem Anteil von Kindern mit »Migrationshintergrund«.

Es ist also die allgemeine Krise des Wissens über Ressourcen und Blockierungen der abgeforderten Selbstaktivierung, die nicht nur der Entwicklung von Sicherheitsstrategien, sondern auch dem »Antiterrorismusdiskurs« besondere Bedeutung verleihen. Genau dies war Hintergrund besorgter Anfragen – sogar aus gewerkschaftlichen Kreisen, ob und wann die Neuformulierung des § 129 a StGB Widerstand in die Reichweite des Terrorismusverdikts bringen solle. Die weite Fassung korrespondiert mit dem entgrenzten Sicherheitsbegriff und zugleich mit den oben berührten Formulierungen der Voraussetzungen kriegerischer und antiterroristischer Intervention in den genannten kriegspolitischen Sicherheitsdoktrinen. Danach reicht es schon aus, *»die Bevölkerung auf erhebliche Weise einzuschüchtern, eine Behörde oder internationale Organisation rechtswidrig mit Gewalt oder durch Drohung mit Gewalt zu nötigen oder die politischen, verfassungsrechtlichen, wirtschaftlichen und sozialen Grundstrukturen eines Staates oder einer internationalen Organisation zu beseitigen oder erheblich zu beeinträchtigen ...«*, denn »Grundstrukturen« sind heute ja die verschiedenen organisatorischen und strategischen Ausprägungen der Selbstaktivierungsimperative. Gefährdungen bestehen in den Reaktionen auf die Prozesse schöpferischer Zerstörung, der Verunsicherung, der Aussonderung und Ausgrenzung und den verschiedensten Formen sozialer Selbstbehauptung. Eine Reihe von Analysen der letzten Jahre behandeln Erscheinungen des metropolitanen islamischen Terrorismus in diesem Referenzrahmen. Der niederländische »Terrorforscher« Edwin Bakker hat in einer Auswertung der Lebensläufe von über 200 »Dschihadisten« Erkenntnisse früherer Studien noch einmal bestätigt. Die Verunsicherung unter den Schocks der Veränderung führten zu Sinn- und Identitätskrisen und Gefühlen der Entwurzelung, die in radikale Bekehrungserlebnisse umschlugen.[213]

Auf den Hintergrund des alltäglichen existenziellen Antagonismus zwischen Subjektivität und Selbst in der Auseinandersetzung mit den vertieften Managementstrategien der Unterwerfung und ihrer sicherheitspolitischen Absicherung muss man auch die aktuellen Initiativen der Feinderklärung in den Terrorismuskonzepten und im Terrorismusdiskurs einbeziehen. Tradierte Vorstellungen von Überwachungsstaat und Repression sind gestrig. Heiligendamm war sicherlich das Exerzierfeld einer entgrenzten Sicherheitsmaschinerie, in der sich Militär, das antiterroristische Instrumentarium und die Techniken von Entrechtung und Demütigung (der Vergleich mit Guantanamo war in der Zielrichtung nicht weit hergeholt) sowie schließlich versuchsweise Allianzen mit reformistischen Bewegungskadern bündelten. Das Spiegelinterview mit Generalbundesanwältin Monika Harms enthüllte auch die Bestrebung, die Antiterrorismusstrategien in die verschiedenen Felder massiv auszuweiten – nicht nur auf die Antiglobalisierungsbewegung, sondern auch auf soziale Widerstandsformen, Sachbeschädigungen etc.[214] Der Bundesgerichtshof hat in seinen neuen Entscheidungen allenfalls die Marschgeschwindigkeit, nicht jedoch die Marschrichtung korrigiert. Nicht nur Innenminister Schäubles Vorstöße, sondern auch die Debatte um die Wahl Horst Dreiers zum Vizepräsidenten des Bundesverfassungsgerichts haben Bestrebungen offengelegt, die Menschenwürde aus dem absoluten Schutz auch vor Folter herauszuholen und disponibel zu machen: in Rechtsfiguren der »Würdekollision« etwa zwischen dem Anspruch des Bedrohten und des »feindlichen Gefährders«.[215] In die Antiglobalisierungsbewegung fließen – wenn auch leider vielfach nicht besonders artikuliert – Alltagserfahrungen aus den verschiedenen sozialen Fronten ein, die den Gegenstand dieses Buches bilden. Wenn es auch wünschenswert wäre, dass ihre Artikulation sich den verschiedenen Fronten in der Arbeit, an den Hochschulen und Schulen, der Arbeitsvermittlung und der Psychiatrie genauer zuwenden möge, die Sicherheitsstrategen jedenfalls, die das antiterroristische Instrumentarium nur als Spitze des erweiterten Sicherheitsdispositivs sehen, haben all dies im Blick.

Viel deutlicher noch wird dies aus den aggressiven Initiativen im Rahmen des Antiterrorismusdiskurses mit seinen neuen sozialen Feinderklärungen erkennbar. Ich möchte das exemplarisch an der Kampagne demonstrieren, die seit langem und forciert, insbesondere die Gelegenheit des Jahres 2007 in der Erinnerung des heißen Herbstes nutzend, den Diskurs über »die RAF und der linke Terrorismus« betreibt: die Kampagne aus Jan Philipp Reemtsmas Institut für Sozialforschung mit seinen Mitarbeitern Heinz Bude und Wolfgang Kraushaar. Um sie gruppieren sich verschiedene Strömungen der »neuen Gewaltsoziologie« aber auch Gouvernementalitätstheoretiker wie Bröckling. Reemtsma und seine Freunde haben die Dimensionen, in der sich die Subjektivität existenziell gegen die Formen unterwerfender Gewalt artikuliert, voll im Blick. In einem Aufsatz aus dem Jahre 2005 unter der Überschrift »Was heißt ›die Geschichte der RAF verstehen‹?« verortet Reemtsma den »Terrorismus« im »Wunsch nach Authentizität«, die Grund einer »Krise im Verhältnis psychischer und sozialer Systeme« bilde. In sozialen Systemen, die für den Einzelnen nur noch eng definierte Positionen im Funktionssystem bereithalte, diene

> »die Schaffung der Idee des Individuums ... dazu, die damit verbundenen Strapazen und Unsicherheiten zu kompensieren ... denn jedes Subjekt ist mit jedem anderen gleich qua Mensch. Das ist einmal eine ungeheure

> Aufwertung: der Einzelne repräsentiert sich und gleichzeitig die gesamte Gattung ... zudem hat die pathetische Idee der im Einzelnen repräsentierten Menschheit eine Kehrseite, die der Bedeutungslosigkeit in der großen Zahl ... es ist immerhin ein Subjekt (und nicht bloß ein Objekt) und hat Anspruch darauf, entsprechend behandelt zu werden. Mit dem Subjektbegriff wird für Autonomie und gegen Heteronomie, für Emanzipation und gegen Manipulation votiert.«[216]

Wie damit umgehen? Reemtsma entwickelt dazu eine Konzeption aus dem modernen Mentalitätsmanagement:

> »Man kann aus dieser Überlegung den Schluss ziehen, dass das Konzept des autonomen Subjekts bzw. der Individualität seinerseits nicht allzu sehr strapaziert werden darf. Es bedarf auf jeden Fall eines kompetenten Managements ... Es müssen massenhafte Distinktionsmöglichkeiten, Autonomiemasken sozusagen offeriert werden ... .«[217]

Das beharren auf Authentizität, Autonomie und dem eigenen Selbst sieht Reemtsma als Grund des Terrorismus und des terroristischen sozialen Umfelds:

> »Keine terroristische Gruppe könnte sonderlich erfolgreich sein, ohne solche verständnisvollen Dritten, die die Sehnsüchte nach Authentizität, unentfremdetem Leben sowie Undifferenziertheit und Dummheit teilen, sich aber nicht trauen, selber zuzuschlagen, und darum von der terroristischen Gruppe verachtet werden.«

»Funktionale Differenzierung«, »Autonomiemasken«, die »Bedeutungslosigkeit der großen Zahl« sind leicht als strukturalistische Kürzel (Reemtsma bezieht sich auf Luhmann) der fordistischen Unterwerfungsstrategien auszumachen. Hinter dem Verständnis ihrer »Krise« im Verhältnis zu »psychischen und sozialen Systemen« (das meint Menschen) verbirgt sich die ganze Breite revoltierender Subjektivität in allen gesellschaftlichen Bereichen, so wie sie oben skizziert wurde. Natürlich hütet sich Reemtsma, sie zu benennen. Er beschränkt sich auf Avantgardephänomene, die ohne diesen Bezug mit einer auf sich selbst beschränkten Suche nach existenzieller Authentizität in der Luft hängen. Reemtsmas Terrorismusverdikt prügelt die RAF und meint die soziale Revolution. Nur in dieser propagandistischen Verkürzung funktioniert der Antiterrorismusdiskurs und das gilt allgemein und ist nicht auf die Propagandatruppe Reemtsmas beschränkt.

Aber diese Truppe operiert arbeitsteilig. Heinz Bude geht es in seinem Aufsatz »Erbschaft dieser Zeit. Die RAF und die Geschichte der Bundesrepublik« um das Gesamtspektrum der Sozialprozesse.[218]

»Dazu ist es aber nötig, einen konkreten, der Vielgestaltigkeit des Geschehens gerecht werdenden Begriff der Zäsur und des Traumas von 1968 zu haben. In diesem Sinne soll je die Frage nach dem Terror aus der Studentenbewegung gestellt werden.«

Er ist kein Befürworter der Theorie des »Verendens von 68 in der RAF«, ganz im Gegenteil:

»So sehr diese Beschreibung eines Verendens von 68 in der RAF einleuchtet, so unterschätzt sie doch die Linie, die aus dem Lebensgefühl und dem Denken von 68 mit einer gewissen inneren Konsequenz zum Terror im Namen der Bevölkerung führt. ... Es gab die esoterische Rede von Ableitun gszusammenhängen, Ausbeutungsverhältnissen und Reproduktionslogiken, aber der Erfolg der Bewegung beruhte auf den neuartigen Techniken der gezielten Regelverletzung und der militanten Herausforderung. Es ging um die Ausbreitung einer anderen Macht, die nicht der traditionellen Aufmarschordnung gehorchte, sondern aus einem Durcheinander einzelner, zufälliger und lokaler Provokationen bestand. Deshalb konnte die ›andere Seite‹ der Bewegung auch so schwer habhaft werden.« »Das antiautoritäre Bewusstsein war von Anfang an durchsetzt von Phantasmen des Terrors ... Es ist ein Existenzbegriff der Individualität und ein Kampfbegriff der Praxis, die hier für den Begriff einer Emanzipation in Anschlag gebracht werden ... .«[219]

»Nur durch die Errichtung von ›Basen für ein experimentelles Leben‹ kann der ›Lüge im ganzen Leben‹ widerstanden werden.«

Und auch er verbindet das Terrorismusverdikt mit der Behauptung der Nachfolge des Nationalsozialismus.

»Die Geschichte der RAF in der Helmut-Schmidt-Ära der 1970er Jahre führte der Bundesrepublikanischen Gesellschaft vor Augen, dass 1968 nicht nur eine Zäsur, sondern auch ein Trauma der Nachkriegsentwicklung darstellt. Wer in der Nachfolge des Nationalsozialismus aufs Ganze geht, endet im politischen Wahnsinn.«[220]

Es wäre allerdings absurd, zu glauben, diesen Propagandisten des Antiterrorismus ginge es allein um die Widerstandsformen und Revolten der 70er Jahre und allein um die Umprägung der Geschichte. Noch absurder wäre die Vorstellung, sie rechneten mit ihrem Wiederaufflammen. Das Institut ist voll auf der Höhe der aktuellen Offensive. Bude hat mit viel Wohlwollen den Weg der Flakhelfer-Generation aus der nationalsozialistischen Prägung in die Anfänge der Bundesrepublik verfolgt. Später hat er der Hoffnung auf den »unternehmerischen Unternehmer« im Sinne Schumpeters bei der Rückeroberung bedrohter weltpolitischer und weltmarktpolitischer Positionen

Raum gegeben. Heute geht er intensiv den Zusammenhängen zwischen neuer Elitebildung und neuen Formen der Aussonderung in die Überflüssigkeit nach.[221] Sie wissen wie wir, dass der Antagonismus eine völlig neue Stufe erreicht hat und Logik und Subjektivität der Revolten einen Charakter entwickeln, der mit den 70er Jahren nur noch wenig gemein haben kann. Im Fadenkreuz sind die Lernprozesse und Rückbindungen über die Brüche hinweg und im vollen Bewusstsein ihrer Geschichtlichkeit im epochenübergreifenden Wissen der fundamentalen Auseinandersetzung der Subjektivität mit den kapitalistischen Formen der Unterwerfung, die sich zu den Zwängen der Selbstunterwerfung verschärft. Ebenso wie Bude, nur etwas plumper, lässt auch Kraushaar erkennen, dass es ihm um die Zukunft, nicht um die Vergangenheit geht. Vorrangig scheint er sich historisch um den »Zusammenhang zwischen der 68er-Bewegung und der RAF« zu bekümmern.[222] Aber nach Seattle hat er die Nähe zwischen fundamentalistischem Terrorismus und der Antiglobalisierungsbewegung suggeriert.

Dieser Initiative gegenüber scheint der Antiterrorismusdiskurs aus Anlass der Erinnerung an den »Deutschen Herbst« nur ein grobes Raster über die Geschichte zu legen. Auf der anderen Seite erscheinen hier aktuelle wissensgesellschaftliche Momente: nachdem die gewendeten 68er im Umfeld der Grünen in ausgedehnten Reue- und Geständniszeremonien Buße für die 70er Jahre geleistet haben, soll nunmehr im Wege des Geständniszwang und der Selbstoffenbarung Wissen über die Verwirklichung, Organisationsformen und Mentalitäten von Radikalisierungsprozessen erschlossen werden. Das mag bei einzelnen Protagonisten persönlich nicht im Vordergrund stehen, aber es korrespondiert mit den postfordistischen Erschließungsstrategien von »Wissen«. Mit atemberaubender Aggressivität bringt der emeritierte Ordinarius für öffentliches Recht und Rechtsphilosophie der Universität Mannheim, Gerd Roellecke, dies in einem Beitrag zur Ausgabe der FAZ vom 01.12.07 zum Ausdruck:

> »Wer erheblichen Schaden verursacht und dann nicht darüber reden will, den kann man nur laufen lassen, wegsperren oder töten. Ihm gegenüber ist das Strafrecht offenkundig ein Pappschwert. Auch das Strafverfahren verlangt eine Mitwirkung der Täter.«

Um dann in entsprechender Weise das Verbot von Folter und Opferung Unschuldiger zu relativieren. Schon im Sommer 2005 zogen die G8-Minister den Plan einer konzertierten Datenerhebung über Terrorismus wesentlich weiter. Der amerikanische »home-secretary« Minister Charles Clarke erklärte, dass das Forschungsprogramm alle möglichen Quellen zur

Frage der Rekrutierung zum Terroristen erforschen solle bis in die Analyse »von Grund auf, wie das passiert und warum es passiert. Wir wollen dichter ans Verständnis heran, was die Motivation für Terrorismus ausmacht. Wir sind der Meinung, dass die Bedrohung durch Terrorismus sich ändert und wir müssen verstehen, wie wir damit umgehen.«[223]

VII Schlussfolgerungen und Ausblick

Mehr noch als der Angriffscharakter dessen, was wir »Fordismus/Taylorismus« nennen, nötigen die Erfahrungen mit den Clusterstrategien dazu, unsere methodischen Vorverständnisse zu radikalisieren und auf die Höhe der aktuellen Auseinandersetzungen zu bringen. Das heißt: das, was Reformismus und Marxorthodoxie theoriestrategisch als Feld des Fortschritts der Produktivkräfte ausgespart und damit als Terrain der Selbstverwirklichung ihrer Eliten geöffnet haben, ist das ureigenste Feld des sozialen Antagonismus. Das Kapital »schöpft« den Wert nicht in einer engen wertgesetzlichen Mechanik, es schöpft den Wert auf sich ständig historisch verschärfende Weise aus den Techniken der Bemächtigung, der Unterwerfung und den Zwängen zur Selbstunterwerfung subjektiver, »immaterieller« Ressourcen. Es schöpft den Wert im sozialen Krieg. Seine Widersprüche manifestieren sich nicht zwischen den chaotischen Zwängen des Tauschs und den Segnungen des Produktivkraftfortschritts. Seine Frontlinien verlaufen zwischen den historischen Innovatoren wertschöpfender Unterwerfung und dem praktischen Widerspruch einer prozessierenden Subjektivität, die ihre moralische Ökonomie, ihre Identitäten, ihre gesellschaftlichen Formen in der Auseinandersetzung mit ihnen hervorbringt – auf historisch jeweils neuem Niveau. Gegen die ärmlichen Versteinerungen als kapitalistische Beute der Zugriffe ins Subjekt (propagandistisch als »Subjektivierung« gefeiert), entwirft sich ihr Reichtum zu immer neuen Gestalten. Seine Unerschöpflichkeit ist der Grund des Weltprozesses, der offenen »emergenten« Produktivität der Geschichte. Rückblickend zwingt sie uns auch, die Fragen an die Geschichte, auch an die Geschichte der Theorie immer neu zu stellen. Auch an Marx, an Rosa Luxemburg, an Maria Spiridonova und die linken Sozialrevolutionäre Russlands, an uns selbst. Das, was wir als Akteure vergangener Auseinandersetzungen einmal gewusst haben, ist heute infrage gestellt. Wir werden uns selbst aus der Perspektive der heutigen Kampfprozesse neue Fragen stellen müssen.

Diese Perspektive hat auch die alten Dichotomien von »Theorie« auf der einen und »Praxis« auf der anderen Seite aufgehoben. Es gibt keinen archimedischen Punkt außerhalb des Kampfzusammenhanges, von dem aus die Welt, die Wirklichkeit als Objekt beobachtet, gedeutet, analysiert, erkannt werden könnte. Die Subjekte dieser Analyse sind alle Teil dieses Prozesses, sie begegnen sich in Wissen und Gegenwissen. Der Anspruch, diese oder gar die Notwenigkeit des Handelns aus »Theorie«, aus Diskursen in Theoriezusammenhängen einer linken scientific community, Stiftungen, Instituten zu gewinnen, ist absurd. Aber wie formt sich Gegenwissen? Auch der Impuls zum Handeln entsteht aus den eigenen Wünschen, auch denen nach Freiheit, Emanzipation, Gerechtigkeit. Indessen: Handeln und Erkennen nehmen notgedrungen ihren Ausgang von begrenzten Horizonten der Erfahrung. So ist Gegenwissen immer darauf angewiesen, sich die globale Wirklichkeit der Fronten zu erschließen. Und das geht hilfsweise auch über Bilder, Erzählungen, Berichte, die Kenntnis strategischer Entwürfe, Projekte auch aus dem Bereich des gegnerischen »Wissens«, den globalisierenden Strategien der »Wissensgesellschaft«. Denn wenn auch die begrenzten Horizonte der eigenen Praxis für die Orientierung und das Gespür bei der Suche unerlässlich sind, so können wir uns ihrer Bedeutung doch nur im Kontext des globalen Antagonismus vergewissern.

Auf diese Erweiterung und Vertiefung des Horizonts sind wir vor allem angewiesen, um den unheilvollen Fallstricken der Begrenzung von Zielsetzungen und Diskursen zu entgehen. Viele von ihnen sind geprägt von Reduktionismen, die die Tiefe und Komplexität der Kämpfe um entscheidende Aspekte verkürzen. Dazu gehört die Unterschlagung des Angriffscharakters des neuen Managements der Zwänge zur Selbstunterwerfung und der grundlegenden Bedeutung kämpferischer Subjektivität. Dazu gehört die Beschränkung der Handlungsagenda auf partikulare ausgewählte Gesichtspunkte wie die rein ökonomische Seite der Reichtumsverteilung und des Marktes, die Beschränkung auf Fragen internationaler Zoll-, Steuer-, Zins- und Schuldenpolitik. Dazu gehört die Reduktion des Kampfs auf Zielsetzungen von globalen Rechten und Forderungen. Unheilvoll ist sie, weil derartige Verkürzungen historisch immer die Pflastersteine auf dem Weg in eine Erneuerung des Reformismus und seiner Funktion gewesen sind, die Inwertsetzungsstrategien durchsetzen zu helfen.[224] Dies ist weniger harmlos, als es manchen scheinen mag. Es macht die Rechnung ohne Berücksichtigung ihrer Dynamik. Wenn die Annahme vieler Wirtschaftshistoriker richtig ist, dass die grundsätzlichen Entfaltungsprofile der Anfangsetappen der fordistischen und der postfordistischen Globalisierung große Ähnlichkeiten aufweisen, dann würden diese reduktionistischen Strategien zugleich den Weg ebnen helfen in die nächsten Etappen einer blutigen Globalisierung ihrer sozialtechnischen Inwertsetzungsimperative. Joschka Fischers einleitend zitierte Bemerkungen enthalten keine Feststellung zur Gegenwart, sondern eine Drohung mit der blutigen Zukunft, der Innovationsfunktion von Krieg und Agenda. Der reformistische Progressismus vor dem ersten Weltkrieg hatte seine »schwarze Seite«, wie neuere Forschungen vor allem aus den USA belegen. Auf seine Kappe gingen nicht nur die Anfänge der Sozialarbeit und des Empowerment, sondern zentrale Impulse in der Rassenhygiene als Formen der sozialen Feinderklärung. Nun mögen die Energien der Grünen und Joschka Fischers nach Umsetzung in der Anfangsphase postmoderner Kriege verbraucht sein. Der Bedarf des Kapitals an reformistischer Absicherung wird nunmehr von neuen Akteuren bis tief in die Linke hinein getragen. Seine Diskursprojekte und Akteure sind nicht auf die Linkspartei und die sie unterstützenden Eliteformationen sogenannter »sozialer Bewegungen« beschränkt. Wir müssen darauf drängen, die Verkürzungen zu durchbrechen: in der Auseinandersetzung mit den Strategien des Clusters auf der Suche nach übergreifenden praktischen Zusammenhängen, in der Orientierung am Prozess des weltweiten Antagonismus.

Dabei wird es wesentlich auf die Auseinandersetzungen in den drei Kontinenten ankommen. Im Bezug unserer Kämpfe zu ihnen liegen die Hoffnungen begründet, den blutigen Weg der globalisierenden Umsetzung des Inwertsetzungszugriffs aufzuhalten. Die Hoffnung ist nicht unbegründet. Das Terrain seiner Begierden ist nicht seins. Die Brücken ins Innere sind brüchig und unsicher. Die »innere Kündigung« liegt näher denn je. Und die existenzielle Selbstbehauptung und Emanzipation hat die Suche nach ihrer Sprache, nach einer gemeinsamen Sprache in dieser Epoche gerade erst begonnen.

Gerald Geppert

Global Player und clusterorientierte Regionalisierung

Die Volkswagen AG und die Region Südostniedersachsen

»Denn eigentlich ist die Stadt keine Stadt, sondern eine Firma.«[1]

»Dieser Konzern stellt etwas her, nach dem wir uns alle sehnen: eine bessere Welt. Eine, in der Natur und Technik in fröhlicher Eintracht existieren. Eine, in der die Kultur nicht das Mauerblümchen, sondern der Humus ist, auf dem alles gedeiht.«[2]

»Nachdenken über Wohlstand würde eine andere Blickrichtung erfordern: weg vom Kuchen, hin zur Bäckerei.«[3]

Die Entwicklung des Clusteraufbaus in Wolfsburg erfolgte als Antwort auf die Krise der Autoindustrie Mitte der 1990er Jahre. Die Vorarbeiten reichen jedoch bis Ende der 80er Jahre zurück. Bereits 1994 wird mit »reson« eine institutionalisierte Form der Clusterentwicklung begründet, aus der die ersten operativen Schritte des Clusteraufbaus hervorgehen.

In der Öffentlichkeit und in der Linken wird dies kaum wahrgenommen. Erst mit dem Konzept »AutoVision« 1998 und vor allem mit dem Projekt »Auto 5000« von 2001/2002 an werden Teile des Clusteraufbaus in der Öffentlichkeit registriert. Das Feld der Auseinandersetzung wird jedoch fast ausnahmslos von BefürworterInnen und StrategInnen der Clusterpolitik besetzt. Mit Ausnahme gewerkschaftlicher Kreise und der sogenannten kritischen Industriesoziologie, die jedoch allesamt in die Clusterplanungen und -konstruktionen eingebunden sind, gibt es in der Linken bisher keinerlei Auseinandersetzung mit der Clusterpolitik – weder mit der in Wolfsburg noch der bundesweiten. Eine kritische Bestandsaufnahme des Clusteraufbaus in Wolfsburg fehlt daher bislang vollkommen.

Dies ist umso bemerkenswerter, als die Clusterentwicklung in Wolfsburg eine Neugründung der Region in einem nachholenden Modernisierungsprozess darstellt, der sämtliche sozioökonomischen Beziehungen und Ressourcen umfasst. Organisiert und durchgeführt wird dieser Prozess als Kooperationsprojekt zwischen staatlichen Instanzen und der privaten Wirtschaft mit dem VW-Konzern als dominierendem Akteur.

Die Clusterpolitik in Wolfsburg definiert die gesamte Region Südostniedersachsen (im weiteren SON) mit ihren humanen, sozialen, räumlichen und produktiven Ressourcen zu einem produktiven Raum, der einen komplexen Wertschöpfungszusammenhang bildet und der auf die Weltmarktstrategien des Global Players VW ausgerichtet ist. Dieses Reengineering[4] einer ganzen Region umfasst tendenziell sämtliche Bereiche der Produktion und der Reproduktion gesellschaftlicher Strukturen – von der Wiege bis zur Bahre –, die damit gezielt für eine weitere kapitalistische Durchdringung zugerichtet werden sollen. In ihrem Kern entpuppt sich die Clusterpolitik als eine neue Form der »Menschenbewirtschaftung« einer Region. Das regionale Human- und Sozialkapital soll durch neue Aktivierungs-, Selbstaktivierungs- und Selbstdisziplinierungszwänge unterworfen werden. Dazu werden neue gesellschaftliche Institutionen, Kontroll-, Steuerungs- und Herrschaftsmechanismen benötigt, die in diesem Prozess ebenfalls neu erschaffen werden müssen. Nichts soll mehr dem Zufall überlassen bleiben. »Clusterpolitik« lässt sich als eine Antwort auf die gesellschaftliche Krise in der BRD dechiffrieren, die mit dem »Ende des Fordismus« und der »Revolution der Erwartungen« aufbricht (siehe den Artikel von D.H. in diesem Heft).

Wolfsburg gilt heute als »das Soziallabor Deutschlands« (Süddeutsche Zeitung). Der Clusteraufbau in Wolfsburg/SON wird als »Säuretest der Regionalentwicklung« in Deutschland verstanden.[5] Der Clusteraufbau in Wolfsburg gilt als so erfolgreich, dass er mittlerweile paradigmatische Bedeutung für die gesamte Clusterpolitik in Deutschland bekommen hat. In Niedersachsen wurde die seit Anfang der 1990er Jahre initiierte Regionalisierung der Landesentwicklungspolitik im Jahr 2002 mit dem sogenannten Niedersachsen-Projekt[6] komplett auf die Förderung regionaler Entwicklungspolitik umgestellt, die sich auf sektorale Wachstumskerne – Cluster – konzentriert. Dazu ist das Land in elf Regionen und diese wiederum in drei Regionstypen[7] unterteilt. Das Projekt wird von der Unternehmensberatungsgruppe McKinsey begleitet. Es orientiert sich explizit an den vorbildhaften Clusteransätzen der Regionen Wolfsburg, Dortmund und dem Land Baden-Württemberg.

Der Erfolg der Clusterpolitik in Wolfsburg führte direkt in die Umgestaltung der gesamten Sozialpolitik in Deutschland: Das Wolfsburger Modell kann als Prototyp der Hartz-Reformen angesehen werden, die hier ihren Probelauf erlebten. In der Organisation des Clusters als staatlich-privates Kooperationsprojekt wiederholt sich die Geschichte der Region. Die Industrieregion SON entstand als Modellindustrialisierung des Nationalsozialismus, in der die nationalsozialistische »Volksgemeinschaft« planmäßig, hier im Rahmen des Programms der »Volksmotorisierung«, inszeniert wurde. Die NS-Strategen planten die Region am Reißbrett und begannen mit der Umsetzung ihrer Vorstellungen, die nach dem Krieg in modifizierter Form vollendet wurden. Heute wird die Region in einem Prozess des »learning-by-doing« neu erfunden. Historisch wie aktuell handelt es sich um Pilotprojekte einer Modernisierung, die sowohl auf die industriellen als auch auf die sozialen Beziehungen abzielt.

I Die Autoindustrie und die Krise der Autoregion

1. Makroökonomische Trends der Autoindustrie

Die Autoindustrie ist weltweit noch immer der dominierende industrielle Sektor kapitalistischer Entwicklung. Jährlich werden hier 10% des Bruttosozialprodukts der reichsten Länder erzeugt; 15% der weltweiten Stahl-, 25% der Glas-, 50% der Gummiproduktion und durch die Nutzung des Autos fast 50% der Erdölproduktion verbraucht. Dabei werden 80% aller Fahrzeuge in den USA und Europa verkauft, und 70% aller Fahrzeugverkäufe von den sechs großen Firmen General Motors, Toyota, Ford, Renault/Nissan, VW und DaimlerChrysler getätigt.

Seit ungefähr dem Jahr 1993 stagniert der PKW-Absatz auf allen Märkten der Triade (USA, EU, Japan). Allein China bildet einen gewichtigen Gegenpol. 2004 sind hier mit über fünf Millionen Fahrzeugen erstmals mehr Autos verkauft worden als auf dem deutschen Markt.

Ein weiteres Wachstum ist angesichts des bestehenden Fahrzeugbestandes nicht zu erwarten. Absatzzuwächse sind nur noch auf Kosten anderer Produzenten möglich. Ein neues Auto wird zumeist erst dann gekauft, wenn das alte Auto kaputt oder zu alt ist und es daher ersetzt werden muss. Dementsprechend entfielen 2004 90% der Verkaufszahlen auf diesen Ersatzbedarf (1970 waren dies nur 50%).

Die Reaktionen der Autohersteller bestehen vorrangig darin, immer schneller und kostensenkender zu produzieren und immer kostengünstiger zu verkaufen. Preisnachlässe, Ratenkäufe mit langen Finanzierungsfristen, Benzingutscheine, Inzahlungnahme der alten Autos sind nur einige Beispiele für diese Verkaufsstrategien. Bei der Kostensenkung der Produktion geht es wesentlich um die Verlängerung der Arbeits- und Maschinenlaufzeiten, um die Höhe der Sozialabgaben und die betrieblichen Rentenfonds und – selbstverständlich – um die Lohnhöhe. Die Produktionskapazitäten sind in den letzten 10 Jahren um durchschnittlich 3% pro Jahr ausgeweitet worden, während der Absatz nur um durchschnittlich 1% gestiegen ist. Mittlerweile kann ein Auto in unter 20 Stunden produziert werden – nur um anschließend mindestens 40 bis 80 Tage auf den Verkauf zu warten.

Die sinkenden Preise führen aber zu keinen steigenden Gesamtumsätzen. Mittlerweile liegt die Auslastung der weltweiten Autoproduktion bei 77,9%.[8] Die Gewinne der Autoindustrie durch den Autoverkauf sind in den letzten 20 Jahren von 20% auf 5% gefallen. Einige Autoproduzenten machen mit dem Kerngeschäft des Autoverkaufs überhaupt keinen Gewinn mehr sondern erzielen gar Verluste. Sie schreiben insgesamt »rote Zahlen« oder erzielen nur noch Gewinne über Finanzgeschäfte.

Gleichzeitig mit dem Aufbau zusätzlicher Produktionskapazitäten in den 1990er Jahren findet eine Reorganisation der Wertschöpfungskette im globalen Maßstab statt. Das Beschäftigungssystem und die Lohnverhältnisse werden zugleich destabilisiert. Den Hintergrund für diese Reorganisationsbemühun gen bilden die sich überlagernden »Transformationsprozesse« der ehemaligen Ostblockökonomien und die forcierte Deregulierung auf den Weltmärkten. Bis in die 1980er Jahre setzen die meisten großen Autoproduzenten weltweit auf eine Volumenstrategie, die durch Produktdiversifizierung – die Ausweitung der Variantenvielfalt – ergänzt wurde. In den 1990er Jahren wandelte sich diese Strategie hin zu einer Angebotsdiversifizierung, die mehr auf Nischenmodelle und eine flexible Produktdifferenzierung[9] setzte[10], bei der Skaleneffekte durch eine Gleichteilestrategie erzielt werden sollten. Gleichzeitig wurden allerorten Rationalisierungsprogramme umgesetzt, um die Arbeits- und Produktionsabläufe zu effektivieren. Last but not least entwickelte sich im Zuge der zunehmenden Globalisierung der Märkte und der komplexer werdenden internationalen Arbeitsteilung eine veränderte Unternehmensarchitektur und somit neue Produktionsmodelle der Global Player.

Auf den weltweiten Automärkten findet ein gnadenloser Verdrängungswettbewerb und Konzentrationsprozess statt. Von 1990 bis heute fiel die Zahl der unabhängigen Autoproduzenten weltweit von 21 auf 12 Anbieter – davon haben sechs ihren Stammsitz in Europa und von diesen wiederum vier in Deutschland. Prognostiziert wird, dass bis zum Jahr 2015 die Zahl der unabhängigen Autoproduzenten weltweit auf neun sinken wird.

Die Krise der Autoindustrie betrifft Deutschland in besonderem Maße. Die 5,5 Millionen in Deutschland hergestellten Fahrzeuge machen ein Drittel der gesamten KfZ-Produktion der EU aus. Weltweit wird jedes fünfte Auto von einem deutschen Produzenten hergestellt – der Marktanteil allein in Westeuropa beträgt 47%. Im Jahr 2004 machte der Umsatz der Autoindustrie 18,7% des Gesamtumsatzes der deutschen Industrie aus, und 20% des Bruttoinlandprodukts wurden in diesem Sektor produziert. 5,3 Millionen Menschen in Deutschland sind direkt oder indirekt im Autosektor beschäftigt – jeder siebte Arbeitsplatz. In den letzen 10 Jahren entstanden im Automobilsektor 600.000 neue Arbeitsstellen, während die übrige Industrie im gleichen Zeitraum einen Verlust von 1,5 Millionen Arbeitsstellen zu verzeichnen hat. Der Automobilsektor ist mit einem Umsatz von 140 Milliarden Euro die stärkste Exportbranche und für 80% des Handelsbilanzüberschusses verantwortlich. In ihn fließen 30% aller F&E-Ausgaben und 26% aller Industrieinvestitionen der letzten 10 Jahre wurden hier getätigt (100 Milliarden Euro).[11] Darüber hinaus hängt ein Großteil der gesamten BRD-Ökonomie – von der Schwerindustrie über den Technologiesektor bis hin zum Einzelhandel – am Tropf der Autoindustrie: »Wenn die Autoindustrie gegen die Wand fährt, hilft gar nichts mehr.«[12]

2. Strukturwandel der Autoindustrie

Innovationstheoretisch ist das Auto ein Paradoxon. Einerseits ist die Basiserfindung – ein Wagen mit luftgefüllten Reifen, von einem Verbrennungsmotor angetrieben, mit Hilfe eines Gas- und Bremspedals beschleunigt oder verzögert und mit einem Lenkrad gesteuert – seit über 100 Jahren die gleiche. Andererseits ist das Auto als technisches Konstrukt vor allem durch den angestiegenen und weiter steigendenden Elektronikanteil in den letzten Jahren nahezu neu erfunden worden. Die »Elektronisierung« des Autos wird auch in den nächsten Jahren weitergehen. Sie wird vor allem in den Bereichen »neue Antriebe« (z.B. Brennstoffzelle) und »neue Werkstoffe« zu Neuerungen führen, die schon jede für sich genommen – und erst recht im Zusammenhang – wesentliche Veränderungen auf Fertigungsverfahren und Zulieferbeziehungen nach sich ziehen werden. Dies gilt sowohl für die Unternehmens- und Branchenstruktur als auch für das Verhältnis von Kapital und Arbeit im unmittelbaren Produktionsprozess und in der gesellschaftlichen Produktion.

Die Fertigungstiefe der Endhersteller wird sich tendenziell weiter verringern, damit unter 30% sinken und zunehmend auch die bislang nur zögerlich ausgelagerten Kernbereiche der Endproduktion erreichen[13]. In Zusammenhang mit der Reorganisation der internen Betriebsabläufe und Produktionsstrukturen – wie beispielsweise der Vermarktwirtschaftlichung der Austauschprozesse zwischen und innerhalb der dezentralen Einheiten[14]– wird dies eine durchgreifende Neu- und Umgestaltung des gesamten Produktionsprozesses nach sich ziehen und sich auf die Neuordnung sämtlicher Prozessabläufe auswirken. Hierdurch wird sich auch der Trend zur Neudefinition der territorialen Strukturen weiter verstärken.

Insbesondere durch die Modularisierung der Produktion ist eine räumlich enge Anbindung der Zulieferer an die Endhersteller naheliegend, denn es ermöglicht eine zeitoptimiertere Fertigung und macht die Produktionsabläufe gegenüber Zulieferstörungen unempfindlicher. Auf Seiten der Zulieferer hat in den letzten Jahren ebenfalls ein markanter Konzentrationsprozess und eine Internationalisierung – die sogenannte »Kielwasserglobalisierung« – stattgefunden, in deren Folge weltumspannende Zulieferkonzerne entstanden sind. Auch dieser Trend wird sich voraussichtlich weiter verstärken.

Ebenso werden wesentliche Auswirkung auf die automobile Wertschöpfungskette durch die Erschließung neuer Wertschöpfungspotenziale erwartet, die u.a. in der Nutzungsphase des Autos liegen – durch die Potentiale der Informations- und Kommunikationstechnologien gleichfalls ein lukratives Feld von Entwicklungsstrategien. Und schließlich sollen neue Geschäftsfelder das Kerngeschäft flankieren. Diese können sich auch zu eigenständigen Sektoren entwickeln, was dann als »business migration« bezeichnet wird. Bereits heute bieten die meisten Global Player Finanzierungs- und Versicherungsdienste an, mit denen sie häufig mehr verdienen als mit dem Kerngeschäft des Autoverkaufs.

Man kann von einem weitreichenden Transformationsprozess der Automobilproduzenten hin zu Mobilitätsdienstleistern sprechen. Die bislang vorrangige Produktorientierung und Produktinnovation wird tendenziell durch eine aufgewertete Funktionsorientierung und Nutzungsinnovation abgelöst. Damit rückt die Frage der Verfügung gegenüber der des Besitzes ins Zentrum der strategischen Konzepte der Global Player.

Von Burkhard Straßmann
(DIE ZEIT, 02.11.2006)

Das Autoauto

Pkws fahren sich bald selbst: Elektronische Assistenten greifen ins Steuer, beim Einparken und Bremsen gibt der Fahrer nur Empfehlungen. Ein Bericht von der Teststrecke.

Und jetzt kommt der magische Augenblick: Ich nehme den Fuß vom Gas. Lasse das Lenkrad los. Und schaue aus dem Fenster. Selbst bei Tempo 180 fährt das Auto brav weiter, sogar um eine Kurve. Automatisch, autonom. Dann piepst es, und ich muss wieder selbst lenken. Das Auto hat gemerkt, dass der Chauffeur keine Hand am Lenkrad hat.

Autotestgelände Papenburg. Sportwagen röhren mit 320 Sachen in die Steilkurve. Luxuslimousinen werden bei Bremstests gequält. Ein Omnibus fährt stundenlang kleine Kreise. Hier darf ich erproben, wie es sich im Auto der

Zukunft fährt; in einem Fahrzeug, das alles aufzubieten hat, was es derzeit an elektrischen und elektronischen Hilfssystemen gibt. Diese Helfer können mittlerweile so viel, dass der Begriff Assistenzsysteme langsam obsolet wird. Bald wird man von Bemutterungs- und Pamperingsystemen sprechen müssen oder gar von Entmachtungssystemen. Die Kränkung für den versierten Meilenmillionär könnte nicht schlimmer sein, denn die Botschaft eines solcherart ausgerüsteten Fahrzeugs lautet: Du taugst nur sehr beschränkt als Wagenlenker. Das allermeiste kann ich besser.

Viele Hersteller basteln derzeit an solchen Systemen ... . Das avancierteste Modell stammt vom japanischen Automobilhersteller Toyota und heißt Lexus LS 460. Im Dezember kommt dieser Nobel-Toyota auf den Markt, der – das ist auch in der vierten Lexus-Generation noch gern gepflegte Tradition – auffallend der S-Klasse von der Stuttgarter Konkurrenz ähnelt. Nur: Er ist um einen Kleinwagen billiger als diese. Und er bietet allerlei Neues in puncto technischer Innovation.

Nehmen wir das Einparken. Dass es vorn oder hinten wie wild piepst, wenn man zu nah an einen Pfosten gerät, ist nichts Neues mehr. Kann man heute schon im Golf haben. Der »intelligente« Parkassistent von Toyota arbeitet folgendermaßen: Ich fahre an einer Parklücke vorbei. Teile durch Knopfdruck dem Auto meinen Parkwunsch mit. Und erkläre ihm noch, ob ich parallel zur Fahrbahn einparken oder rückwärts in eine Parkbucht stoßen will. Auf einem Bildschirm sehe ich dann live und in Farbe die Parklücke, untermalt mit bunten Linien, die das Parkziel markieren. Wenn ich möchte, kann ich das Ziel verschieben. Dann wird »OK« gedrückt, und der Wagen rollt, selbsttätig lenkend, in die Lücke. Nur am Ende, wenn es piepst, muss ich bremsen.

Bei der Konkurrenz ist man noch nicht ganz so weit. BMW bastelt seit Jahren an solch einer Lösung. Der neue Mercedes CL wird bald eine Einparkhilfe aufbieten, bei welcher der Fahrer noch selbst lenken muss. Und VW will im nächsten Touran einen Assistenten installieren, der das Straßenrandparken beherrscht. Ist aber noch eine Weile hin.

Ein Einparkassistent dient dem Komfort und dem Angstabbau. Der nicht minder spektakuläre Lenkassistent gehört zur Sicherheitsausstattung, kann aber auch der Faulheit dienen. Er macht automatisches »Lane Keeping« möglich: Das Auto lenkt sich selbst, es bleibt ohne Zutun des Fahrers in der Spur. Zwei Kameras über dem Innenspiegel halten die Fahrspurmarkierungen im Blick. Driftet das Fahrzeug aus der Mitte, erfolgt automatisch eine Kurskorrektur. Wer das zum ersten Mal erlebt, reagiert durchaus entrüstet, es fühlt sich an, als hätte der Beifahrer ins Lenkrad gegriffen. Der Assistent versagt nur bei zu engen Kurven und schlecht sichtbaren Markierungen – und steigt mit

Piepsen aus. Wer lieber das Heft in der Hand behalten will, kann sich auch nur überwachen lassen. Dann wird man vor Abwegen durch Piepsen gewarnt. Solche Warnsysteme gibt es schon länger, gerade bei tendenziell schläfrigen Lastwagenfahrern gelten sie als sehr nützlich. Auch Citroën bietet sie im C4 und C5 an.

Der Lenkassistent illustriert gut, wie vielfältig die Überwachungs- und Assistenzsysteme in modernen Autos inzwischen miteinander verknüpft sind. Stand der Technik war bislang, dass all die neuen und effektiven Helfer nebeneinanderher arbeiten, jeder für sich. So gibt es ein Antiblockiersystem (ABS), das bei Glätte oder Vollbremsung eine sehr schnelle Stotterbremsung erzeugt, damit man nicht rutscht und noch lenken kann. Ein weiteres Sicherheitssystem (ESP) bremst einzelne Räder und nimmt Gas weg, wenn eine Kurve zu schnell gefahren wird und das Auto sich drehen möchte. ASR (Anti-Schlupf-Regelung) verhindert das Durchdrehen der Räder. Man kann aber auch all diese Funktionen und die Unmengen an Informationen, die das Fahrzeug durch Sensoren und Kameras erhält, zusammenfassen – und im Ernstfall alle Assistenten konzertiert arbeiten lassen. In kritischen Verkehrsphasen regelt das Auto dann automatisch so viel gleichzeitig, dass der Fahrer hinterher nur merkt: Ich bin noch mal davongekommen.

Im Lexus lässt sich das hervorragend studieren. Ich fahre auf ein paar Kartons zu. Mit 60 Sachen. Eiskalt. Wenige Meter vor dem Hindernis piepst es, ich bremse hart. Rums: Die Kiste steht. Ein Techniker erklärt, was alles gleichzeitig passierte: Radarsensoren erkennen das Hindernis. Drei Sekunden vor dem errechneten Crash gibt es eine Warnung. Zugleich werden die Gurte gestrafft, und die Luftfederung der Vorderräder wird aufgepumpt, damit das Fahrzeug beim Bremsen nicht in die Knie geht. Nebenbei errechnet der Bordcomputer, wie viel Bremskraft nötig ist, damit der Crash ausbleibt. Wenn ich dann reagiere, geht der Rechner zu Recht davon aus, dass ich eine Vollbremsung wünsche. Unfallforscher behaupten, dass nur ein Prozent aller Notbremsungen wirklich Vollbremsungen sind. In der Hälfte aller Kollisionsfälle wird kaum oder gar nicht gebremst. Wir sind einfach zu zaghaft. Im Gegensatz zu unserem Auto. Wer auf ein Hindernis zurast, kann bremsen oder durch Lenken auszuweichen versuchen. Weicht man im letzten Moment ohne elektronische Unterstützung aus und umfährt das Problem, könnte es – siehe Elchtest – zum unkontrollierbaren Ausbrechen des Autos oder sogar zum Kippen kommen. Dagegen gibt es die Stabilitätskontrolle ESP. Die weiterentwickelte Version von Toyota nennt sich VDIM (Vehicle Dynamics Integrated Management).

Was sich damit in den vier Sekunden vor einem möglichen Crash abspielt, ergibt einen veritablen Kurzroman: Der Wagen weiß, ob die Straße glitschig ist, weil er jeden kleinen Schlupf an den Rädern registriert. Er erkennt, wo das Hindernis ist und wie schnell es unterwegs ist. Er ahnt, dass es zu einer schnellen Lenkbewegung kommen kann, und wählt eine straffere Lenkübersetzung aus. Und während ich mit Karacho und zwei Lenkeinschlägen um die Kartons kurve, ist es eigentlich Kollege Bordrechner, der den Kurs bestimmt und mitlenkt.

Sanft zwingt er mir, der ich in Panik zu ruckhaften Reaktionen neige, eine optimale und elegant anzuschauende Ideallinie auf. Nur als ich es bewusst übertreibe wie wenig später auf künstlich beregnetem, extrem glitschigem Blaubasalt und dort wider alle Vernunft mit Schmackes in die Kurve gehe, ruckelt VDIM vergebens am Lenkrad – dann landet die Fuhre im Kiesbett. Die absoluten Grenzen der Physik, so doziert mein Techniker, kann auch der tollste elektronische Fahrdynamikmanager nicht hinausschieben. Diese Grenzen liegen jedoch in der Regel jenseits meiner eigenen.

Doch was geschieht, wenn ich gar nicht auf ein Hindernis reagiere, weder bremse noch ausweiche? Weil ich abgelenkt oder in den berüchtigten Sekundenschlaf gefallen bin? Dann werde ich »geweckt«. Eine erste akustische und optische Warnung kommt drei Sekunden vor dem errechneten Crash. 1,5 Sekunden davor werden Gurte, Bremsen und Federung vorbereitet. 0,6 Sekunden vor dem Bums wird es dem Auto zu bunt: Es bremst selbst. Zwar nur mit 50 Prozent des maximalen Bremsdrucks, was vielleicht nicht reicht, um den Crash zu vermeiden. Doch der Schaden wird möglichst gering gehalten.

Ein ähnliches System (»Pre-Safe«) bietet Mercedes in der neuen S- und CL-Klasse an. Doch wieder ist Toyota einen Schritt weiter: Das japanische Auto erkennt auch Fußgänger. Die Radaraugen der europäischen Konkurrenz übersehen Menschen, weil deren Körper Radarstrahlen kaum reflektieren. Toyota dagegen nutzt die Bilder der Infrarot-Stereokamera, die auch die Fahrspurmarkierungen »sieht«. Intelligente Software hilft, diese Kamerabilder zu interpretieren und Personen von Pfosten oder Autos zu unterscheiden. Das Auto warnt deutlich früher, wenn es Fußgänger erkannt hat. Aber es behält auch die Menschen in seinem Inneren im Blick: Eine Kamera, direkt über dem Lenkrad montiert, passt ständig auf, ob der Fahrer auch brav auf die Straße schaut. Wenn ich einnicke oder länger aus dem Fenster schaue, ertönt eine Warnung. Der Bordrechner hat eine genaue Vorstellung davon, wohin sich meine Nasenspitze zu richten hat. Sitzt sie aus seiner Sicht nicht in der Mitte knapp unter den Augen, gibt er bei Bedarf Frühalarm.

Dieses Auto kontrolliert die Fahrbahn, kann automatisch lenken und auch einem Fahrzeug hinterherfahren, dabei selbsttätig bremsen und Gas geben.

Es leitet von sich aus Notbremsungen ein. Es nimmt mir das Einparken ab und merkt auch noch, wenn von hinten Unheil naht. Sobald es errechnet hat, dass ein Heckunfall unvermeidlich ist, zerren mich die Gurte in eine optimale Sitzposition. Gleichzeitig fährt die Kopfstütze vor, um das Risiko eines Schleudertraumas zu verringern. Seine Sinnesorgane sind überall und meist besser und zuverlässiger als die meinen. Werde ich in so einem Autoauto noch gebraucht? Und schlafe ich nicht ein beim Fahren? Die sarkastische Antwort lautet: Macht nichts, ich werde ja überwacht und notfalls geweckt. Doch die Frage ist ernster.

Sicherlich gehen Fähigkeiten verloren. Schon heute sind Autofahrer, die sich immer nur auf ihre Satellitennavigation verlassen, ohne diese Hilfe orientierungslos. Bekannt ist die Geschichte von einem Fahrer, der sich ganz auf seinen Navigator verließ und in einem Fluss landete (wo nur eine Fähre verkehrte). Ein weiteres Problem tut sich an der Schnittstelle Mensch/Maschine auf: Wie funktioniert die Kommunikation am besten? Wie soll der Fahrer all die alarmierenden Piepstöne richtig interpretieren und von einem Hinweis auf die fällige Inspektion, dem fiependen Handy-Akku und dem Zeitzeichen im Radio unterscheiden?

Toyota fuhr auf der Weltausstellung 2005 in Aichi (Japan) Besucher mit unbemannten Bussen herum und zeigte: Es geht. Doch der LS 460 ist kein Vollautomat. Der Spurassistent fordert immer noch wenigstens einen Fahrerfinger am Lenkrad. Und die echte Vollbremsung bleibt dem Chauffeur vorbehalten. Das letzte Wort hat – noch – der Fahrer. Ein Grund dafür ist – neben ungeklärten Haftungsfragen – eine UN-Konvention aus dem Jahre 1968, genannt das Wiener Weltabkommen. Hier wird unter anderem geregelt, wie Fahrzeuge beschaffen sein müssen, damit sie in allen Ländern der Welt unterwegs sein dürfen, eine wesentliche Voraussetzung der Globalisierung. In Artikel 8, Absatz 5 heißt es: »Jeder Fahrer muss jederzeit fähig sein, sein Fahrzeug zu kontrollieren und seine Tiere zu führen.« Heißt: Automatik ist nicht.

Andererseits hat erst kürzlich Mercedes einen Lkw vorgestellt, der selbsttätig und mit großem Spektakel notbremst, wenn ein Crash unmittelbar und rechnerisch bevorsteht (ZEIT Nr. 37/06). In Japan machen das auch Pkw, und aktive Lenkeingriffe irritieren dort niemanden mehr. Juristisch jedoch vollzieht sich die Machtübernahme der Assistenzsysteme in einer Grauzone. So lautet die Meinung des Kraftfahrt-Bundesamts (KBA) in Flensburg, das die Typengenehmigung der Bremsen beim Mercedes-»Safety-Truck« erteilt hat. Zwar sei der rechnergesteuerte Bremseingriff nicht genehmigt, aber auch nicht genehmigungsfähig. Automatisches Bremsen und Lenken seien ausschließlich eine Sache der Hersteller. Sie allein trügen die Verantwortung und hafteten für ihr Produkt. Das KBA will die Einführung solcher Sicherheitsausstattungen allerdings »aktiv begleitend« unterstützen. Juristisch jedenfalls bestehe Nachholbedarf.

Die seltsame Formulierung in Artikel 8 des Wiener Weltabkommens zur Frage der Führung der Tiere kann man übrigens als Hinweis auf das erste und bis jetzt noch einzige weit verbreitete, umfänglich getestete und hervorragend arbeitende vollautomatische Fahrzeug lesen. Es ist auf den Straßen Ost- und Südosteuropas oft anzutreffen: das Pferdefuhrwerk. Im Automatikmodus liegt der Kutscher auf der Pritsche und schläft seinen Rausch aus. Das mit Sensorik gut ausgestattete Pferd findet den Weg von allein. Und: hinlänglich sicher.

Information über die Schar der Assistenten im Auto: Besser als ihre Gebieter

Assistenten (oder besser: Assistenzsysteme) sind elektronisch geregelte Systeme, die den Autofahrer unterstützen und für mehr Komfort und Sicherheit im Straßenverkehr sorgen. 1978 setzte Bosch erstmals das *Antiblockiersystem* (ABS) ein, das bei einer Vollbremsung, besonders wenn die Straße nass oder glatt ist, eine Stotterbremsung erzeugt. So bleibt das Fahrzeug lenkbar. Auf der Basis des ABS entstand die *Anti-Schlupf-Regelung* (ASR). Sie verhindert ein Durchdrehen der angetriebenen Räder, wenn es glatt oder die Motorleistung zu hoch ist. Zu einem wichtigen Sicherheitsfeature avancierte das *Elektronische Spurprogramm* ESP, das 1997 Furore machte, als ein kleiner Mercedes beim sogenannten Elchtest in einer schnell durchfahrenen Doppelkurve umfiel. Es überwacht Schleuderbewegungen des Fahrzeugs und steuert mit gezielten Eingriffen in Bremsen und Motor gegen. *Der Abstandsgeregelte Tempomat* (ACC oder Distronic) gibt selbsttätig Gas bis zur Wunschgeschwindigkeit. Erkennt sein Radar ein vorausfahrendes Auto, bremst das System. Neuerdings bis zum Stillstand (»Stauassistent«). Immer populärer, besonders im Lkw, wird die Lenküberwachung *Lanekeeping Assist*. Kameras beobachten die Fahrspurmarkierungen und warnen, wenn die Spur verlassen wird. Verbunden mit einem »aktiven Lenkeingriff« ist heute sogar automatisches Lenken möglich. Der »*Abbiegeassistent*« entschärft besonders beim Lkw gefährliche Situationen (beispielsweise mit Zweiradfahrern). Im Pkw gibt es sogenannte Spurwechselassistenten zur Überwachung des toten Winkels. Der *Bremsassistent* (BA) interpretiert den Tritt des Fahrers aufs Bremspedal. Vermutet er den Wunsch nach Vollbremsung, liefert er maximalen Bremsdruck. Fortgeschrittene Systeme kombinieren die BA-Daten mit denen anderer Bordsensoren, warnen, bereiten das Fahrzeug auf eine Vollbremsung vor oder bremsen sogar selbsttätig bis hin zur automatischen Notbremsung (*Notbremsassistent*). Zunehmend werden Radarsysteme von Infrarotkameras unterstützt. Die detektieren auch Menschen auf der Fahrbahn. Der *Nachtsichtassistent* zeigt dem Fahrer bei Dunkelheit oder Nebel das von Infrarotkameras gelieferte Bild auf einem Bildschirm. Hervorragende Bordhelfer sind auch die *Einparkassistenten.* Sie konnten zunächst nur Abstände messen und piepsend warnen. Die besten erledigen heute fast vollautomatisch den Einparkvorgang. Der Fahrer muss am Ende nur noch bremsen.

II Krise der Autoregion

Die heutige Struktur der Region SON ist immer noch geprägt von den nationalsozialistischen Industriegründungen der späten 1930er Jahre, vor allem von der Auto- (Wolfsburg) und der Eisen- und Stahlindustrie (Salzgitter). Die Region umfasst die kreisfreien Städte Braunschweig, Salzgitter und Wolfsburg sowie die Landkreise Gifhorn, Goslar, Helmstedt, Peine und Wolfenbüttel. Das industrielle Herz der Region bildet die Volkswagen AG. Dazu gehört das Stammwerk, das Forschungs- und Entwicklungszentrum und die Konzernzentrale in Wolfsburg sowie weitere Werke und Filialen in Braunschweig und Salzgitter (z.B. Volkswagen Financial Service AG). Sie gehört zu den weltweit am stärksten von der Automobilproduktion abhängigen Regionen. Eine ebenfalls große Bedeutung kommt der Salzgitter AG (ehemals Preussag AG) als zweitgrößtem deutschen Stahlproduzenten mit Werken in Salzgitter und Peine zu.

Fast 70% der Arbeitsplätze entfallen auf Betriebe mit über 500 Beschäftigten. Dabei gibt es starke intraregionale Unterschiede. Das verarbeitende Gewerbe spielt im Vergleich zum Landes- und Bundesdurchschnitt eine überproportional hohe Rolle[15], während der Dienstleistungssektor unterdurchschnittlich entwickelt ist. Innerhalb des verarbeitenden Gewerbes hat der Straßenfahrzeugbau eine überragende Relevanz: Hier sind ein Viertel aller Erwerbstätigen in der Region beschäftigt (ca. 50% aller Industriebeschäftigten); etwa ein Drittel der Wertschöpfung wird in diesem Bereich erzeugt; die Exportquote der Region lag 1995 bei 44% und stieg bis 1998 auf 53%.

Im Zuge der Globalisierung fand ein Spezialisierungsprozess statt, der alle wesentlichen Bereiche der automobilen Wertschöpfungskette einschloss. Gleichzeitig haben sich wesentliche strukturelle Veränderungen innerhalb der Branche vollzogen. Mit Hilfe von Regionalpolitik und Wirtschaftsförderung gelang es, neue, vor allem unternehmensbezogene Dienstleistungen in der Region anzusiedeln.

Die Auswirkungen der weltweiten Automobilkrise erreichten in der Region nach dem Ende des Wiedervereinigungsbooms Mitte der 1990er Jahre ihren Höhepunkt. Die Arbeitslosigkeit stieg von ca. 10% auf über 17% an. Besonders dramatisch entwickelte sich die Lage in Wolfsburg. Allein bei VW wurden 20.000 Menschen innerhalb kürzester Zeit entlassen und die Arbeitslosigkeit kletterte bis 1998 auf über 19%. 60% dieser Arbeitslosen galten als »Geringqualifizierte«, und hatten in den entstehenden neuen Dienstleistungsbereichen keine oder nur geringe Chancen. Wie eine regionale Wirtschaftsstrukturanalyse feststellt, war die Volkswagen AG mit 60% respektive 100% aller Arbeitsplätze quasi einziger Arbeitgeber in Wolfsburg[16]. Weiter hieß es in der Studie, dass die Dienstleistungsquote mit 22% extrem niedrig (Bundesdurchschnitt 50%) sei und nur 21% der Bruttowertschöpfung im Dienstleistungssektor erzielt werde (Bundesdurchschnitt 68%). Ebenfalls sei der Mittelstand nur schwach ausgebildet, die Zahl der Autozulieferer 75% niedriger als in vergleichbaren Standorten, und die Unternehmensgründungen lägen ebenfalls unter dem Bundesdurchschnitt. Die Stadt verlöre jedes Jahr an Einwohnern und damit 200 bis 300 Mio. Euro Kaufkraft an die Innenstädte von Braunschweig, Hannover und Berlin. Im Gründungspaneel des Zentrums für Europäische Wirtschaftsforschung liegt Wolfsburg von 441 Städten auf Platz 433 (bezogen auf das Jahr 1998).[17] Mitte der 1990er Jahre kommt eine Studie des Statistischen Landesamtes zu dem Ergebnis, bei gleichbleibender Entwicklung werde die Stadt Wolfsburg bis zum Jahr 2012 um 45.000 auf nur noch 80.000 Einwohner schrumpfen.

Eine dahinsiechende und unattraktive Stadt Wolfsburg und eine krisengebeutelte Region stellten auch für den VW-Konzern ein ernstes Problem dar. Der Strukturwandel des Automobilsektors ist einerseits dadurch gekennzeichnet, eine international integrierte Produktion der Global Player zu entfalten, die es erlaubt, interne Strategien der Flexibilisierung – indem vor allem der Technologieanteil erhöht und die Arbeitskraftverwertung neu formiert wird – mit externen (z.B. Outsourcing und Just-in-Time-Produktion) zu verbinden. Andererseits bilden die sogenannten »Lokalisierungsfaktoren« wie das lokal und regional vorhandene fixe Kapital oder die materiellen und immateriellen Infrastrukturressourcen wesentliche Voraussetzungen, damit ein Global Player überhaupt erfolgreich sein kann. Gerade die verstärkte Wissensbasierung der neuen Wertschöpfungskette »Mobilitätsorganisation« macht die Global Player geradezu abhängig davon, eine ausreichende Zahl an Wissenschaftlern und Wissensarbeiter vor Ort anziehen zu können, um das benötigte innovative Klima zu erschaffen.[18]

Der VW-Konzern musste handeln – und er tat dies auch, indem er einen umfassenden Modernisierungsprozess initiierte. Zum einen beinhaltete dies, die Organisations- und Produktionsbeziehungen im VW-Konzern selbst zu restrukturieren. Gleichzeitig verstärkte und veränderte der Konzern den Zugriff auf den umgebenden Sozialraum – zunächst vorrangig den Wolfsburger Raum. Der Zugriff erfolgte jedoch schnell auf die gesamte südostniedersächsische Region, die in der strategischen Clusterpolitik »neu erfunden« wurde.

Mit dieser Neuerfindung der Region scheint sich der Prozess der Gründung der Industrieregion SON während des NS zu wiederholen. Wolfsburg und SON wurden im nachholenden Modernisierungsprozess des NS als ein sozioökonomischer Raum gegründet, der einen »braunen Fordismus« modellierte, in dem technologische Innovation und nationalsozialistische »Volksgemeinschaft« verbunden werden sollten. Diese Entwicklung setzte sich schließlich in der Nachkriegsentwicklung fort. Sowohl die Entwicklung des VW-Konzerns als auch von Wolfsburg stehen in der Kontinuität dieses »braunen Fordismus«. Dabei stechen personelle wie auch strukturelle Kontinuitäten hervor. Sie bilden entscheidende Grundlagen des bundesdeutschen korporatistischen Modells und »Wirtschaftswunders«.

Im Niedergang des Fordismus verdichten sich gerade im monostrukturell organisierten Wolfsburger Raum die Krisenphänomene in besonderer Weise. Gleichzeitig bildet diese monostrukturelle Grundlage, den Ausgangspunkt für einen neuerlichen nachholenden Modernisierungsprozess, in dem staatliche Stellen und die Großindustrie, namentlich VW, die Region kooperativ ein zweites Mal gründen. Gerade weil die Industriepolitik des NS die Region nicht nur hinsichtlich der technologischen und produktiven Basis, sondern vor allem als komplex strukturierten sozioökonomischen Raum erschuf, ist es sinnvoll, vor der Beschäftigung mit dem aktuellen Clusterprozess einen Blick auf die »erste Erfindung Wolfsburgs« zu werfen. Denn »Wolfsburg« sollte Prototyp der nachholenden nationalsozialistischen Modernisierungspolitik werden und ist heute Prototyp der nachholenden Modernisierung über Clusterpolitiken.

III Die Schaffung der Industrieregion Südostniedersachsen im Nationalsozialismus

Die Region SON ist keine gewachsene Industrieregion im klassischen Sinne. Bis in die 30er Jahre des letzten Jahrhunderts war sie mit Ausnahme Braunschweigs weitgehend ländlich geprägt und zum großen Teil nur schwach besiedelt. Aufgrund ihrer Lage in der Mitte Deutschlands, weit entfernt vor allem von der französischen Grenze, besaß sie einen »wehrgeografischen«

Vorteil für die Schaffung eines neuen gigantischen Industriekomplexes – »Stadt des KdF-Wagens«/Braunschweig/Stadt der Reichswerke »Hermann-Göring«. Diese Gründung beinhaltete sowohl bis dahin unvorstellbar riesige großindustrielle Werksanlagen, wie ebenso zwei der bedeutendsten städtischen Neugründungen des Nationalsozialismus – Salzgitter-Watenstedt und die »Stadt des KdF-Wagens«, das heutige Wolfsburg. Die Kombination aus Werks- und Stadtbau gab dem NS eine nahezu einmalige Chance, die Vorstellungen einer nationalsozialistischen »Volksgemeinschaft« planstaatlich zu organisieren und umzusetzen. Die Entwicklung in Salzgitter-Watenstedt/ Reichswerke »Hermann-Göring« werde ich nur anreißen, auf das Beispiel Volkswagenwerk/»Stadt des KdF-Wagens«/»neuer deutscher Facharbeiter« hingegen näher eingehen.

1. Salzgitter-Watenstedt und die Reichswerke »Hermann-Göring«

In der eisenerzreichen ländlichen Region gründeten die Nationalsozialisten 1937 die Reichswerke AG (»Hermann-Göring-Werke«). Sie begannen zugleich einen einheitlichen Stadtkreis aus 28 Gemeinden der Landkreise Goslar und Wolfenbüttel zu bilden, der am 1. April 1942 offiziell als Salzgitter-Watenstedt gegründet wurde. Salzgitter-Watenstedt hatte bei der Gründung 100.000 Einwohner/innen und war für insgesamt 165.000 geplant.

Die »Hermann-Göring-Werke« wurden auf der grünen Wiese in Watenstedt in einer bis dahin unbekannten Größenordnung aus dem Boden gestampft. Fast pünktlich zum Kriegsbeginn konnte das erste Roheisen produziert werden, obwohl die Anlagen bei weitem noch nicht ausgebaut waren. Salzgitter blieb noch jahrelang die größte Baustelle Europas. Der riesige Bedarf an Arbeitskräften wurde von Anfang an auch durch Zwangsarbeiter/innen gedeckt. Über 4.000 von ihnen starben. 1942 wurde das KZ-Außenlager Drütte[19] als eines der ersten und größten Außenlager des KZ Neuengamme auf dem Werksgelände der Reichswerke »Hermann-Göring« eingerichtet und im Spätsommer 1944 ein Frauenaußenlager auf dem Werksgelände in Salzgitter-Bad[20].

2. Das KdF/Volkswagenwerk und die »Stadt des KdF-Wagens bei Fallersleben«

Die Entstehung des Volkswagenwerks und die der »Stadt des KdF-Wagens« sind ebenfalls aufs Engste mit der nationalsozialistischen Industrie- und Sozialpolitik verbunden. Beide Projekte stellten ein Modell sozioökonomischer Modernisierungspolitik des NS dar. Das gilt sowohl für die planerische Ebene als auch für deren Umsetzung. Die gesamte Bandbreite sozioökonomischer Rationalisierung – von technologischer Innovation bis zur Todesproduktion, von der heimeligen Gartenstadt bis zum KZ- und Lagersystem – ist integraler Bestandteil dieses Modellprojekts. Auf der einen Seite war es ein Versuchslabor für die modernisierte Massenproduktion und für die entsprechende Inszenierung der nationalsozialistischen »Volksgemeinschaft«: Die nationalsozialistische »neue Stadt«, der »neue Mensch« und der »neue deutsche Facharbeiter« sollten geschaffen werden. Auf der anderen Seite stand das System der Konzentrationslager, in dem alles Menschliche in Wert gesetzt und bis hin zur physischen Vernichtung vernutzt wurde. Diese »Modernisierungsprozesse« bildeten die Grundlage für den Aufstieg des Volkswagenwerks nach dem Krieg. In der strukturellen und personellen Kontinuität nationalsozialistischer Rationalisierungspolitik steht das »deutsche Wirtschaftswunder«.

a. Das KdF-/Volkswagenwerk

Auf der Berliner Automobilausstellung 1933 forderte Hitler die »Motorisierung des deutschen Volkes«. Intendiert wurde damit zunächst, sowohl den Straßenbau als auch die Automobilindustrie zu fördern. Ein Jahr später verkündete Hitler an gleicher Stelle den Bau eines »Volkswagens«.

Verfolgt wurden damit zwei Ziele. Zum einen diente es der Kriegsvorbereitung. Die »Volksmotorisierung« rüstete den Staat systematisch auf, um einen motorisierten Krieg führen zu können. Zum anderen sollte der technologische und industrielle Rückstand gegenüber der US-Industrie – und teilweise gegenüber der englischen und französischen Industrie – in einem geplanten Modernisierungsprozess aufgeholt werden. Da diese Aufgabe allein privatwirtschaftlich nicht geleistet werden konnte, wurde sie als staatliche Initiative und Programm in Kooperation mit der Großindustrie umgesetzt. Indem die Wirtschaft unter den Bedingungen knapper Ressourcen und Devisen bei eingefrorenen Löhnen staatlich gelenkt wurde, sollte sich ein »brauner Fordismus«, eine »NS-Konsumgesellschaft«, entwickeln. Dieses Kooperationsmodell sollte die »Volksgemeinschaft« auf den verschiedenen Feldern der Infrastruktur, des Konsums und der Dienstleistungen exklusiv mit »Volksprodukten«[21] versorgen.[22]

Im Jahr 1933 war in Deutschland der Fahrzeugbestand an Personen- und Lastkraftwagen insbesondere im Vergleich zu den USA sehr gering. Gerade einmal 497.000 PKW und 157.000 LKW gab es in Deutschland, während in den USA 25 Millionen Fahrzeuge zugelassen waren.[23] Ford und Chevrolet hatten durch die standardisierte Fertigung am Fließband enorme Produktionsziffern erreicht, die mit großen Einsparungen und Kostenvorteilen einhergingen. Die deutsche Autoindustrie produzierte dagegen noch weitgehend in traditioneller handwerklicher Arbeitsweise. Autos waren in Deutschland teure Luxusgüter.[24] Die deutsche Autoindustrie konnte seit den 1920er Jahren nur durch hohe Importzölle dem internationalen Konkurrenzdruck ausweichen und überleben. Mit der Entwicklung eines Prototyps des »Volkswagens« wurde Ferdinand Porsche beauftragt – mit der Vorgabe, der »Volkswagen« solle 100 km/h Dauergeschwindigkeit auf der Autobahn halten können, mit vier Sitzen für Familien ausgestattet und sparsam im Verbrauch sein sowie unter 1.000 Reichsmark kosten. Da die deutsche Autoindustrie vor allem die Kostenvorgaben nicht erfüllen wollte und konnte, wurde die größte NS-Massenorganisation, die Deutsche Arbeitsfront (DAF) damit beauftragt, das Projekt – den Bau der größten Automobilfabrik in Europa – umzusetzen. Im Mai 1937 wurde unter Aufsicht Robert Leys, dem Leiter der DAF, die »Gesellschaft zur Vorbereitung des deutschen Volkswagens mbH« (»Gezuvor«) gegründet, die der KdF-Mann Bodo Lafferentz leitete. Im September 1938 wurde die »Gezuvor« in »Volkswagenwerk GmbH« umbenannt. Dessen Leitung teilten sich Porsche und Lafferentz. Stellvertretender Geschäftsführer war zunächst Otto Dykhoff, der im Dezember 1941 durch Anton Piech ersetzt wurde. Piech stieg zum dritten Geschäftsführer neben Porsche und Lafferentz auf.[25] Einziges Projekt der »Volkswagenwerk GmbH« war es, den nun »KdF-Wagen« genannten »Volkswagen« zu entwickeln und zu produzieren. Die Grundsteinlegung für das Werk erfolgte am 26. Mai 1938. Ley bezeichnete das Volkswagenwerk als einem »Olymp der Arbeit«, auf den »die Welt nur mit Hochachtung blicken« und der nach seiner Fertigstellung das größte Automobilwerk der Welt sein werde.[26] Der Aufbau des Werks wurde durch den Verkauf des 1933 beschlagnahmten Gewerkschaftsvermögens und über Vorauszahlungen künftiger KdF-Wagen-Besitzer finanziert.[27]

Nach den Plänen einer Planungsgruppe unter der Leitung des Architekten Emil Rudolf Mewes[28] entstand das Werk zwischen den Gemeinden Fallersleben und Vorsfelde im Urstromtal der Aller in einer ländlich geprägten und nur schwach besiedelten Region. Ausschlaggebend für diese Region war neben dem schon erwähnten »wehrgeografischen Vorteil« die verkehrsgünstige Lage am Mittellandkanal, an der Autobahn Berlin – Hannover und der Bahnstrecke Berlin – Ruhrgebiet sowie der Nähe zu den Großstädten Salzgitter und Braunschweig.

Im damals modernsten Eisenbetonverfahren wurde eine Werksanlage mit vier großen Hallen, einem Verwaltungsgebäude und einem Kraftwerk errichtet. Durch den Neubau konnten die Produktionsanlagen optimal auf das zu erzeugende Produkt abgestimmt werden. Deshalb wurde eine Fließbandfertigung nach dem Muster der River Rouge-Werke Fords in Detroit aufgebaut, deren Produktionsmethoden Ferdinand Porsche während mehrer USA-Reisen studiert hatte. Porsche gelang es, in der neuen Massenfertigung bewandte Techniker von Ford für den Aufbau des Volkswagen-Werkes abzuwerben. Kaufmännische Fachleute wurden von der Adam Opel AG, die seit 1929 zu General Motors gehörte, abgeworben. Damit war die Basis für das mittlere Management vorhanden. Von Anfang an wurde »VW« als vertikal integrierter Konzern geplant. Sozialeinrichtungen und Repräsentationsobjekte gehörten ebenso zu den Planungen, auch wenn aufgrund von Bauproblemen bei diesen später große Abstriche gemacht werden mussten. Noch nie war ein industrielles Großprojekt wie das Volkswagenwerk in so kurzer Zeit errichtet worden.

Bereits im Dezember 1938 stand der Rohbau. Im Jahr 1939 waren die Produktionshallen fertiggestellt, sodass vom Herbst 1939 an die Produktion aufgenommen werden konnte.[29] Planmäßig wurde der KdF-Wagen dennoch nie produziert. Ob man dies überhaupt schon für diese Zeit plante, ist zumindest zweifelhaft. Stattdessen wurde schon kurz nach Kriegsbeginn sukzessive auf Kriegsproduktion umgestellt, wurden Kübelwagen und andere Rüstungsgüter produziert und mit dem Ausbau des Werks Anfang 1939 die Weichen endgültig auf Kriegsgüterproduktion gestellt.[30] Vom Sommer 1941 an ist das Volkswagen-Werk schließlich ein reiner Rüstungsbetrieb.

Zum Zeitpunkt der Standortentscheidung maß das Reichswirtschaftsmini sterium dem Volkswagenwerk keine »unmittelbare wehrwirtschaftliche Bedeutung« zu[31]. Das Management hielt bis kurz vor Beginn der Umstellung auf Rüstungsproduktion weiterhin am Zielzeitraum Spätsommer 1939 fest, in dem die ersten KdF-Wagen ausgeliefert werden sollten. Das schien schon allein wegen der Material- und Arbeitskraftprobleme nur ein Wunschtraum zu sein. Doch die Umstellung auf Kriegsproduktion erfolgte nicht aus dem Stehgreif, sondern lag als Option schon länger vor. Ferdinand Porsche wies bereits 1934 – also lange bevor das Projekt KdF-Wagen in Planung ging – darauf hin, dass sein geplanter Volkswagen durch einen »einfachen Wechsel der Karosserie« militärisch verwendbar sein werde.[32] Ebenfalls 1934 wurde anlässlich einer ministeriellen Besprechung festgelegt, dass der zukünftige Volkswagen genug Raum für drei Erwachsene und ein Kind bieten und, falle der Aufbau weg, drei Mann und ein Maschinengewehr aufnehmen können solle.[33]

Ab Sommer 1941 war das Werk aufgrund der Rüstungsaufträge aus den »roten Zahlen«. Und von 1942 an wurde bei der Wehrmacht ausschließlich auf den im VW-Werk produzierten Kübelwagen gesetzt. Volkswagen hatte damit faktisch das Monopol der PKW-Fertigung im Deutschen Reich.

Qualifizierte Arbeitskräfte sowohl für den Bau der Anlagen als auch für die Produktion zu gewinnen, stellte von Anfang an ein großes Problem dar.[34]

Neben den oben erwähnten abgeworbenen Technikern und Kaufleuten rekrutierte sich das Personal für die Planungsabteilungen vorrangig aus den Büros Porsches und der ehemaligen »Gezuvor«. Die ins VW-Werk versetzte SS-Fahrbereitschaft aus Kornwestheim wurde in eine Wachtruppe umgewandelt und bildete den Werkschutz.[35] Da die dringend benötigten Arbeitskräfte, vor allem Facharbeiter, in der Region kaum vorhanden waren, mussten sie aus dem gesamten Reichsgebiet angeworben werden, um vom Frühjahr 1939 an eine Stammbelegschaft aufbauen zu können. Die Werbekampagnen wurden von den örtlichen und regionalen DAF-Dienststellen durchgeführt, und Facharbeiter mittels hoher Lohnofferten aus den bestehenden Zentren der Automobilindustrie abgeworben. Von Anfang an wurden Spitzenlöhne bzw. übertarifliche Zulagen für Metallfacharbeiter gezahlt. Mehrheitlich mussten jedoch berufsfremde und nicht oder nicht ausreichend qualifizierte Arbeitskräfte eingestellt werden.[36] Viele von ihnen kamen aus wirtschaftlich damals randständigen Regionen wie Schlesien, dem Niederrhein und Nordwürttemberg[37] – vorwiegend junge, ledige und mobilitätsbereite Männer. Die Fluktuation in der Belegschaft war dadurch hoch. Von September 1939 an wurde deshalb eine stetig wachsende Zahl von Arbeitskräften dienstverpflichtet.

Die ständig angespannte Beschäftigungssituation verschärfte sich zusätzlich durch die Konkurrenz verschiedener rüstungswirtschaftlicher Großbauprojekte im »Reich«, für die ebenfalls eine Dienstverpflichtung von Arbeitskräften eingeführt worden war. Deshalb schloss die »Gezuvor« im August 1938 ein Abkommen mit der faschistischen Gewerkschaft Italiens zur Entsendung von Arbeitskräften für den Auf- und Ausbau des Werkes und der Stadt. Die ersten 2.400 italienischen Arbeiter trafen Mitte September 1938 ein. Schon im November 1939 waren bereits 6.000 italienische Arbeiter damit beschäftigt, Werk und Stadt auszubauen. Die Anzahl der deutschen Arbeitskräfte betrug zur gleichen Zeit 3.000. Durch Anwerbung[38], Arbeitsverpflichtungen und von 1940 an durch den Einsatz von Kriegsgefangenen, Internierten und KZ-Häftlingen[39] setzten sich die Belegschaften, die in den Werken und in der Stadt schufteten, multinational zusammen.

Von 1940 an wurden mindestens 20.000 Zwangsarbeiter/innen im Werk eingesetzt – darunter arbeitsverpflichtete Ausländer aus den besetzten Gebieten, Kriegsgefangene und Häftlinge aus den Konzentrationslagern. Die ersten 1.500 Zwangsarbeiter/innen kamen aus Polen. Dann wurden mit dem Russlandfeldzug auch vermehrt russische Zwangsarbeiter/innen ins Volkswagen-Werk verschleppt. Die Werksleitung schickte persönliche Referenten Porsches in die besetzten Gebiete, die die Auslese der Zwangsarbeiter/innen vornehmen sollten. Die Zwangsrekrutierung von Arbeitskräften folgte demnach der Annexions- und Okkupationspolitik des NS.[40] 1943 waren 33% der Arbeiter/innen im Hauptwerk Deutsche. 1945 machten sie nur noch 15% aus. Die meisten von ihnen hatten Meister- und Vorarbeiterposten inne, die ihre autoritäre Aufseherrolle gegenüber den Zwangsarbeiter/innen einschloss.[41]

Die Werksleitung kooperierte eng mit der SS. Anfang 1942 wurde ausschließlich für das Werk das KZ »Arbeitsdorf« eingerichtet.[42] Die ersten 1.200 KZ-Häftlinge aus den Konzentrationslagern Sachsenhausen, Neuengamme und Buchenwald wurden 1942 beim Ausbau der Leichtmetall-Gießerei eingesetzt. Nach der Fertigstellung der Gießerei wurde das Lager wieder aufgelöst. Bis Kriegsende wurden jedoch noch weitere Konzentrationslager für die Arbeit im Volkswagenwerk und den Aufbau der Stadt errichtet.

Nach der vollständigen Umstellung auf Rüstungsproduktion wurden vermehrt Zwangsmittel angewandt und unterschiedliche Formen der Zwangsarbeit eingeführt, womit dem Volkswagenwerk eine Vorreiterrolle beim Einsatz von Zwangsarbeiter/innen im NS zukam.

Für die deutsche Belegschaft hatte die Arbeit im Volkswagenwerk dagegen erhebliche Vorzüge: Zuwendungen für den Betriebssport, ein betriebsärztlicher Dienst und eine Betriebskrankenkasse gehörten ebenso zu den Annehmlichkeiten, die exklusiv für die deutsche Belegschaft und gleichgestellte Ausländer/innen eingerichtet wurden, wie Weihnachtsgeld, Umzugsbeihilfen, Erziehungsbeihilfen, Beihilfen bei Heirat und Umzug, Beihilfen beim Tod eines Belegschaftsmitglieds, ein garantierter Urlaub nach sechsmonatiger Betriebszugehörigkeit, Urlaub bei familiären Todesfällen und die Einrichtung von Speise- und Waschsälen. Hinzu kamen finanzielle und sachliche Hilfen für zum Wehrdienst Eingezogene und deren ortsansässigen Familien. Von Anfang 1940 an nahm die Bedeutung der sozialen Fürsorge allerdings ab, da immer mehr Arbeitskräfte dienstverpflichtet worden waren.

Der Krieg endete für das Volkswagenwerk relativ glimpflich: 80% der Werksbauten und 93% der Maschinen befanden sich in noch verwendungsfähigem Zustand. Schon 1948 konnte der erste Volkswagen, der »Käfer«, wieder vom Band laufen.

Nach 1945 wurde zunächst die britische Militärregierung für das Werk zuständig. 1948 wurde das Werk unter Treuhandschaft des Bundes und des Landes Niedersachsen gestellt und fortan als Volkswagenwerk GmbH geführt.

b. Die »Stadt des KdF-Wagens bei Fallersleben«, heute Wolfsburg

Die Gründung der heutigen Stadt Wolfsburg folgte der Entscheidung, den KdF-Wagen in einem neu zu schaffenden Werk am Mittellandkanal zwischen Fallersleben und Vorsfelde zu produzieren.[43] Die Neugründung einer Industriestadt auf der »grünen Wiese« ermöglichte es dem NS-Staat, die Vorstellungen einer nationalsozialistischen »Volksgemeinschaft« in Beton zu gießen. Die Stadt wurde zunächst politisch konstituiert und anschließend städtebaulich umgesetzt.

Das städtebauliche Ideal des NS fußte einerseits auf einer streng hierarchischen Ordnung des gesamten Städtesystems und der einzelnen Städte. Der totale Herrschaftsanspruch von Partei und Staat sollte architektonisch durch eine zumeist monumentale Achsenplanung und eine Konzentration öffentlicher Einrichtungen im Stadtzentrum umgesetzt werden. Andererseits fußte dieses Ideal auf einer ausgeprägten Großstadtfeindlichkeit. Die Großstädte galten dem NS als Orte des Lasters und der Unruhe, der »Volkskrankheiten«, des sozialen Elends und der »Entwurzelung« des Menschen. Der NS präferierte die »Landstadt«, die in einer Größenordnung von etwa 20.000 Einwohnern sowohl die Vorzüge der Großstadt als auch die des Dorfes zusammenfassen sollte. Die Städtebauvorstellungen des Nationalsozialismus nahmen Anleihen an den Ideen der »Gartenstadtbewegung«. Sie strebten den »Umbau des Reiches zu organischen Zellengemeinschaften«, d.h. kleinen, überschaubaren Siedlungseinheiten an.[44] In diesem Sinne sollten auch die Großstädte umgebaut und neue Großstädte gebaut werden. An der 1933 von Walter Christaller entwickelten Theorie der zentralen Orte, die bis heute eine Grundlage von Regional- und Stadtplanung ist, orientierten sich die Planungen.[45]

Im November 1937 beauftragte die »Gezuvor« den Architekten Peter Koller[46], einen Entwurf für die neue Stadt zu entwickeln, der im März 1938 offiziell angenommen wurde, und so wurde bereits am 1. Juli 1938 die Gemeinde mit dem Namen »Stadt des KdF-Wagens bei Fallersleben« gegründet.

Als Stadtplaner beabsichtigte Koller, »die Stadt als ein Lebewesen in allen ihren Voraussetzungen und in ihren Entwicklungsbestrebungen zu erfassen«.[47] Zu diesem Zweck bezog er sowohl sozialwissenschaftliche als auch wirtschaftswissenschaftliche Grundlagen in seine Betrachtungsweisen ein. Er intendierte, die sozioökonomischen Faktoren in die natürlichen Gegebenheiten von Landschaft und Raum einzubinden. Seine konkrete Planungstätigkeit gründete auf umfassende Datenerhebungen, die für ihn Vorrang gegenüber architektonischen Fragen hatten. Koller ging es primär um Flächendisposition und erst sekundär um Architektur.

Die »Stadt des KdF-Wagens« und das Volkswagenwerk bildeten sowohl in sozioökonomischer als auch in architektonischer und stadtplanerischer Hinsicht eine Einheit. Im Gebiet zwischen Fallersleben und Vorsfelde lebten zum Zeitpunkt der Planung gerade einmal 857 Menschen. Die Planung integrierte von Beginn an den Aufbau des Werkes und die Neugründung einer Stadt, die in drei Ausbaustufen schließlich 90.000 Einwohner/innen haben sollte. Aufgrund des Kriegsverlaufs wurde die Planung aber nicht wie vorgesehen umgesetzt. Und doch geben die ursprünglich geplante und die realisierte Stadtentwicklung einen guten Einblick, wie die nationalsozialistische »Volksgemeinschaft« konstruiert werden sollte. Nach dem Willen des NS sollte sie »Lehrstätte sowohl der Städtebaukunst wie der sozialen Stellung“ werden.[48]

Kollers Planung orientierte sich an dem am Nordufer des Mittellandkanals liegenden VW-Werk, das zwei Haupteingänge im Westen und Osten hat, die nach Süden zur Stadt hin weisen. Der »Klieversberg« und die ausgedehnten Waldflächen sollten als »Primat der Landschaft« die Grundlage für die Siedlungs- und Verkehrsstruktur bilden und der »Klieversberg« die Stadtkrone im Mittelpunkt der Stadt werden. Die vorgesehenen Parteibauten und das »Volkshaus« als »Akropolis« wurden als Gegengewicht zum VW-Werk im Norden konstruiert: »Das Werk war die Sphäre der Arbeit; die Stadtkrone sollte die Sphäre der Freizeit bilden.«[49]

Das Gegenüber von Werk/»Olymp der Arbeit« und Stadtkrone/»Akropolis« sollte die Trennung von Arbeit und Freizeit symbolisieren. Zugleich verkörperte das Ensemble den alles überragenden totalen Herrschaftsanspruch von Partei und Staat.

In den innerstädtischen Bereichen sollte eine dichte Bebauung mit dreigeschossigen Blockbauten vorherrschen, die stadtauswärts in eine zweigeschossige, lichtere Bebauung übergeht, um die Stadt in die Landschaft einzubetten. Die vorhandenen Grün- und Waldflächen sollten in das Stadtbild eingebunden werden. Ein vom Straßenverlauf unabhängiges System von Grün- und Fußwegen vernetzte in der Planung die Stadtteile miteinander. Dadurch sollte eine »Arbeiterstadt im Grünen« entstehen, die zwischen moderner Industriestadt und dem nationalsozialistischen Gartenstadtideal vermittelte.

Der Wohnungsbau genoss beim Ausbau der Stadt oberste Priorität. Die Stadt wuchs deshalb entgegen dem üblichen Stadtentwicklungsverlauf nicht vom Zentrum in die Peripherie, sondern von den Rändern ins Stadtzentrum. Das erste 1938/39 errichtete Wohngebiet war die Siedlung Steimker Berg. Dort entstanden 450 Wohneinheiten, die vor allem Führungskräften aus dem VW-Werk und der Stadtverwaltung sowie hochqualifizierten Facharbeitern vorbehalten waren. Mit standardisierten Bauelementen wurde die Siedlung in ein- und zweigeschossigen Reihen- und Doppelhäusern angelegt,[50] einschließlich einer Grünzone und einem »Nahversorgungszentrum«, das mit Geschäften, Gastronomie und anderen Einrichtungen die Funktion eines kleinstädtischen Marktplatzes übernehmen sollte. In diesem Zentrum sollten vorrangig Fußgänger verkehren, um, so Koller, »einen Bezirk der inneren Ruhe« zu erhalten. Der Auto- und Motorverkehr wurde nach außen abgeleitet. Für den Innenausbau der 56 bis 115qm großen Wohneinheiten wurde eigens die Wohnungs- und Siedlungsgesellschaft der DAF »Neuland« gegründet. Die Grundausstattung der Wohnungen war für die damalige Verhältnisse überdurchschnittlich gut: Die Beheizung erfolgte über Fernwärme aus dem VW-Kraftwerk. Alle Wohnungen waren elektrifiziert und besaßen eine Einbauküche mit kombiniertem Kohle-Elektroherd. Die Bäder wurden mit Elektroboilern ausgestattet. Es gab eine »Zentralwäscherei« und für jede Wohnung war ein Gartengrundstück vorgesehen, in dem Gemüse angepflanzt und Kleintiere gehalten werden konnten. Mit dieser Art ländlicher Selbstversorgung sollte die Arbeit in der hochtechnisierten Fabrik durch eine »ursprüngliche« Lebensform ergänzt werden.[51] Im Anschluss daran konzentrierte sich die Stadtentwicklung auf die »Unterstadt«, in der das Geschäftszentrum vorgesehen war. Die Errichtung erfolgte in der »Unterstadt« vorrangig in dichter, in geschlossen Zeilen verlaufender und dreistöckiger Randbebauung. Bepflanzte Wohnhöfe mit Grünflächen, Kinderspiel- und Wäscheplätzen waren vorgesehen, die durch Fußwege miteinander verbunden waren.

In die erbauten Wohnungen sollten vor allem höher qualifizierte und deutsche Arbeitskräfte einziehen. Die Baumaßnahmen gerieten, da es an Material und Arbeitskräften mangelte, zunehmend ins Stocken, bis sie Ende 1941 aufgrund des Bauverbots für nichtkriegswichtige Projekte gänzlich zum Erliegen kamen. Bis 1945 wurden ca. 3.300 Wohnungen errichtet. Die vorgesehenen öffentlichen Gebäude wurden nie gebaut.

Kollers Stadtplanung versuchte das nationalsozialistische Ideal der »neuen Stadt« in die Praxis umzusetzen: »gesundes Wohnen« für die deutschen Arbeiter; überschaubare Nachbarschaften, um der vorgeblichen »Entwurzelung« des großstädtischen Menschen entgegenzuwirken; Rückkehr zum Leben in der Kleinstadt; genormte Serienproduktion und Erfüllung von Komfortwünschen der deutschen »Herrenrasse«.

Indem Koller Stadt und Werk stadtarchitektonisch trennte, verband er sie zur »neuen« Einheit: die »größtmögliche Erholung« sollte die »größtmögliche Leistungsfähigkeit« der Bewohner hervorbringen.

Die nationalsozialistische Musterstadt für die deutschen Facharbeiter und ihre Familien markierte die eine Seite der städtischen Neugründung. Auf der anderen entstand die »Stadt des KdF-Wagens« von 1938 an vorwiegend als symbolträchtige Lagerstadt[52], indem der Reichsarbeitsdienst in Holzbauweise

»Normbaracken« errichtete. In diesen Baracken waren nahezu sämtliche öffentlichen Einrichtungen und Parteiapparate, die Planungs-, Kontroll- und Repressionsgruppen sowie der größte Teil der Arbeiter/innen untergebracht. Im Zentrum der Stadt und der Lagerstadt entstand von April bis Mai 1938 das »Gemeinschaftslager« des VW-Werkes. Die Lagerstadt wucherte im Laufe der Zeit immer weiter aus und durchzog das gesamte Stadtgebiet. Ab 1942 entstand das »Ostlager«, in dem vorwiegend Zwangsarbeiter/innen und sowjetische »Zivilarbeiter/innen« hinter Stacheldraht verwahrt wurden; 1944 kam im Westen das KZ-Arbeitsdorf hinzu. Weitere Lager durchzogen die Stadt und auch das Werksgelände (z.B. Gießereilager, Hafenlager). Die Lagerstruktur wurde teilweise auf das Umland ausgedehnt – so entstand im wenige Kilometer entfernten Rühen ein Lager für polnische Zwangsarbeiter/innen. Die in Festbauweise errichteten Wohngebiete blieben Deutschen vorbehalten. Die in Baracken untergebrachten Deutschen versuchten deshalb, diese möglichst rasch zu verlassen. In der Lagerstadt lebten mit der Zeit überwiegend Ausländer. Vor allem in den Lagern der »Ostarbeiter/innen« waren die Baracken planmäßig überbelegt. Im Frauenlager mussten sich häufig zwei Frauen ein Bett teilen.

Im städtischen Funktionszusammenhang von Lagersystem, Stadtvierteln und Werk wird der Zusammenhang von Kriegswirtschaft und KZ- und Lagersystem sichtbar.[53] Allein im »Gemeinschaftslager«, in dem 8.000 bis 9.000 Menschen lebten, gabt es 1943 236 Wohn- und Funktionsbaracken, darunter 104 Mannschaftsbaracken, 24 Führerbaracken, 46 Waschbaracken, 25 Abortbaracken, 24 Küchenbaracken und diverse Kranken-, Verwaltungs- und Bewirtschaftungsbaracken der »Sozialbetriebe« des VW-Werkes. Die Verwaltung des »Gemeinschaftslagers« als auch der anderen Lager oblag nicht der städtischen Verwaltung, sondern der Werksleitung.

Ab Ende 1943 entstand am westlichen Stadtrand außerhalb des engeren Stadtgebiets, auf dem Laagberg, ein neuartiges Lager. Die Unterkünfte wurden von Häftlingen des KZ-Neuengamme in Form massiver Großbaracken errichtet, die für die dauerhafte Nutzung vorgesehen waren. Sie waren für den Masseneinsatz eines neuen Arbeitertyps gedacht, der in der Nachkriegszeit im Werk eingesetzt werden sollte. Das zuerst gebaute Areal war das Außenlager des KZ Neuengamme.[54] Für den anderen Teil des Lagers, geplant für 6.000 Menschen, war eine Umzäunung zunächst nicht vorgesehen. Er lag jedoch noch innerhalb der das Außenlager umgebenden Postenkette und stand daher unter direkter Kontrolle der SS.

3. Das »Vorwerk« und die Schaffung des »neuen deutschen Facharbeiters«

Schon zu einem frühen Planungsstand des Volkswagenwerks, im September 1937, sprach Lafferentz von der Notwendigkeit, ein »Vorwerk« zu errichten, das Umschulungsmaßnahmen und vor allem eine umfassende Lehrlingsausbildung anbieten solle. Als Standort war Braunschweig vorgesehen.[55] Dabei ging es nicht allein um die Bereitstellung und Ausbildung qualifizierter Facharbeiter, sondern vielmehr darum, einen »neuen deutschen Facharbeiter«, einen »Soldat[en] der Arbeit«, zu erziehen, der als »Facharbeiterführer« der deutschen Stammbelegschaft den anzulernenden und angelernten Arbeitskräften vorsteht und der »Träger des Produktionssystems« ist. Tatsächlich wurde dieser »Facharbeiterführer« bzw. »Unterführer« zum Garanten und Träger des Zwangsarbeitssystems.[56] Das »Vorwerk« war ein vielbeachtetes und häufig besuchtes Prestige-Projekt der DAF. Es galt als Beispiel mustergültiger nationalsozialistischer Berufserziehung. Im Bereich der industriellen Berufsausbildung übernahm es eine berufspädagogische Vorreiterrolle. In der Nachkriegszeit knüpften viele Betriebe wieder an die dort gemachten Erfahrungen an.[57]

Eine besondere Rolle sowohl bei der Konzeptualisierung als auch bei der Umsetzung des »Vorwerks« spielt das »Amt für Berufserziehung und Betriebsführung« der DAF, das 1935 als Nachfolgeorganisation der DINTA gegründet wurde.[58]

Der Ausbildungsleiter, Karl Friedrich Müller, erkannte im »Vorwerk« »die große nationale Aufgabe« und verfolgte das Ziel, »eine neue deutsche Facharbeiterschaft herauszubilden, die einmal in der ganzen Welt führend sein wird«.[59] Nach den Vorstellungen von Arnhold, dem Leiter des Vorwerks – er hatte auch schon das DINTA geleitet[60] – sollte es zum zukunftsweisenden Beispiel einer modernen, methodisch ganzheitlichen, den ganzen Menschen erfassenden Berufserziehung werden, die fachliche Ausbildung mit charakterlichen und weltanschaulichen Schulungen verbindet und dazu gezielt auch Emotionen in den Dienst nehmen solle.

Dementsprechend wurde die fachliche Qualifizierung mit soldatischer Erziehung gepaart: die anspruchsvolle, werkberufsschulische und lehrwerkstattmäßige Facharbeiterausbildung kombinierte man mit weltanschaulichen Schulungen gemäß der nationalsozialistischen Grundsätze sowie mit sportlichem Training und soldatischen Gelände- und Ordnungsdiensten in den von der Hitlerjugend (HJ) geleiteten Unterkünften. Die Lehrlinge unterlagen äußerst rigiden Dienstplänen. In ihrem gesamten Arbeits- und Lebensbereich weitgehend kaserniert, waren sie von ihrer Umwelt und den bisherigen sozialen Bindungen abgetrennt. Diese »Erziehung neuer deutscher Menschen in den

Betriebsgemeinschaften« sah man als »eine lebenswichtige Grundlage für die Zukunft des nationalsozialistischen Deutschland« an.[61] Der »Faktor Mensch« sollte durch »organische Betriebsgestaltung« und »richtige Menschenführung« zur »bereitwilligen Mobilisierung und Indienststellung aller seiner Kraftressourcen« in die »Betriebs-« bzw. »Volksgemeinschaft« eingespeist werden.[62]

Die Rekrutierung der Lehrlinge konnte in einem der größten deutschen Ausbildungsbetriebe nicht nahräumlich organisiert werden. Sie wurde daher auch zu einem Beispiel, wie man einen überregionalen Ausgleich des Lehrstellenmarktes schaffen konnte, ein »modernes Steuerungsinstrument«, welches durchaus auch aktuelle Bezüge hat. Durchgeführt wurde die Aufgabe von den örtlichen Arbeitsämtern im gesamten Reichsgebiet und vom Amt für Berufserziehung koordiniert, das sich mit der Reichsjugendführung, dem Jugendamt der DAF und der Reichsanstalt für Arbeitsvermittlung und Arbeitslosenversicherung absprach. Die Endauswahl oblag dem Personalamt des »Vorwerks«. Etwa die Hälfte aller an den Auswahlverfahren Teilnehmenden wurden abgelehnt und dabei »erbbiologische, rassische, gesundheitliche und charakterliche« Merkmale berücksichtigt.[63] Selbstverständlich mussten alle Kandidaten Mitglieder der HJ sein. Die Ausgewählten, zu Beginn der Ausbildung in einem vier- bis sechswöchigen HJ-Lager zusammengefasst, mussten sich sowohl psychotechnischen Eignungsverfahren als auch Einfachstschulungen für Holz und Eisen unterziehen. Das HJ-Lager diente ebenfalls dazu, eine »Leistungsgemeinschaft« der VW-Lehrlinge herzustellen: Geprüft wurde, ob der Lehrling »sich für das Leben in einer so engen Gemeinschaft eignet, das in so hohem Maße kameradschaftliches Denken und Einfühlungsvermögen voraussetzt.«[64] Im Werk mussten zunächst alle Lehrlinge den vom »Amt für Berufserziehung und Betriebsführung« entwickelten Lehrgang »Eisen erzieht« durchlaufen, einen disziplinierenden Grundlehrgang, in dem »Tugenden« wie Exaktheit, Sauberkeit, Zuverlässigkeit, Härte, Zähigkeit, Willensstärke, Hingabebereitschaft, Opferwilligkeit und Einsatzbereitschaft gefördert werden sollten. Sie galten als Inbegriff der Verbindung von soldatischer und Arbeitsdisziplin. Erst nach dieser Grundausbildung wurde für jeden einzelnen Lehrling der endgültige Lehrberuf festgelegt. In den ersten zwei Ausbildungsjahren arbeiteten und übten die Lehrlinge im »Vorwerk«, während sie im dritten Lehrjahr in der eigentlichen Fertigungsarbeit im Hauptwerk eingesetzt wurden.

Die Lehrlinge des »Vorwerks« besuchten die Werkberufsschule mit angegliederter umfangreicher Bücherei, die ausschließlich für VW-Lehrlinge eingerichtet worden war. Die technische Ausstattung der Lehrwerkstätten befand sich auf höchstem Niveau und war dem Hauptwerk angepasst. Berufsschule und Lehrwerkstatt stimmten die einzelnen Schritte in einem »Gesamterziehungsplan« miteinander ab. Es wurde mit experimentellen Unterrichtsmethoden gearbeitet und ein neues Fach »Naturlehre« – Werkstofflehre, Mechanik, Elektrotechnik, Wärmelehre und Maschinenkunde – angeboten. Sachlich und qualitativ hob sich die Ausbildung im »Vorwerk« weit von den meisten Industriebetrieben ab. Von jedem Lehrling wurden »Konstitutionsbilder« des körperlichen Zustands und der funktionellen Leistungsfähigkeit in Karteien erfasst und diese gezielt in die Leibesübungen zur Berufserziehung einbezogen.

Die Leistungskontrolle erfolgte mittels »Lehr-« und »Zwischenlehrarbeiten« und der Auswertung des »Werkbuchs«, die nicht von den Ausbildern, sondern von einer unmittelbar der Ausbildungsleitung unterstellten Revisionsabteilung vorgenommen wurde, um umfangreiche »Persönlichkeitsprofile« der Lehrlinge zu erhalten. Die Ergebnisse wurden zwar von jedem Lehrling erhoben, betrieblich jedoch nur als Gruppenleistung ausgewiesen, gemäß der nationalsozialistischen Parole »Mannschaft leistet«. Die Lehrlinge verschmolzen in diesem System zu einer »Leistungs-« und »Volksgemeinschaft«.[65] Weltanschauliche Inhalte gehörten in der Berufsschule zu den Lehrplänen[66], die die Schulungen der HJ ergänzten. Wöchentlich wechselnde Sinnsprüche in den Berichtsheften sollten eine pseudo-sakrale Überhöhung der Arbeit inszenieren helfen.[67] Die Lehrlinge standen außerhalb von Werkstatt und Schule unter der Kontrolle der HJ. Untergebracht wurden sie in acht Lehrlingsheimen zu je 60 Jugendlichen, die jeweils von einem Heimleiter und einem Heimhelfer der HJ geleitet wurden. In Vierbett-Zimmern untergebracht, bildete jedes Zimmer eine Rotte, 20 Lehrlinge eine Schar, jedes Heim eine Gefolgschaft, alle Heime zusammen einen Stamm. Der Tagesablauf war nahezu lückenlos geregelt: Zwischen Wecken um 5:30 Uhr und Zapfenstreich um 21 Uhr blieben den Lehrlingen drei halbstündige Freizeiten jeweils nach dem Mittagessen, dem Kaffeetrinken und dem Abendessen. Zwei Sonntage im Monat erhielten sie dienstfrei. Die kasernierten Lehrlinge wurden so aus ihren alten sozialen Bezügen herausgelöst und dem Sozialisationsprozess einer totalitären Institution unterworfen.

4. Restauration in der Nachkriegszeit

Am Ende des Kriegs besetzten amerikanische Truppen das VW-Werk und die Stadt. Da die bisherige Werksleitung geflohen war, bildete sich eine neue provisorische Leitung, die sich im Wesentlichen aus früheren Abteilungsleitern zusammensetzte. Auf Betreiben sozialdemokratischer VW-Arbeiter konstituierte sich in der Stadt ein »Demokratischer Ausschuss«, der die Stadtverwaltung übernahm und die Bildung der provisorischen Werksleitung unterstützte. Auf

Weisung der amerikanischen Militärkommandantur wurde die Stadt am 25. Mai 1945 in Wolfsburg umbenannt.

Die neue Werksleitung setzte sich für die förmliche militärische Besetzung des Werks ein, um es vor der Rache der Zwangsarbeiter/innen zu schützen. Da der Großteil der Maschinen gerettet werden konnte und auch die Gebäudeschäden begrenzt blieben, wurde die Produktion schnell wieder aufgenommen.

Im Juni 1945 wurde das Werk unter britische Kontrolle gestellt. Doch bereits im Mai 1945 hatte die Produktion von monatlich 500 Kübelwagen für die britische Armee begonnen. Kurze Zeit später konnte auch die Produktion des »Käfers« aufgenommen werden. Bei der Inbetriebnahme befand sich das VW-Werk in einer äußerst günstigen Position, da es als Regiebetrieb der Alliierten bevorzugt mit Rohstoffen beliefert wurde. Das ermöglichte es VW unmittelbar nach dem Krieg den PKW-Markt in Deutschland wieder anzuführen.[68]

In Fortführung der DAF-Tradition bemühte sich die Werksleitung auch weiterhin um verhältnismäßig hohe Löhne und Sozialleistungen sowie um die Verbesserung der Lebensmittelversorgung für ihre Beschäftigten. Obwohl Wolfsburg große Massen von Flüchtlingen anzog, blieb die Produktion durch eine hohe Arbeitskräftefluktuation gekennzeichnet, da zum einen ein katastrophaler Wohnraummangel herrschte[69] und zum anderen viele Flüchtlinge Wolfsburg nur als Zwischenstation betrachteten. Die alte ortsansässige nationalsozialistische Arbeiterelite der Vor- und Facharbeiter bildete den Betriebsrat, der 1947 eine Betriebvereinigung mit der Werksleitung abschloss, die deutliche Anklänge an die Betriebsgemeinschaftsideologie der DAF aufwies: »Sämtliche Arbeiter und Angestellten im Volkswagenwerk bilden eine geschlossene, demokratisch geführte Leistungsgemeinschaft«.[70] In der Stadt erhielt die rechtsradikale Deutsche Partei (DP) bei den Kommunalwahlen 1948 48% der Stimmen.[71]

Im Januar 1948 setzten »die Briten« Heinrich Nordhoff als Generaldirektor ein. Nordhoff ist ebenfalls ein verdienter Industrieführer des NS und leitete als Wehrwirtschaftsführer das Opel-Werk in Brandenburg (Havel).[72] Das VW-Werk wurde 1949 unter Treuhandschaft des Bundes und des Landes Niedersachsen gestellt. Nordhoff, der »König von Wolfsburg«, leitete das Werk wie seine nationalsozialistischen Vorgänger. Unter seiner Ägide konnte die Saat der Nazis endgültig geerntet werden: VW entwickelte sich zum größten europäischen Autoproduzenten. Im Schlepptau des Volkswagenwerkes ging es auch mit der Stadt als »joint venture« voran. Die Stadt Wolfsburg und das Volkswagenwerk gelten durch die enge Verschränkung von Staat und

Kapital als Musterbeispiel eines korporativen Kapitalismus, das den Beginn des »deutschen Wirtschaftswunders« markierte.

IV Restrukturierung des VW-Konzerns seit den 1990er Jahren

Die ersten Ansätze, die internationale Automobilproduktion umfassend zu restrukturieren, setzten Mitte der 80er Jahre mit der Diskussion um den Qualitätsvorsprung des sogenannten Toyotismus gegenüber der Produktion in den amerikanischen und europäischen Autowerken ein.[73] Die Lean Production des Toyotismus organisierte den Arbeitsprozess nicht mehr vorrangig monoton fließbandartig, sondern in gemeinschaftlicher Gruppenarbeit. Über die Standardisierung und Synchronisierung der Produktionsprozesse erreichte Toyota enorme Rationalisierungsgewinne. So gelang es dem Konzern, die Arbeiter/innen zur polyvalenten Arbeit zu mobilisieren. Dadurch konnten unterschiedliche Modelle am selben Band produziert werden.[74]

Bei VW ist dieser Restrukturierungsprozess seit Ende der 80er Jahre in die Transformation des Konzerns von einem international tätigen und organisierten in einen global operierenden und transnational organisierten Konzern eingebettet. Wichtiger An- und Auftrieb bot der wirtschaftliche und politische Zusammenbruch des ehemals »realsozialistischen« Osteuropas, aus dem auf verschiedenen Ebenen Ressourcen einflossen, die im Zusammenspiel mit der forciert betriebenen Deregulierung einen Glücksfall für die Transformationspläne des VW-Management darstellten. Der VW-Konzern brachte als »Frontrunner« dieses Durchdringungsprozesses rasch einen gewichtigen Teil des osteuropäischen Marktes mittels aggressiver Übernahmestrategien unter seine Kontrolle (in Ostdeutschland, der Tschechischen Republik, der Slowakei, Polen und Ungarn). Die osteuropäischen Werke wurden in diesem Expansionsprozess nicht vorrangig als »verlängerte Werkbänke« der westeuropäischen Werke aufgebaut, sondern von Anfang an auf hohem technologischem Niveau, teilweise über dem der westdeutschen Standorte, in die konzernweite Arbeitsteilung integriert. Die bis heute bestehende konzerninterne Zentrum-Peripherie-Hierarchie der Standorte und die damit verbundenen Diskrepanzen wurden tendenziell eingeebnet.

Das VW-Management nutzte die Ostweiterung dazu, die seit Mitte der 1980er Jahre begonnene Parallelproduktion von baugleichen Fahrzeugtypen in verschiedenen Werken zu forcieren, um so die konzerninterne Standortkonkurrenz anzuheizen.[75] Die Einführung der kostenorientierten internationalen Arbeitsteilung ermöglichte es, konzernintern Kosten zu vergleichen und Benchmarking zu betreiben. Bei der Ausschreibung neuer Produktionslinien konkurrierten von nun an die verschiedenen Standorte miteinander ebenso wie mit externen Anbietern.

Mit dem Ausbruch der Krise 1993 begann das VW-Management die Umbaustrategien zu intensivieren. Es forcierte seine Anstrengungen auch in jenen Bereichen, die bis zu diesem Zeitpunkt noch relativ unberührt geblieben waren. Dies betraf in erster Linie die deutschen Werke, allen voran Wolfsburg. Ins Zentrum der Rationalisierungsbemühungen geriet nun immer mehr der Bereich der Arbeitsbeziehungen. Während der 1980er Jahre konnte das Management zwar den Produktionsprozess technologisch weitgehend verändern, doch bei den Arbeitsbeziehungen, den Löhnen, der Arbeitszeit und der Arbeitsflexibilität war kein Durchbruch gelungen. Der VW-Konzern nutzte die Krise, die 28,8-Stunden-Woche mit entsprechenden Lohnkürzungen und einer damit einhergehenden erheblichen Flexibilisierung der Arbeitsverhältnisse durchzusetzen. Die Produktstrategie und Arbeitsorganisation wurde zu einem intern und extern kohärenten Produktionsmodell entwickelt. Die technologische Angleichung der konzerninternen Arbeitsteilung und der Ausbau der Parallelproduktion ermöglichten es, sowohl Optimierungs- und Flexibilisieru ngspotenziale freizusetzen, als auch die Lohn- und Sozialansprüche der Arbeiter/innen zu begrenzen und niedrig zu halten.

Das Stammwerk in Wolfsburg verlor mehr und mehr seine ursprüngliche Leitwerkfunktion und geriet konzernintern immer stärker unter Druck. Ab Beginn der 1990er Jahre wurde im Management offen über eine neue Konzernstruktur einschließlich einer Verlagerung des Konzernsitzes debattiert[76] und gemeinsam mit dem gewerkschaftlichen Co-Management der Umbau vorangetrieben.[77] VW setzte dabei auf eine Reorganisationsstrategie, die sich aus dem betriebswirtschaftlichen Bezug löste und die Homogenisierung aller nur erdenklichen Umfeldbedingungen ins planerische und operationelle Zentrum seiner Aktivitäten stellte. Es ging nicht nur um die Gestaltung der jeweiligen lokalen und nationalen Umfeldbedingungen, sondern um die Herstellung einer Kohärenz zwischen Unternehmen und jeweiligem ökonomischem und sozialem Umfeld, in der die spezifischen Entwicklungspfade des Global Players in wechselseitiger Beziehung zu diesem Umfeld stehen, um ein möglichst adäquates Produktionsmodell herauszubilden. Trotz der konzernweiten tendenziellen Angleichung in den Bereichen Technologie, Produktpolitik, Organisation interner und externer Produktionsabläufe und Arbeitsbeziehungen, sollte dieses Modell spezifisch auf die jeweils konkreten Umfeldbedingungen reagieren können. Ein Produktionsmodell, das als hochflexibles Framework zu begreifen ist, dessen Differenzierungen netzwerkartig an den verschiedenen Knotenpunkten kompatibel gemacht werden.

Der VW-Konzern hatte – wie viele andere große Automobilhersteller – in den 1990er Jahren sein Produktionsmodell von einer Volumen- und Produktdifferenzierungsstrategie auf eine Strategie der Produktdifferenzierung und Flexibilität umgestellt. Grundlage dafür war eine Modulstrategie, die die vorhandene Plattformstrategie[78] ablöste. Die Werke wurden zu hochflexiblen »Drehscheibenwerken«[79] umgebaut, um sie in die Lage zu versetzen, auf einer einzigen Fertigungslinie bis zu drei verschiedene Modelle zu produzieren. Dies sollte helfen, 20-30% der Entwicklungskosten einzusparen und flexibler auf Nachfrageschwankungen zu reagieren. Eine Folge der Modulstrategie war die Verringerung des Automatisierungsgrades in der Produktion. Die Modulproduktion wirkte stark vereinheitlichend auf die konzerninterne Arbeitsteilung und ermöglichte eine weltweite Angleichung der Produktionstechnologien und der Arbeitsorganisation. Die Wertschöpfungskette konnte dadurch immer weiter zergliedert und im globalen Maßstab reorganisiert werden. Die Standards für Qualität, Flexibilität und Produktivität wurden konzernintern und global zunehmend vergleichbarer.

Auf der Ebene der Arbeitsbeziehungen war die qualitativ neue Form der Kooperation zwischen VW und der Stadt Wolfsburg (später auch der Region Braunschweig) noch wichtiger als die Einführung der 28,8-Stunden-Woche. Weiterhin weichte die Strategie des internen und externen Outsourcing über Leih- und Zeitarbeitsfirmen sowie Zulieferern die alten Arbeiterrigiditäten auf und entlastete den Konzern bezüglich der Lohn- und Sozialausgaben erheblich. Die größten Auswirkungen auf die Arbeitsbeziehungen erfolgten zweifellos über die Wolfsburg AG, das Konzept AutoVision und Auto 5000. Auf den gesamten Komplex werde ich weiter unten genauer eingehen.

Ab Mitte der 1990er begann der VW-Konzern, die Beziehungen zu seinen Zulieferern neu zu ordnen. Diese wurden aufgefordert, sich in direkter Nähe der VW-Produktionsstätten anzusiedeln, was sie in extreme Abhängigkeit gegenüber VW brachte, da die Umsiedlungen mit erheblichen Mehrkosten verbunden waren, die sich nur bei einer perspektivisch gesicherten Zusammenarbeit amortisieren ließen. Gleichzeitig wurde erheblicher Druck auf die Zulieferer ausgeübt, um Kosten zu reduzieren und Qualitätsstandards zu verbessern. Der Zwang, pünktlich zu liefern, ohne Fehler zu produzieren und die Preise zu senken, verstärkte ihre Abhängigkeit und bewirkte einen erheblichen Profittransfer in den VW-Konzern. VW verstärkte die Entwicklungszusammenarbeit mit den Zulieferern und verlangte von ihnen nun auch eigene Entwicklungsleistungen bis hin zur Konstruktion der Null-Serie und des

Serienlaufs, die anders als zuvor parallel, nicht mehr sequentiell, ausgeführt und über permanente Rückkopplungsschleifen und Rückbezüglichkeiten durch sogenanntes »Reflexives« oder »Simultanous Engineering« evaluiert wurden. Dem VW-Konzern gelang es, einen erheblichen Teil der eigenen Entwicklungskosten zu externalisieren, ohne die Verfügungsmacht über den Prozess und die Innovationen zu verlieren. Das Rentabilitätsproblem der Zulieferbetriebe zwang diese – in Analogie zur Gleichteileproduktion der Modulstrategie von VW – ebenfalls dazu, identische Fertigungsverfahren zu entwickeln[80] und die Kooperation sowohl untereinander als auch mit VW selbst netzwerkartig zu verstärken. Letztlich waren die Lieferanten gezwungen, ein gemeinsames Baukastensystem zu entwickeln und damit ihre gesamte komplexe Produktion auf die Bedarfe des VW-Konzerns abzustimmen. Für die Zulieferer bedeutete dies ebenfalls, von einer relativen Hochautomation ihrer Fertigungsstrukturen abzukehren und zu einer flexiblen Halbautomation überzugehen. Der VW-Konzern managt zudem als einziger »Global Player« den Einkauf für die gesamte Zuliefererkette. Trotz des Personalmehraufwands konnten dadurch enorme Skaleneffekte erzielt werden (20-30% der Zulieferkosten), während die Wertschöpfung der Zulieferer fast ausschließlich aus der Montagetätigkeit resultierte.[81] Neben dieser engeren Anbindung der Zulieferer verstärkte der VW-Konzern auch das Insourcing in bestimmte Bereiche, vor allem im Bereich hochwertiger und elektronischer Komponenten und der Innenausstattung.[82]

V Die Entwicklung clusterorientierter Regionalisierung in Südostniedersachsen

1. Die Regionale Entwicklungsagentur Südostniedersachsen e.V. (reson)

Die ersten Ansätze für eine veränderte Regionalpolitik datieren auf das Ende der 1980er Jahre. Die IG Metall und das Sozialwissenschaftliche Institut der Technischen Universität Braunschweig starteten eine Initiative zur Standort- und Beschäftigungspolitik in der Region SON. Aus Regionalanalysen der wirtschaftlichen, technischen und wissenschaftlichen Potenziale und den Analysen globaler struktureller Veränderungsanforderungen der Automobilindustrie entwickelte eine Forschergruppe unter der Leitung Klaus Lompes den Begriff der Verkehrskompetenzregion SON. 1994 mündete dieser Forschungsprozess in die Gründung der Regionalen Entwicklungsagentur Südostniedersachsen e.V. (reson) – das »Experiment ohne Vorbild«[83]. Es ist die erste institutionalisierte Form regionaler Entwicklungspolitik. Der Weg dahin wurde durch das Land Niedersachsen geebnet, das seit Anfang der

1990er Jahre Landesstrukturpolitik als kooperative regionale Strukturpolitik forcierte. Die Entwicklungsagentur wurde als Public-Private-Partnership gegründet. Neben der Volkswagen AG und der Preussag AG (heute Salzgitter AG) wurden sowohl alle führenden Firmen des Verkehrs- und Fahrzeugsektors, sämtliche Gebietskörperschaften der Region (die kreisfreien Städte Braunschweig, Salzgitter und Wolfsburg und die Landkreise Gifhorn, Goslar, Helmstedt, Peine und Wolfenbüttel), das Land Niedersachsen, als auch alle wissenschaftlichen Institutionen und Forschungseinrichtungen der Region sowie die Gewerkschaften beteiligt. Die explizite Aufgabe von reson lautete und lautet, die Regionalentwicklung, die konstruktiv auf den Clusteraufbau bezogen ist und diesen unterstützen soll, kreativ voranzutreiben und umzusetzen. Das Zentrum der Aktivitäten richtete sich vor allem auf die Stabilisierung und Modernisierung der vorhandenen Kompetenzen im Fahrzeugsektor.

Durchgeführt wird dies innerhalb der drei Schwerpunktbereiche Regionalentwicklung, Arbeit und Qualifikation sowie Mobilität und Nachhaltigkeit:

– Im Bereich »Regionalentwicklung« soll eine »dialog- und clusterorientierte regionale Strukturpolitik«[84], der Aufbau regionaler Wertschöpfungsketten, eine regionale Gründerinitiative und die Bereitstellung von Risikokapital unterstützt werden.

– Im Bereich »Arbeit und Qualifikation« soll ein Beitrag zur Verbesserung des Qualifikationsniveaus des vorhandenen Arbeitskräftepotenzials geleistet werden. Dazu werden zahlreiche Projekte initiiert. Besonderes Augenmerk wird auf den Bereich des lebenslangen Lernens gerichtet. Die Projekte sind nicht eindeutig auf den Bereich der produktiven Tätigkeiten, sondern in den sozialen Raum hinein gerichtet. Sie intendieren eine neue »Lernkultur«, um das Qualifikationsniveau der Menschen in der Region insgesamt zu stärken. Damit soll die allgemeine Beschäftigungsfähigkeit und mögliche Verwertbarkeit erhöht werden.

– Im Bereich »Mobilität und Nachhaltigkeit« soll in Zusammenarbeit mit regionalen, nationalen und internationalen Experten und Expertinnen die Entwicklung eines »zukunftsfähigen Verkehrssystems« unterstützt werden. Des weiteren soll die Agentur Akteure, Projekte und Initiativen sowohl im produktiven als auch im Forschungssektor im Bereich Mobilitätsentwicklung vernetzen und für produktive Abstimmungsmechanismen sorgen.

Die Schwerpunkte der Arbeit von reson zielen von Beginn an darauf ab, das Cluster »Mobilität« zu entwickeln, zu sichern und umfassend zu bewirtschaften. Das gilt für die Planung und Koordination im produktiven Bereich, für die bedarfsdeckende Bewirtschaftung des Humankapitals und für die Koordination der prospektiven Wissensarbeit.

Dementsprechend umfangreich werden die Ziele von reson definiert:

- Potenziale mobilisieren und Störfaktoren benennen und konstruktiv bearbeiten
- Wirtschaftsbeziehungen stabilisieren und die Wirtschaftskraft der Region verbessern
- Beschäftigungs- und Standortperspektiven erhalten und neue eröffnen
- Lebens-, Arbeits- und Umweltbedingungen verbessern[85]
- Internationale Wettbewerbsfähigkeit erhöhen[86]

Eine erste große Aufgabe von reson war es, ein »Regionales Entwicklungskonzept« (REK)[87] zu erarbeiten und damit die erste konzeptionelle Stufe des Clusterbildungsprozesses zu organisieren und anzustoßen. Mit Hilfe von über 600 Personen aus der Industrie, den Gewerkschaften, den Kommunal- und Regionalparlamenten und -verwaltungen, aus Forschung und Wissenschaft und anderen gesellschaftlichen Gruppen wurde der Bestand der ökonomischen Potenziale in der Region ausgewertet und aufgenommen. Aus diesem Bestand wurden Kompetenzfelder geschält, um die weitere regionale Entwicklung darauf zu konzentrieren. Wie nicht anders zu erwarten, sollte sich die Region nach diesen Erhebungen auf die technologischen Kompetenzen im Bereich Verkehr und Mobilität konzentrieren, sich also zu einer »Verkehrskompetenz region« entwickeln.

Anknüpfend an den Strukturwandel der Automobilindustrie forderte und fordert das »Regionale Entwicklungskonzept« (REK), die Zulieferindustrie in der Region zu stärken und die Entwicklung neuer Qualifikationen und Existenzgründungen im Technologiesektor zu fördern. Zusätzliche Potenziale für die Bildung eines Clusters werden im Bereich der wissensbasierten Dienstleistungen gesehen. Die Entwicklungsagentur reson dringt mit seinen Projektförderungen weit in den gesellschaftlichen Raum hinein. Sie fördert über verschiedene Projekte die Kooperationsbeziehungen im Maschinenbau in der Region Braunschweig, die innovative Nutzung nachwachsender Rohstoffe u.v.a. Daneben existieren soziale Projekte wie AKTIV, ein Projekt zur Verbesserung der Ausbildungsfähigkeit, der Sozialkompetenz mit berufsorientierenden Maßnahmen, Begleitung in Schule, Ausbildung und Arbeit für Abgänger von Haupt- und Sonderschulen, oder wie SIMBA, eine Einrichtung zur sozialen Integration von Migranten und Migrantinnen in Arbeit und Beruf, oder nicht zuletzt wie V.I.E.L., ein regionaler Ableger der Initiative Lernende Region.[88] Mit dem REK erarbeitete reson eine wichtige Grundlage, um die erste konzeptionelle clusterpolitische Stufe in der Region Wolfsburg umzusetzen: Das Projekt AutoVision.

2. AutoVision und Wolfsburg AG

Anfang 1998 begann der VW-Konzern, die nächste Stufe des Clusteraufbaus praktisch umzusetzen. VW-Personalchef Peter Hartz überreichte der Stadt Wolfsburg anlässlich deren 60. Geburtstag am 1. Juli 1998 ein »Geburtstagsgeschenk« in Form des Versprechens, innerhalb von zehn Jahren die Arbeitslosigkeit in Wolfsburg zu halbieren und eine dauerhafte soziale und wirtschaftliche Entwicklungsperspektive für die Stadt und die Region zu schaffen.[89] Unter Federführung der Unternehmensberater von McKinsey & und Company entwickelte eine Arbeitsgruppe aus leitenden Angestellten des VW-Konzerns und der Stadt Wolfsburg das Konzept AutoVision, mit dem Ziel, über Clusterbildung den wirtschaftlichen Strukturwandel aktiv zu begleiten und die Region zu einem Zentrum für Mobilität umzubauen. Weiterhin wurde vorgeschlagen, die ausgeprägte Monostruktur zu diversifizieren, indem zusätzliche Kompetenzfelder und Cluster neben dem Mobilitätscluster aufgebaut werden. Und selbstverständlich war und ist die Volkswagen AG als Motor dieser Umstrukturierung vorgesehen. Im Sommer des Jahres 1999 begann die Umsetzung des Konzepts mit der Gründung der Wolfsburg AG, an der der VW-Konzern und die Stadt Wolfsburg zu jeweils 50% beteiligt sind. Das Projekt AutoVision bestand zunächst aus vier Modulen, die 2003 durch zwei weitere ergänzt wurden: *InnovationsCampus*, *ErlebnisWelt*, *Lieferantenansiedlung*, *PersonalServiceAgentur*; und ab 2003: *Netzwerk Nachhaltigkeit + Wirtschaft* und *HealthProject*. Ein weiterer Bestandteil des AutoVision-Konzepts ist die Initiative »NHN Foundation« – ein weltweites internetbasiertes Netzwerk zur Förderung von Wirtschaft und Beschäftigung in der Region. Für die nächste Zukunft ist der Aufbau des siebten Moduls *MobileLifeCampus* geplant.

InnovationsCampus

Ziel des Innovationscampus ist es, Wolfsburg für Unternehmensgründungen attraktiv zu machen. Unternehmensgründern werden Räume zur Verfügung gestellt und Beratung und Serviceleistungen beim Aufbau des Unternehmens angeboten.

ErlebnisWelt

Anspruchsvolle generationenübergreifende und familienorientierte Freizeit- und Unterhaltungsattraktionen in sechs Themenwelten sollen die Anziehungskraft Wolfsburg als überregionales Besucherziel erhöhen (v.a. die Autostadt). Die ErlebnisWelt soll vor allem der Staubsauger für die sogenannten geringqualifizierten Arbeitslosen sein, die hier als Zimmermädchen, Kartenabreißer etc. beschäftigt werden. Allein hier sind ca. 2.000 neue Arbeitsplätze geplant.

LieferantenAnsiedlung
Förderung der Ansiedlung und Vernetzung von Automobilzulieferern, insbesondere aus den Bereichen Fahrzeugentwicklung und -produktion, indem Flächen und Gebäude sowie ein Angebot von Service-Dienstleistungen für ansiedlungswillige Unternehmen bereitgestellt werden.
PersonalServiceAgentur (PSA)
Drehscheibe des Arbeitsmarktes zur Regulierung von Angebot und Nachfrage nach Arbeitskräften. Als Dienstleistungen werden Zeitarbeit, Personalvermittlung, Qualifizierungen, Personalberatung, Transfermarkt und Unterstützung bei Outsourcingmaßnahmen angeboten. Die PSA ist im Januar 1999 aus dem GIZ (Gründer- und Innovationszentrum GmbH) hervorgegangen, das bis Ende 1998 bestand und ausschließlich Studentinnen und Studenten »verlieh«.
Netzwerk Nachhaltigkeit + Wirtschaft
Vernetzung und Förderung des Wissens über ressourcenschonende und kreislauforientierte Produkte, Verfahren und Dienstleistungen, um Innovationen und neue Marktsegmente zu generieren.
HealthProject
Forschung und Aufbau einer Dienstleistungsstruktur im Bereich businessorientierter Gesundheit.
MobileLifeCampus
Denkfabrik, Zukunftslabor, Wissensdrehscheibe und Austauschplattform verschiedener Wissenschaftler und Unternehmer, um neue Trends und Ideen für Produkte und Dienstleistungen zu entwickeln. Kongresse, Symposien, Seminare und Events sollen stattfinden, Aufbau der VW-AutoUni.

Die Aktivitäten der Wolfsburg AG werden in Clustern weiterentwickelt, in denen sich die wirtschaftlichen und wissenschaftlichen Aktivitäten räumlich und thematisch konzentrieren. Im Mittelpunkt dieser Clusterentwicklung stehen die Wirtschaftsfelder Mobilität, Freizeit, Informationstechnik und businessorientierte Gesundheit. Das Konzept AutoVision wird in drei Phasen oder Horizonten umgesetzt. In der ersten Phase werden die Module »Mobilität« und »Freizeit« ausgebaut. In der zweiten Phase werden die bestehenden Module verstärkt und die Module »Informationstechnik« und »Gesundheit« aufgebaut. In der dritten Phase soll mit dem »MobileLifeCampus« eine Cluster-Drehscheibe entstehen.

3. Exkurs: Job Revolution

Peter Hartz war von 1993 bis 2005 der für Personalfragen zuständige Arbeitsdirektor bei VW. Unter der Leitung des vom ehemaligen VW-Chef Piëch hochgeschätzten Arbeitsdirektors – »Hartz ist unser bester Mann.«[90] – wurde die Vier-Tage-Woche und auch das Konzept »5000 x 5000« bei VW eingeführt. Hartz leitete ebenso hauptverantwortlich die Regie des Konzepts AutoVision und damit der Clusterpolitik in Wolfsburg und SON. Bundesweit bekannt wurde er im Jahr 2002, als er von Bundeskanzler Schröder zum Leiter der Kommission »Moderne Dienstleistungen am Arbeitsmarkt« (auch Hartz-Kommission) berufen wurde. Der Abschlussbericht der Kommission wurde in vier Gesetzesnovellen umgesetzt (Hartz I bis IV). Das bekannteste dieser Gesetzespakete ist die Reform des neuen Sozialgesetzbuchs (SGB II), in der u.a. die Arbeitslosen- und Sozialhilfe zusammengelegt wurden. Im Zuge der VW-Affäre trat Hartz im Oktober 2005 als Arbeitsdirektor bei VW zurück und wurde im Januar 2007 zu einer Haftstrafe von zwei Jahren auf Bewährung und € 576.000,- Geldstrafe verurteilt.

2001 erschien sein Buch »Job Revolution«, in dem er die konzeptionellen Grundlagen seines Modernisierungsansatzes der Öffentlichkeit vorstellt.[91] Das Buch schlägt einen geradezu euphorischen Ton an. Erkennbar wird ein komplexer sozialer Angriffsplans des Kapitals.[92]

Den Ausgangspunkt der Job Revolution bildet der sogenannte »Quantensprung« der Globalisierung, der die Welt zu einem »globalen Arbeitsdorf« gemacht habe, welches aus den historischen Formen von Arbeit kaum noch erschlossen werden könne. Obwohl sich im Prozess der Globalisierung viele alte Differenzierungen zwischen »erster« und »dritter« Welt aufgelöst hätten, gelte es festzuhalten, dass entgegen der Annahme vieler Beobachter kein Run auf die ausschließlich billigsten und lukrativsten Produktionsstandorte eingesetzt, sondern sich die Modularisierung der Produktion als wesentliche Strategie durchgesetzt habe. Deren Dynamik habe einen Transfer in Richtung »best in class« (133) befördert und so die Standards weltweit in Richtung modularer Weltmarktarbeitsplätze verändert. Regionale Beschäftigungserfolge, so zeigten empirische Untersuchungen, seien vor allem dann zu erzielen, wenn es zu einer erfolgreichen Clusterbildung innerhalb der Regionen komme.[93] Für die Region Wolfsburg gelte es daher, das Konzept AutoVision und den Umbau der Region zur Mobilitätsregion voranzutreiben. Da dies aber nicht allein Beschäftigungspolitik, sondern gleichermaßen Stadtentwicklungspolitik sei, müsse dies »von der ganzen Bürgerschaft mitgetragen werden«, ändere sich doch langfristig die ganze Stadt. (168)

Der eigentliche Kern der Job Revolution besteht nach Hartz darin, dass sich innerhalb des Clusters gänzlich neue Arbeitsformen und -beziehungen zwangsläufig entwickeln. An erster Stelle benennt er die Entwicklung eines neuen Zeitparadigmas. Von 8.760 Jahresstunden würde gerade einmal 1.200

bis 1.800 Stunden gearbeitet, der Rest sei Freizeit. Ähnlich sehe es beim Anteil der Arbeitszeit an der Lebenszeit der Menschen aus. Diese sei mittlerweile auf unter 10 Prozent gesunken: »Wir sind eine »Ein-Zehntel-Arbeitsgesellschaft« geworden.« (44) Wachstumschancen bestünden hier nur noch, wenn es zu grundsätzlich neuen Ansätzen komme. Zum einen müsse eine neue Zeitsouveränität entstehen. Die alte Arbeitszeiterfassung müsse ihrem Ende zugehen und eine neue selbstorganisierte Zeit an ihre Stelle treten. Zum zweiten müsse die alte tayloristische Detailorganisation und -planung neuen Zielvereinbarungen und Erfolgskontrollen weichen. Und schließlich – dies bezeichnet er als die eigentliche »Revolution« (21) – müsse Arbeit neu definiert werden und »wieder ein ganzheitliches Stück Leben« umfassen (ebd.). Bei größerer Flexibilität, indem zusätzliche Schichten geschoben, Wochenend-Modelle eingeführt würden und die Bändern durchlaufen könnten, könne jeder Arbeitsplatz vier bis sechsmal genutzt werden. Dadurch könnten bis zu 6.000 Arbeitsstunden jährlich gewonnen werden.[94] Unvermeidlich sei auch eine »neue Zumutbarkeit«. Bei jährlich 7.000 »Freistunden« könne dem Arbeitseinsatz erhebliches abverlangt werden: »Diese verkürzte Zeit kann gerannt, gerackert und auf Biegen und Brechen geleistet werden. Damit wäre die Brücke zur wirtschaftlichen Nutzung von Betriebsmitteln und Anlagen geschaffen.« (51) Zudem müssten an die Stelle der alten, scharf voneinander abgegrenzten Berufsbilder, neue betriebliche Kompetenzgemeinschaften entstehen, die über die Hierarchien hinweg sogenannte »Job-Familien«[95] bilden. Diese sind die produktiven und identitären Angelpunkte der neuen Fabrikrealität. Der alte Dreiklang beruflicher Karriere – Beruf-Stelle-Aufstieg – sei passé und müsse einem neuen Kompetenz-Prozess-Teamleader weichen, der aber schon in absehbarer Zeit von dem Dreiklang Innovation-Ergebnisqualität-Unternehmer abgelöst werde: »Job-Familien bündeln Wollen, Wissen und Werte.« (72) Die Menschen dürften sich nicht nur als Inhaber ihrer Arbeitskraft verstehen, sondern müssten eine neue »Job-Moral« (40) entwickeln und selbst die Verantwortung für ihre Beschäftigungsfähigkeit übernehmen und zum »Mit-Unternehmer« werden. Sie müssten »sich als »Workholder«, als Bewahrer und aktive Entwickler ihrer Chancen und ihrer Arbeitsplätze verhalten.« (41).

Entscheidender Antrieb der Veränderungen müsse die »Begrenzung der Dauerhaftigkeit der Kosten« sein. (89) Darum müssten Arbeitszeit und Entgelte von einem starren zu einem flexiblen Verhältnis miteinander verknüpft werden. Nicht mehr Besitzstandswahrung, sondern Ergebnisbeteiligung müsse die Leitlinie sein: »Das Unternehmen übernimmt das Risiko der Aufträge und der Entgeltzahlung, die einem Zielprogramm entsprechen, und die

Mitarbeiter als Unternehmer vor Ort übernehmen das Risiko, dass die Programmerfüllung mehr Arbeit erfordert, oder anders ausgedrückt, dass ein Rückgang des Arbeitsaufwands von dem persönlichen Beitrag zur Optimierung abhängig wird.« (87/8) Durch die Einführung von Programmentgelten mit Ergebnisbeteiligung könne es auch zu einem neuen Zielvereinbarungssystem kommen: Die Arbeitsgruppen hätten in diesem System die Verpflichtung, nur qualitativ hochwertige Teile abzuliefern, den Produktionsprozess laufend zu auditieren und diesen und sich über »Lernfabriken« beständig zu optimieren.

Wichtig in diesem System sei, die Vergütungskosten radikal zu vereinfachen. Damit ist vor allem der Wegfall aller tariflichen und betrieblichen Zusatzvergütungen gemeint. Neben einer Grundvergütung, die sich »nach dem zumutbaren und auskömmlichen Entgelt zur Sicherung eines Lebens- und Familienunterhalts« ausrichten müsse, sollten »im Tarifkreis 10 bis 30 Prozent variable Bezüge zumutbar« sein. (91)[96] In Zukunft müsse der Wertschöpfungszuwachs zur entscheidenden Quelle der Einkommenssteigerung und zum entscheidenden Motivator des Engagements der Arbeiterinnen und Arbeiter werden. Das System der neuen Zumutbarkeit und Beschäftigbarkeit werde aber nicht nur Gewinnerinnen und Gewinner haben: »[Die] 10-Prozent-Gesellschaft [verliert] an ihren Rändern diejenigen, die sich im Hochleistungssystem der letzten zehn Prozent Arbeit nicht mehr halten – halten können oder wollen.« (52) Ein Abbau der Arbeitslosigkeit werde daher nur gelingen, wenn neben dem Arbeiten in der »Champions League« der Global Player auch ein hoher Anteil an einfachen, anlernbaren Tätigleiten entstehe. Dafür eigne sich insbesondere der Dienstleistungssektor, da er, wie internationale Vergleiche zeigten, am stärksten zu regionalen Beschäftigungserfolgen beitrage. Der Ausbau der Erlebniswelt sei ein unverzichtbarer Bestandteil der Gesamtstrategie der Clusterbildung in Wolfsburg, dem eine doppelte Bedeutung zukomme: »Aufwertung der regionalen und städtebaulichen Attraktivität zur Bindung von Kaufkraft, die heute abfließt, sowie Aufbau eines Images nach außen, um als Ort hoher Lebensqualität und Symbol der Neuorientierung der Region Bürger, Ansiedlungswillige, High Potentials vom Arbeitsmarkt und Touristen anzuziehen.« (166) Dieses neue »Dienen« will aber ebenso gelernt sein: » ... nur über Trainingsstufen gelingt es, aus einem Langzeitarbeitslosen den aufmerksamen Serviceanbieter zu entwickeln, der es an Freundlichkeit mit jedem Mitarbeiter eines Spitzenhotels aufnehmen kann, obwohl aktuell vielleicht nur der richtige Parkplatz anzuweisen ist.«[97]

So wenig dieser Prozess vorhersagbar sei, so wenig ließe er sich aber auch aufhalten: »Die globale und virtuelle Arbeitswelt der Zukunft lässt sich nicht vorhersagen; sie wird erfunden, entwickelt und beherrscht – oder die Welt zieht weiter und lässt das eigene Unternehmen in der Vergangenheit zurück.« (116) Es gebe keine Wahl, weil der Weltmarkt und die globale Arbeitswelt alles diktiere: »Entweder man spielt in der Champions League oder überhaupt nicht mehr mit.« (127) Zukünftig sei mit weiteren einschneidenden Veränderungen zu rechnen: Die IT-Kompetenz bspw. werde zu einer Kulturtechnik wie Lesen, Schreiben und Rechnen und immer mehr Prozesse werden digital gesteuert erledigt.[98] Von den Arbeitnehmer/innen werde eine immer größere Lernkultur der Eigeninitiative verlangt und die Lernkurven würden immer steiler. Nur noch 5% der Lebenszeit werde in organisierten Betrieben stattfinden: »Arbeit als betrieblich verfasste Organisation von Tätigkeiten unter fremden Dispositionsrecht, mit fremden Arbeitsmitteln und in fremden Arbeitsräumen hat als Grundfigur für die Jobs der Zukunft mehr und mehr ausgedient.« (45) Stattdessen werde es zu einer »Rücknahme der Arbeit in die Gesellschaft« (ebd.) kommen. Dies werde Auswirkungen auf die gesellschaftlichen, familialen und individuellen Bindungs- und Integrationsformen haben. »Entfremdung, Verschleiß und Benachteiligung – die großen Motive für Humanisierungs-, Gesundheits- und Förderungskonzepte im Betrieb werden auch zu Themen, die außerhalb der Arbeit fußen und auch dort abzuarbeiten wären.« (ebd.) Eine neue Unternehmenskultur müsse entstehen, die das Potenzial ihrer Mitarbeiter/innen umfassender als bisher »als Quelle der Wertschöpfung« (86) entwickle und die »das menschliche Potenzial, die Kreativität und Erfindungsfreude noch einmal zu steigern« zum Lebensprinzip mache (58), mit dem Ziel, die »Wertschöpfung, die in uns liegt« (66) freizusetzen. »Es ist die Chance, im Job zu Hause zu sein.« (67) »Wir sind die Value Driver der Zukunft. Wir suchen die Zukunft der Arbeit, und dies wird eine Abenteuerreise.« (56) Wenn es gelinge, die »human ressources« der Mitarbeiter/innen freizusetzen und auf die Unternehmensziele hin zu fokussieren, dann sei es möglich erfolgreich auf den globalisierten Märkten zu reagieren und zu agieren. (176)

4. Clustererfolg

Innerhalb von sechs Jahren gelang es, mehr als 100 VW-Zulieferer rund um die Stadt anzusiedeln. 200 Firmen wurden gegründet und mehr als 15.000 neue Arbeitsplätze geschaffen. Der Einwohnerschwund der Stadt konnte gestoppt werden. Die Zahl der Arbeitslosen sankt um mehr als die Hälfte. Wolfsburg hat inzwischen die höchsten Beschäftigungszuwächse aller deutschen Städte über 100.000 Einwohner. Die Gewerbesteuereinnahmen haben sich fast verdreifacht. Heute gilt Wolfsburg – »das Soziallabor Deutschland«

(SZ) – als wirtschaftlich attraktivste Stadt in Niedersachsen und Bremen. Sie liegt im Focus-Money-Ranking bundesweit auf Platz 19. Nach einer Prognos-Studie gehört Wolfsburg zu den 10 deutschen Regionen mit den besten Zukunftschancen und steht aufgrund des automobilinduzierten Exportwachstums in der Dynamik der wirtschaftlichen Entwicklung an erster Stelle. Die Autostadt hat mittlerweile schon ca. 8. Mio. Besucher angezogen.

Der erfolgreichste Bereich ist allerdings die PersonalServiceAgentur, die mittlerweile ca. 3.000 Zeitarbeiter/innen beschäftigt, die an VW, deren Zulieferfirmen und an andere Unternehmen verliehen werden. Die IG-Metall hat für die Leiharbeiter/innen einen Tarifvertrag abgeschlossen, der unterhalb des VW-Haustarifs und auch unterhalb der Metalltarife angesiedelt ist. Die IGM hat damit ihren Beitrag dafür geleistet, dass sich die Wolfsburg AG mittlerweile vollständig, inklusive der Investitionen in den Ausbau der Cluster, aus den Erlösen der PersonalServiceAgentur finanzieren kann. Die Finanzlage der Wolfsburg AG ist so gut, dass sie trotz gegenwärtiger Krise des VW-Konzerns planmäßig weiterarbeiten kann. Die Arbeitsverträge der Zeitarbeiter/innen sind in der Regel auf sechs Monate begrenzt. Die Tarife in der AutoStadt liegen bis zu 50% unterhalb des VW-Haustarifs; Sonderzahlungen werden als Leistungsbonus gezahlt. Die Arbeitszeit ist länger als bei VW. In einzelnen Abteilungen wird an sieben Tagen die Woche in Wechselschichten ohne Zuschläge gearbeitet.

Bereits im Jahr 2003 ist unter Mitwirkungen der Wolfsburg AG ein »Jobcenter« aufgebaut worden, zwei Jahre vor der bundesweiten Umsetzung, in dem rund 100 Mitarbeiter/innen der Arbeitsagentur mit Angestellten des städtischen Jugend- und Sozialamts, Vertretern des VW-Coaching, der PersonalServiceAgentur sowie Bildungsträgern zusammenarbeiten.

Einen weiteren Durchbruch markiert das Projekt Auto 5000. In Zusammenarbeit mit der IG Metall gelang es, die ausgegründete Auto 5000 GmbH, eine hundertprozentiges VW-Tochterunternehmen, mit einem Tarifvertrag auszustatten, mit dem nicht nur erhebliche Lohneinbußen, sondern ein ganzes Bündel an Neuerungen in den Bereichen Arbeitszeit, Qualifizierung sowie Arbeits- und Betriebsorganisation durchgesetzt werden konnten, die eine erhebliche Verschlechterung gegenüber den Bedingungen im Stammwerkes und der dort Beschäftigten bedeuten.[99] Aktuell schlägt dieses Modell, wie zu erwarten, auch auf die Stammbelegschaften von VW zurück.[100]

Die Entwicklung der Clusterbildung und ihre Auswirkungen in der Region SON sind sehr heterogen. Die Zentrierung des Clusters auf Wolfsburg hat zu einer erheblichen intraregionalen Polarisierung geführt. Die Wachstumserfolge des Clusters können eindeutig für die Stadt Wolfsburg und für Teile des

Landkreises Gifhorn – als Wolfsburger Suburbanisierungsphänomen – sowie für die Stadt Peine verbucht werden. Ebenso profitiert die Stadt Braunschweig als regionales Dienstleistungszentrum von dieser Entwicklung – insbesondere im Wissenschafts- und Finanzdienstleistungsbereich. Der Ausbau der F&E-Kapazitäten hat dazu geführt, dass die Region Braunschweig einschließlich der Wissenschaftsstandorte Göttingen und Harz (z.B. FH Clausthal-Zellerfeld), mit denen traditionell eine enge Zusammenarbeit praktiziert wird, europaweit auf Platz eins im F&E-Bereich liegt.[101] Daneben existieren sogenannte »Schrumpfungsgebiete« wie Salzgitter, Helmstedt und Goslar. Die Städte Helmstedt und insbesondere Goslar sind fast vollständig von der Entwicklung abgekoppelt und erheblichen Abwertungsprozessen ausgesetzt.

5. Weiterentwicklung des Clusters: »projekt REGION BRAUNSCHWEIG GmbH«

Mittlerweile macht der Clusterprozess in der Region schon wieder einen weiteren Schritt: Am 9. Februar 2005 wurde die »projekt REGION BRAUNSCHWEIG GMBH« als Public-Private Partnership gegründet. Darin sind zusammengeschlossen »reson«, DIE REGION-Marketinggesellschaft im Großraum Braunschweig[102] und Projekt REGION BRAUNSCHWEIG[103]. Als Gesellschafter firmen die Städte Braunschweig, Salzgitter und Wolfsburg sowie die Landkreise Gifhorn, Goslar, Helmstedt, Peine und Wolfenbüttel, die Volkswagen Financial Services AG/Volkswagen Leasing GmbH, die Salzgitter AG, die Öffentliche Versicherung Braunschweig, der Arbeitgeberverband Braunschweig e.V. und die IG Metall. Inzwischen hat die projekt REGION BRAUNSCHWEIG GmbH 138 Förderer.[104] Beraten wird sie ebenfalls von McKinsey. Der Prozess der clusterorientierten Regionalplanung ist damit auf die gesamte Region SON ausgeweitet worden.

Neben dem Cluster Verkehrstechnik sollen die Bereiche Finanzdienstleistungen und Biotechnologie besonders gefördert werden. Um diese Ziele umzusetzen, ist die »projekt REGION BRAUNSCHWEIG GmbH« in zwei Geschäftsfelder gegliedert: dem Bereich Forschung und Wissensmanagement[105], der Projektideen entwickelt, und dem Bereich Projektmanagement und Querschnittsthemen[106], der die Ideen anschließend in konkrete Projekte umsetzt. Einschließlich der regionalen Gesamtplanung ist die Arbeit auf der direkten Umsetzung konkreter Einzelprojekte konzentriert. Ein Projektziel lautet, 15.000 zusätzliche Arbeitsplätze bis zum Jahr 2015 zu schaffen. Die IG Metall vertritt die Ansicht, die projekt REGION BRAUNSCHWEIG GMBH sei »das komplexeste regionale Wachstumskonzept in Deutschland«.[107]

Ein wesentliches Moment, aktuell Clusterpolitik in der Region SON umzusetzen, besteht darin, die angrenzenden Regionen in die regionalen Wertschöpfungsketten funktional einzubinden. Traditionell bestehen starke und ausgeprägte Verbindungen zum südniedersächsischen Wissenschaftsbereich, insbesondere zu Universität Göttingen und zum Sozialwissenschaftlichen Forschungsinstitut (SOFI) in Göttingen. Intensiviert werden die Beziehungen mit dem in Südniedersachsen sich entwickelnden Clusterstrukturen im Bereich Optik, Mess- und Regeltechnik (Measurement Valley). Im Bereich der Biotechnologien arbeitet man schon institutionalisiert mit der Regionen Hannover und Südniedersachsen im Rahmen des sogenannten Kompetenznetzwerks BioRegioN zusammen.[108] In Zukunft könnte die im Aufbau befindliche Metropolregion Hannover-Braunschweig-Göttingen verstärkt in das Clusterkonzept integriert werden.[109]

6. Perspektiven clusterorientierter Regionalpolitik in SON

In mehreren Forschungsprojekten und Studien haben sich vor allem reson und die projekt REGION BRAUNSCHWEIG mit der Weiterentwicklung des Clusteransatzes in SON auseinandergesetzt, um anhand der aktuellen Situation und den möglichen Entwicklungstrends Handlungsstrategien zu entwickeln, die eine weiterhin prosperierende Regionalentwicklung garantieren. Die Forschungsergebnisse werden direkt in die Arbeit resons und der projekt REGION BRAUNSCHWEIG GmbH eingespeist und fließen in die pragmatische Ausgestaltungspolitik des Clusters.[110] Im Zentrum sämtlicher Zukunftsüberlegungen und -planungen steht natürlich der Bedarf des Global Players VW. Die meisten Studien beschäftigen sich mit der Bevorratungspolitik des Clusters hauptsächlich in den Bereichen Humankapital und räumliche Ressourcen.

Bezüglich des Raumes soll der Ausbau der eingeschlagenen Wege weitergeführt werden. Des weiteren ist die Entwicklung einer Infrastruktur anvisiert, die eine bessere Verwertung des Humankapitals ermöglichen soll. Dazu gehören u.a. mehr Kinderbetreuungskapazitäten in unmittelbarer Nähe der Produktionsstätten, eine effizientere regionale Arbeitsvermittlung in Verbindung mit einer regionalen Wohnraumvermittlung sowie die Schaffung eines regionalen Servicenetzes für Arbeitnehmer/innen. Zentrales Problem regionaler Bevorratung von Arbeitskraft bleibt das demographische Problem, da die Erwerbsbevölkerung überaltert ist – ein bundesweiter Trend, und die ungenügende Qualifikationsstruktur des Arbeitskräftepotenzials. In der Region SON scheint die Bevölkerung, insbesondere die Erwerbsbevölkerung vergleichsweise überaltert zu sein. Allerdings wird in allen Modellrechnungen niemals deutlich, wie groß denn der zukünftige Bedarf an Arbeitskräften tatsächlich sein wird. Man geht davon aus, dass ein beständiger Zustrom an frischer Arbeitskraft für die Bewirtschaftung des Clusters notwendig sei. Das demografische Problem ließe sich nach Ansicht der Planer auf vier Ebenen angehen: erstens, indem sich das Cluster gegenüber einer qualitativ und quantitativ gesteuerten Arbeitsmigration im hoch- wie im geringqualifizierten Bereich für inn- und ausländische Arbeiter/innen weiter öffnet; zweitens, indem die Lebensarbeitszeit verlängert wird und ältere Arbeitnehmer/innen in den Arbeitsmarkt reintegriert werden; drittens, indem der Frauenanteil an der gesamten Erwerbsbevölkerung erhöht wird; und viertens, indem die Arbeitszeiten und -organisationsformen weiter flexibilisiert werden und eine darauf abgestimmte institutionelle und soziale Infrastruktur geschaffen wird.

Dabei wird angestrebt, diese quantitativen Aspekte mit qualitativen zu verbinden, um die Arbeitskraft möglichst zu verwohlfeilern. In diesem Sinne wird die Region heute massiert und konzertiert mit beruflichen und außerberuflichen sowie schulischen und außerschulischen Bildungsangeboten und -programmen überschwemmt und in Kindergärten die Erziehung zum Unternehmertum erprobt.[111] Weiter ausgebaut werden soll die Wissenschaftslandschaft des Clusters, die Stichworte lauten dazu: Vorstoß in die sogenannte Zukunftstechnologien, Vernetzung mit anderen Wissenschaftsnetzwerken, Ausbau des MobileLifeCampus mit der VW-AutoUni zur Clusterdrehscheibe.

Die Teilregionen Helmstedt und Goslar sollen funktional in das Cluster integriert werden. Das zielt darauf ab, die Landwirtschaft, die Produktion von Rohstoffen, insbesondere von nachwachsenden in die Wertschöpfungskette einzubinden.[112] Einen weiteren teilregionalen integrativen Schwerpunkt bildet der Ausbau der Dienstleistungen für das wachsende Segment der älteren Bevölkerung in den Bereichen Freizeit, Kultur und Gesundheit. Angesichts des massiven Ausbaus privater Altersvorsorge soll eine enge Ankoppelung dieser Regionen an den Finanzdienstleistungssektor in Braunschweig erfolgen.[113]

VI Im Inneren des Clusters

Die Bildung von Cluster ist keinesfalls ein bloßes neues Raumordnungsverfahren des Kapitals. Im Zentrum steht ein neues Verhältnis von Kapital und Arbeit. Die Transformation regionaler Strukturen dient vor allem dem Zweck, dieses Verhältnis sozialräumlich zu ordnen und abzusichern. In einer unüberschaubaren Anzahl von Projekten und Initiativen, die sämtliche sozialen Lebensbereiche abdecken, wird die Transformation umgesetzt. Diese verbinden wiederum in der Regel Selbstaktivierungsstrategien mit neuen kapitalistischen Inwertsetzungsstrategien in Fabrik, Schule, Altenheim oder Stadtteil. Sie konstruieren soziale Beziehungen neu. In allen Facetten ist dies auf die Rationalisierung des Ressourcenmanagements des Clusters bezogen – sei es, indem neue Arbeitsbeziehungen und neuer Kooperationsstrategien der kleineren und mittleren Unternehmen (KMU) geschaffen oder sozial widerstreitende Bereiche über Präventionsprojekte befriedet und eingebunden werden. Für sich genommen mögen einzelne Projekte, Maßnahmen und Initiativen zuweilen etwas beschaulich, gar sinnhaft erscheinen – dies ist ja gerade ihre wesentliche Durchsetzungsstrategie –, im Konzert sind sie aber ein Konzept, die Humanressourcen und die sozialen Beziehungen des Clusters zu durchdringen und zu modernisieren.

Die Clusterpolitik greift dabei eklektizistisch auf ein Set von neuen raumwissenschaftlichen Ansätzen des »new regionalism«[114] zurück: exemplarisch auf den Clusteransatz Porters, den »Industrial-district«-Ansatz des »Dritten Italiens«, den Ansatz »regionaler Innovationssysteme«, den »Global-City«-Ansatz und auf verschiedene andere, die je nach Bedarf Versatzstücke für den Transformationsprozess liefern. Es bleibt festzuhalten: diese Transformationen sind nicht in dem Sinne theoriegeleitet, dass sie einem Masterplan folgen. Im Gegenteil, der konkrete praktische und aktuelle Handlungsbedarf definiert, auf welche Ressourcen zurückgegriffen wird und welche Wege eingeschlagen werden. Die verschiedenen Ansätze beziehen sich im weiten Sinne nahezu alle auf Alfred Marshalls Begriff der »industrial atmosphere« und Alan Scotts und Michael Storpers Arbeiten zu regionalen flexiblen Produktionskomplexen. Marshall ging schon 1890 in seiner Theorie des »industrial districts«, verstanden als räumliches Ensembles vieler, zumeist kleiner miteinander verbundener Unternehmen, davon aus, dass eine wesentliche Ressource dieser ökonomischer Entwicklung in der »industrial atmosphere« liege, dem Interaktionsprozess und Wissensaustausch einer durch räumliche Nähe ausgezeichneten nicht-formalen Struktur zwischen verschiedenen Unternehmen. Seine Hervorhebung der Bedeutung, dass ökonomische Tätigkeiten mit dem sozioökonomischen Umfeld verflochten sind, wird von Allen und Storper dahingehend ergänzt, dass sie dies um den Begriff der »untraded interdependencies« erweitern, die aus der informellen Struktur kollektiver Regeln und Verständnisse bestehen, die räumlich gebunden und nicht marktvermittelt seien und nicht oder nur schwer transferierbare Potenziale und Kapazitäten wie kollektives Wissen und Sozialkapital aufweisen.[115]

Die Ansätze rekurrieren alle auf den gesellschaftlichen Umbruchprozess in den 1970er Jahren, der neue Raumtypen und Wachstumsmuster hervorgebracht habe, die von »der Rückkehr der Ökonomie in die Region« und einem

»Bedeutungszuwachs der regionalen Ebene« zeugen.[116] Dabei wird die Region als eine Entität begriffen, die, mit einer gewissen Eigengestalt und -logik ausgestattet, verantwortlich für die gesamtgesellschaftliche Entwicklung sei. Regionale Unterschiede werden als wesentlich endogen produziert begriffen. Aufgabe von Politik sei es, diese spezifisch eigenartigen regionalen Potenziale zur wirtschaftlichen Entwicklung der Region zu formieren. Die Region als natürliche Einheit, in der sich »untraded interdependencies« herausbilden, wird als ökonomische Einheit begriffen. Sie ist damit eine »regional world« der räumlichen Nähe von Unternehmen, Institutionen und gesellschaftlichen Gruppen. Dabei sind die sozialen Verflechtungen regionalisiert bzw. regional gebunden, während die stofflich-materiellen Verflechtungen der regionalen Wertschöpfungskette global orientiert sind. Als ökonomische Einheit fungiert sie »auf der Inputseite als Mutterboden für Unternehmen, die auf der Outputseite auf dem Weltmarkt agieren.«[117]

Clusterbildung gilt in diesem Verständnis als Schnittstelle zwischen internen und externen Verflechtungen einer Region. Der Weltmarkt als Bezugspunkt des Outputs bedeutet, praktisch wie theoretisch, Cluster so zu konstruieren, dass sie die stärksten endogenen ökonomischen Potenziale, sprich, die ökonomisch stärksten Akteure, die Global Player, stärken. Deren Erfolg und damit der gesamte wirtschaftliche Erfolg einer Region seien davon abhängig, welchen Grad der »social embeddedness«, der sozialen Einbettung die Global Player in die regionale Wirtschaftsstruktur erreichen.

Die Region wird dabei verkürzt als »regionales Produktionssystem« begriffen, das einen Milieucharakter habe. D.h., die Region weist neben der regionalen Wertschöpfungskette des produktiven Bereichs eine Interaktionsform auf, die durch staatliche und politische Institutionen – die Arbeitnehmer/innen und ihre Vertretungen sowie andere Akteure, bspw. Vereine – und durch spezifische und ebenso gemeinsame kulturelle, politische und soziale Konventionen bestimmt wird, die ein erkennbares Ganzes ergeben, in dem jeder Bestandteil eine korporatistische Funktion habe.

Demnach bestimme das gesellschaftliche Handeln der Akteure und deren strukturelle Bewegung im Raum die Prosperität eines regionalen Produktionssystems. Die Region wird so als Gesamtheit ihrer institutionellen Teile und als wettbewerbsfähige Einheit konzeptualisiert, die als gemeinsamer Corpus vermittelt über Markt und Wettbewerb in den globalen intraregionalen Konkurrenzprozess tritt. Die Widersprüche in der Region/im Cluster werden dabei ebenso ausgeblendet wie die überregionalen Beziehungsstrukturen weitgehend unthematisiert bleiben. Der »Weltmarkt« ist die nichthintergehbare Folie, auf die sich die regionalen Strukturen zwingend beziehen müssen.

Diese sozioökonomische Neuordnung in Form eines »regionalen Produktionssystem« bleibt wesentlich vom Grad seiner Einbettung in die sozialen Handlungsstrukturen der unterschiedlichen Akteure abhängig. Es kommt also entscheidend darauf an, in wie weit die ins Soziale übersetzen Imperative der Kapitalakkumulation die gesellschaftliche Wirklichkeit unterwerfen und bestimmen können. Wesentliche Momente dieser Unterwerfungsstrategien finden sich im Netzwerkcharakter der regionalen Transformationsprozesse, die die Innovationsfähigkeit der Region herzustellen und abzusichern haben. Erst auf dieser Basis lassen sich Wertschöpfungsprozesse beschleunigen und vertiefen.

Die Bedeutung der Netzwerke hängt ab vom Grad der »social embeddedness«. Diese umfasst in der Regel nicht nur die Akteure der Wertschöpfungskette, sondern zielt in die Umstrukturierung des gesamten Raums im Sinne einer korporatistischen neuen Landnahme metropolitaner Gesellschaften. Darunter fallen eine Vielzahl unterschiedlicher Akteure aus allen erdenklichen sozialen, politischen und privaten Organisationen. Die vorherrschenden sozialen und politischen Organisationsformen der regionalen Clusterbildung bestehen neben Netzwerken unterschiedlicher Tiefe[118] vor allem aus Public-Private-Partnerships (PPP). Der Hintergrund dieser Entwicklung liegt in dem seit den 1990er Jahren administrativ verstärkten Prozess, die Raumordnung in der BRD zu regionalisieren, wodurch die kommunale und Landesplanung gegenüber der bundesstaatlichen Ebene gestärkt wurde.[119] In dem Maße, in dem sich seit den 1990er Jahren die neuen Steuerungsmodelle der Kommunalverwaltung umsetzen, wurden auch wesentliche organisatorische Voraussetzungen dafür geschaffen, die Kommunen in »Stadtkonzerne« respektive »Konzern Städte« umzuwandeln.[120] In diesem Prozess entstehen die neuen Strukturen eines »lokalen Staats«.[121] Es bilden sich neue Formen von »urban governance«, die wesentlich durch neue Akteurskreise, Verfahren und Methoden der Steuerung gestaltet und geprägt werden.

Akteure dieser Prozesse sind öffentliche und private Organisationen und Personen, die als sogenannte wichtige Vertreter/innen und Expertinnen/Experten in den jeweiligen Sachgebieten über relevanten Einfluss verfügen.[122] Häufig handelt es sich bei dieser neuen Expertenklasse um Personen, die in den jeweiligen Betrieben, Organisationen und Einrichtungen Leitungsfunktionen einnehmen. In der Regel fehlt sowohl den Netzwerken als auch den beteiligten Akteuren jegliche formale Legitimation für die Entscheidungsmacht, die sie in den administrativen Prozessen innehaben. Bei diesen planerischen Netzwerken handelt es sich zumeist um einseitig interessierte Zusammenschlüsse von sozial Handelnden, die selbst von den jeweiligen Planungen und Strategien am meisten profitieren. Diese Netzwerkpolitik und -praxis führt zur Teilprivatisierung staatlicher Kernaufgaben. Daran sind allein die ökonomisch und politisch stärksten gesellschaftlichen Gruppen beteiligt, die zudem durch die vorherrschende face-to-face-Kommunikation eine geschlossene informelle Machtgruppe ausbilden. Diese Form der Modernisierung des »lokalen Staats« generiert moderne »Clanstrukturen«, die keiner formalen Rechenschaftspflicht unterliegen und daher auch kaum zu kontrollieren sind. Somit ballt sich die Macht auf Seiten der Profiteure und treibenden Akteure, den neuen Eliten der gesellschaftlichen Transformation, zusammen.

Um spezifische Probleme innerhalb eines Sachgebietes zu lösen, bilden sich Netzwerke aus den wichtigsten Vertreter/innen der entsprechenden Ressorts. Da sie in der Regel nicht formal legitimiert sind, müssen sie sich über »den Output« legitimieren, d.h., sie arbeiten ausschließlich erfolgsorientiert und sind extrem erfolgsabhängig. Grundsätzliche Differenzen über die zu verfolgenden Ziele sind damit weitgehend ausgeschlossen. Die Verfahren in den Netzwerken sind in der Regel kommunikativ, partizipativ und kooperativ strukturiert. Die Etablierung sogenannter »weicher Steuerungsformen« ermöglicht neue Weisen von Selbstregulation und Steuerung gesellschaftlicher und ökonomischer Prozesse, die über die traditionellen Instrumentarien von starrer Regulation, Subvention und öffentlicher Förderung hinausgehen.

Die basisdemokratische Konsensrhetorik suggeriert eine Inklusion aller relevanten politischen Positionen einschließlich der kritischen. Tatsächlich werden sie auf kommunikativem Wege kleingearbeitet, entschärft und zahnlos gemacht. Die scheinbare Offenheit des Prozesses erzeugt die Illusion, gesellschaftliche Konflikte angemessen bearbeiten zu können. Die Ursachen der Probleme werden nicht angegangen, was auf anderem Wege voraussichtlich zu beachtlichen Konflikten führen würde.[123] Die Netzwerkpolitik hat zu einem Formwandel von Herrschaft geführt: von formal hierarchischer hin zu marktvermittelter Machtausübung. Die Dezentralisierung hat keineswegs die Hierarchie geschwächt, sondern paradoxerweise eine neue Zentralisierung von Macht auf subtilem Wege entstehen lassen, auf dem das mittlere Management entmachtet wurde und zunehmend verschwindet. Die Entscheidungsbefugnisse werden auf wenige Personen aus den Leitungsebenen verlagert. Gleichzeitig hat damit eine enorme Beschleunigung der Leitungs- und Entscheidungsprozesse stattgefunden.[124]

Netzwerke sind für die Bildung von Kohärenzen innerhalb des Clusters von großer Bedeutung. Das medial produzierte Bild regionaler Gemeinsamkeit und dem gleichzeitigen Konkurrenzkampf mit anderen Regionen wirkt sozial und politisch homogenisierend. Die innerregionalen Konflikte werden dabei eingehegt und ihre Energien nach außen gelenkt. »Es wird ein Kollektiv konstruiert, das nach innen homogen ist und sich nach außen von anderen Regionen unterscheiden muss.«[125] Der Netzwerkansatz, einst als linker und alternativer Ansatz selbstorganisierter Strukturen verstanden, hat sich als hochmodernes Verfahren entpuppt, soziale Strukturen in den kapitalistischen Transformationsprozess einzubinden.[126]

Public Private Partnerships (PPP) institutionalisieren solche Netzwerke oder Teilnetzwerke. Sie entstehen immer dann, wenn die Flexibilität der Netzwerke nicht mehr ausreichend Sicherheit für strukturelle und langfristige Projekte und Initiativen bietet oder Sicherheit aus rechtlich-organisatorischen oder ökonomischen Gründen nicht mehr gewährleisten kann. Bei PPP handelt es sich in der Regel um Auslagerungen kommunaler Aufgaben aus dem operationellen Zugriffsbereich der lokalen Politikgremien. Sie sind die vorherrschende Form der Privatisierung kommunaler Ressourcen und damit des Milliardengeschäfts mit öffentlichen Dienstleistungen. Sie werden zumeist über ein Kontraktmanagement abgewickelt. Strommärkte, Wassermärkte, Müllabfuhr und ÖPNV sind die wohl bekanntesten Beispiele der Privatisierung durch PPP. Darüber hinaus gibt es aber eine enorme Vielfalt weiterer Projekte.[127] Es ist davon auszugehen, dass PPP in vielen Fällen nur ein Übergangsstadium bis zur vollständigen Privatisierung bestimmter Bereiche der öffentlichen Verwaltung sind.[128]

Bislang stellt die Übernahme der gesamten Raumplanung einer Region durch eine PPP, die Wolfsburg AG, noch eine Ausnahme dar. Ebenso die weitere Auslagerung einiger dieser an sich hoheitlichen Aufgaben an eine private Beratungsfirma (McKinsey). Sie ist aktuell der wohl weitestgehendste Fall von Privatisierung.

PPPs gehen über die im Kontraktmanagement vereinbarten Ziele hinaus in der Regel weder gegenüber den kommunalen Verwaltungs- und Politikebenen noch gegenüber der Einwohnerschaft der Kommune keinerlei Verpflichtungen ein. In einigen Bereichen sind dadurch Zugänge zu grundlegenden kommunalen Dienstleistungen nicht mehr für alle sozialen Gruppen gewährleistet, da diese über den Markt reguliert werden.[129] Kontrollmöglichkeiten bestehen vor allem in den Zielvereinbarungen. PPPs können politisch kaum kontrolliert werden. Auch hier gilt dies im besonderen Maße für die Wolfsburg AG. Mittels Netzwerken und PPP entsteht ein neues Verhältnis zwischen Staat und Kapital. Dabei wird nicht schlicht der »Staat« privatisiert – dies geschieht ausschließlich in den profitablen Bereichen, indem öffentliche Dienstleistungen kommerzialisiert werden – sondern es entsteht eine neue Arbeitsteilung und ein neues Konsensmodell zwischen »Kapital«

und »Staat«, in denen privatinteressengeleitete Netzwerke und PPPs operieren. Bisherige politisch formal legitimierte Institutionen werden ersetzt und diejenigen ausgeschlossen, die nicht über entsprechende Machtmittel organisatorischer oder ökonomischer Art verfügen.

Die Netzwerkstruktur bewirkt, dass sich vor allem Subpolitiken der mächtigsten strukturgebenden Institutionen herausbilden und neue Interessenkoalitionen entstehen. Die Region mutiert im regionalistischen Diskurs zum »ideellen Gesamtunternehmer«, die den Zwang zu Wettbewerb und Konkurrenz verallgemeinert. Er zielt insofern disziplinierend und unterwerfend auf die gesamte Gesellschaft.

Innovationen zu generieren, steht im besonderen Maße im rhetorischen Zentrum der Clusterpolitik. Denn eine wesentliche Begründung, Cluster zu bilden, lautet, mit der räumlichen Nähe gingen Möglichkeiten einher, die Entwicklung produktiver Prozesse zu beschleunigen und regionale Wettbewerbsvorteil zu erlangen. Je größer die Fähigkeiten einer Region seien, produktive Innovationen zu generieren, desto größer seien die Chancen im sogenannten globalen Wettbewerb der Regionen. Um Innovationsfähigkeit herzustellen, sei es nicht nur notwendig, so viel wie möglich systematisch erfasstes und dokumentiertes Wissen zu erwerben, sondern ebenso wichtig sei es, Bedingungen zu schaffen, damit das sogenannte nicht-dokumentierte und nicht-dokumentierbare Wissen – das »tacit-knowledge« – hergestellt und genutzt werden kann. Es sei also notwendig, einerseits so viel Expertenwissen wie möglich anzuziehen, was durch den Ausbau der regionalen Forschungs- und Entwicklungslandschaft geschieht, und eine größtmögliche Zahl von »High Potentials« und Wissensarbeiter/innen dauerhaft anzuwerben. Andererseits müsse diesen ein entsprechendes soziales Umfeld in den Bereichen Freizeit, Kultur, Wohnen und attraktive Dienstleistungen geboten werden. Es sei zentral, die Region insgesamt als »innovatives Milieu« zu erschaffen. Im Mittelpunkt der Strategien steht die Produktion eines sozialen Klimas, in dem »tacit knowledge« entstehen kann. Als »tacit knowledge« werden, wie schon erwähnt, diejenigen Wissensbestände bezeichnet, die nicht-dokumentiert und zum größten Teil als nicht-dokumentierbar gelten, die an die einzelnen Personen gebunden sind, aber gleichwohl in den Produktionsprozess einfließen. Man geht davon aus, dass »Face-to-Face-Kommunikation« Lernprozesse ermöglicht, die die produktive Verwertung des »tacit knowledge« begünstigen, weil Wissensgenerierung grundsätzlich über den Informationsfluss und -austausch zwischen Individuen erwartet wird. In besonderer Weise eigneten sich hierfür Netzwerke, weil in diesen das Insiderwissen in einen Austausch mit vielen anderen Akteuren trete. Lernen und Wissensgenerierung werden als kollektiver Prozess organisiert. Grundsätzlich wird von einem Prozesscharakter des Lernens in einem kontinuierlichen, sich wiederholenden Prozess des Informationsaustauschs und kumulativen Wissensaufbaus ausgegangen, dessen Zuwachs in kleinen Schritten erfolge.

Die Generierung des »tacit knowledge« bleibt aber nicht auf Forschungsnetzwerke und ähnlichen Wissensstrukturen beschränkt, sondern soll auch im Produktionsprozess erfolgen. Dabei kommt es darauf an, verschiedenen Formen des Lernens – »learning by searching«, »learning by doing« und »learning by interacting« – produktiv in der Wertschöpfungskette miteinander zu verbinden, um in nicht-deterministischer Weise pfadabhängige Innovationen zu generieren.[130] Ich werde dies unten am Beispiel von Auto 5000 explizieren. Das implizite, nicht formalisierte Wissen steht auch im Zentrum der Programme, die für die »Lernende Region« entwickelt wurden. Darauf werde ich ebenfalls weiter unten näher eingehen.

Der Versuch, nach dem »tacit knowledge« zu greifen, geht weit über die Einbindung des sogenannten ExpertInnen- und ProduzentInnenwissens hinaus. »Tacit knowledge« meint vielmehr die Gesamtheit der individuellen und sozialen Wissensbestände, die bisher nicht oder kaum konstruktiv und strukturiert in den Produktionsprozess bzw. in die Bildung des Humankapitals integriert werden konnten. In den neuen Organisationsformen des Lernens und der Arbeit im Cluster werden das Individuum und die sozialen Strukturen produktivitätssteigernd in die Zange genommen, eine erweiterte Subsumtion unter das Kapitalkommando. Dies macht den Kern dessen aus, was euphemistisch Gouvernementalität genannt wird: Aus der Einsicht in die Unmöglichkeit, die lebendigen Potenziale sozialer und individueller Prozesse von außen zu kontrollieren und zu funktionalisieren, sollen sich die Individuen und sozialen Zusammenhänge selbst kontrollieren, selbst unterwerfen, selbst eingeben und einspeisen.

1. Auto 5000[131]

Im Jahr 1999/2000 konfrontierte das VW-Management den Betriebsrat mit einer Standortentscheidung. Der »Touran«, ein Luxus-Minivan, würde nur in Wolfsburg gebaut, wenn es von Arbeitnehmerseite eine Gegenleistung gebe, die in einer 20%igen Lohnsenkung gegenüber dem Haustarif bestehe, und weitere breitgefächerte Maßnahmen zur Arbeits- und Arbeitszeitflexibilisierung beinhalte. Falls sich die Arbeitnehmerseite darauf nicht einlasse, würde der »Touran« in Portugal gebaut. Im Falle einer Einigung versprach VW, die Arbeitsplätze ausschließlich mit zuvor Arbeitslosen zu besetzen. In der Folgezeit entwickelte der VW-Personalvorstand unter Leitung von

Peter Hartz zusammen mit dem VW-Betriebsrat und der IG-Metall-Bezirksleitung Hannover das Tarifprojekt »5000 x 5000«.[132] Das von den Beteiligten abgeschlossene Tarifwerk sieht – neben dem niedrigeren Lohn im Vergleich zum VW-Stammwerk – erhebliche Veränderungen in den Bereichen Arbeitszeitregelung, Qualifizierung, Entgeltsystem, Arbeits-, Betriebs- und Geschäftsprozessorganisation vor.[133] Zur Umsetzung wurde von VW eine Tochterfirma gegründet, die »Auto 5000 GmbH«, die – auf dem Werksgelände von VW – Ende 2002 mit der Fertigung des »Touran« begann. Für VW wurde dieses Modell so erfolgreich –Produktivität und Qualität von »Auto 5000« liegen erheblich über den anderen deutschen VW-Werken –, dass im Jahr 2004 wesentliche Inhalte im Bereich der arbeitsorganisatorischen Innovationen in den sogenannten »Zukunftstarifvertrag« zwischen VW und der IG-Metall Niedersachsen und Sachsen Anhalt aufgenommen wurden.[134] Im Sommer 2006 begann VW damit, dass Modell »Auto 5000« auf die gesamte Fabrik auszuweiten.[135] Mit »Auto 5000« gelingt VW der Durchbruch. Die vormaligen tariflichen Vereinbarungen und Produktionsbeziehungen gelten seitdem als veraltet. Das Wesentliche des Projekts »Auto 5000« lässt sich in folgenden Punkten zusammenfassen:

a. Personalauslese-Strategien

Die Auswahl der Beschäftigten erfolgte in der ersten Stufe über drei verschiedene Zugänge. Bewerben können sich die Interessierten über Internettests, über computergestützte Auswahlverfahren vor Ort oder über Praxistests und Interviews im Wolfsburger Jobcenter. Insgesamt nahmen über 80.000 Bewerber/innen an den Tests teil.[136] Von diesen wurden 4.000 – weniger als 5% – für die erste Qualifizierungsstufe ausgewählt, die vom Arbeitsamt finanziert und durchgeführt wurde. Sie dauerte zwischen drei und sechs Monaten. Von den Teilnehmenden erreichten schließlich 3.800 die zweite Stufe, die als Lernen im »Prozess der Arbeit« – Arbeitseinsatz und Ausbildung – direkt bei Auto 5000 stattfand. Aufgrund des vorherigen Creamings gab und gibt es nur sehr wenige Austritte und Kündigungen. Im Jahr 2003 wurden insgesamt 3.800 Beschäftigte in die 3. Stufe übernommen, die der tariflichen Konzeption von Auto 5000 entspricht.[137] Der Anteil der Beschäftigten, die vorher nicht arbeitslos waren, ist äußerst gering – es werden tatsächlich fast nur Menschen eingestellt, die zuvor arbeitslos waren. Allerdings waren sie i.d.R. weniger als ein Jahr arbeitslos – meist bis zu sechs Monaten. Auf Betriebsingenieursebene sind 35% der Ausgewählten ohne Arbeitslosigkeitserfahrung und damit mehr als drei mal so viele wie im Gesamtdurchschnitt.

b. Entgeltstrategie

Die Auto 5000-Beschäftigten erhalten ein Entgelt, das mehr als 20% unterhalb des VW-Haustarifs liegt. Lohnunterschiede zwischen den Beschäftigten in der Produktion gibt es nicht. Qualifikationsunterschiede oder Veränderungen der Arbeitstätigkeiten sind nicht entgeltwirksam. Tarifvertraglich wird die Entgeltfrage mit der Programmerfüllung verbunden. Das heißt, das Entgelt ist zwar an die Arbeitszeit gekoppelt, in dieser muss aber das vereinbarte Programmziel hinsichtlich Stückzahl und Qualität erfüllt werden. Sollte dies nicht der Fall und die Gründe dafür nicht vom Unternehmen verursacht sein, sind die Beschäftigten zu unentgeltlicher Nacharbeit verpflichtet.

c. Arbeitszeitregelung

Gegenüber den VW-Stammarbeiter/innen, deren Arbeitszeit 28,8 Stunden bei einer Viertagewoche beträgt, arbeiten die Auto 5000-Beschäftigten an fünf Tagen pro Woche insgesamt 35 Stunden in drei Schichten. Zusätzlich zu den 35 Stunden müssen sie wöchentlich drei Stunden als fortlaufende Qualifizierung ableisten, die auf die Bewältigung aktueller und geplanter Arbeitsanforderungen in der Produktion zielt. Von diesen drei zusätzlichen Qualifizierungsstunden werden 1,5 Stunden vergütet und 1,5 Stunden unentgeltlich als Qualifizierungszeit von den Beschäftigten selbst eingebracht.

d. Qualifizierung

Für Auto 5000 gibt es einen extra Qualifizierungstarifvertrag, der zusätzlich zum Projekttarifvertrag abgeschlossen wird. Der Qualifizierungsplan umfasst insgesamt drei Stufen – Industrietauglichkeit, Automobiltauglichkeit und prozessorientiertes Lernen. Der Qualifizierungstarifvertrag sieht die schon erwähnte Vor- und Grundlagenqualifizierung bei externen Bildungsträgern und eine fortlaufende Qualifizierungspflicht für die Beschäftigten von wöchentlich drei Stunden vor, die, wie ebenfalls schon erwähnt, nur zur Hälfte vergütet wird. Das Lernen wird als »Lernen im Prozess der Arbeit« organisiert, welches auf den Fertigungsprozess bezogen ist und die Fähigkeit zur Produktionsoptimierung steigern soll. Dazu existieren sogenannte »Lernfabriken«, die prozessnah als allgemein zugängliche Intranetplattform angesiedelt sind und in denen die Möglichkeit eines funktionsübergreifenden Austauschs der direkten und indirekten Produktionsarbeiter/innen besteht. Vervollständigt wird die Qualifizierung durch teils externe Kurzschulungen und IHK-Kurse.

Werden die drei Qualifizierungsstufen erfolgreich durchlaufen, erhalten die Absolventinnen und Absolventen das IHK-Zertifikat »Fachkraft für Automobilbau«. Weitere Qualifizierungsmöglichkeiten sind das IHK-Zertifikat »Automobilbauer/Automobilbauerin«, bei fachspezifischer Erstausbildung das IHK-Zertifikat »Prozessinstandhalter/Prozessinstandhalterin« und für die Betriebsingenieure das IHK-Zertifikat »Prozessmanager/Prozessmanagerin Automobilbau«. Diese Qualifizierungen sind direkt in den Fabrikprozess eingebunden und auf diesen bezogen. Sie sind daher nur auf dem internen VW-Arbeitsmarkt relevant.

e. Betriebs- und Arbeitsorganisation

Das Konzept der betrieblichen Organisation bei Auto 5000 setzt auf Teamarbeit in selbstorganisierten Gruppen und regelmäßigen Gruppengesprächen (Team-Meetings). Die Teams wählen Gruppensprecher. Es sieht Gruppenverantwortung und eine Aufgabenerweiterung der Beschäftigten sowie die Integration von indirekten und direkten Funktionen vor. Oberhalb der Gruppen ist die erste Führungsebene die Meisterebene, die bei Auto 5000 Betriebsingenieur/innen (BI) heißen. Ihre Aufgabe besteht nicht mehr in der operativen Steuerung der Produktion und der Arbeitseinsatzplanung, die nun von den Teams selbst übernommen werden, sondern wesentlich im Monitoring und Controlling, im Bereich Personalführung und -entwicklung sowie im Bereich technische Planung, Optimierung und Budgeteinhaltung. Oberhalb der BI-Ebene existieren nur zwei weitere Leitungsebenen: die Fachfunktionen, die »produktionsunterstützenden« Tätigkeiten der Instandhaltung, Qualitätssicherung und Logistik, sowie die Planer/innen und Produktbetreuer/innen. Die Industrial-Engineering-Expert/innen, Personaler/innen und Controller/innen sind prozessnah in den sogenannten »Lernfabriken« angesiedelt. Die Arbeitseinsatz-, die Anwesenheitsplanung, die Festlegung der Arbeitsweisen, sowie die Planung von Qualifizierungsmaßnahmen und die Nutzung von Qualifizierungszeiten liegt in weiten Teilen in der unmittelbaren Teamverantwortung. Vorherrschend in der Produktion ist die Fließbandfertigung mit kurzen Taktzeiten. Die Teams sind auf liniennahe Fehlerbeseitigung sowie auf Programmerfüllung verpflichtet.

2. Lernende Region

Wissensressourcen zu akquirieren ist modernisierungstheoretisch der entscheidende Bezugspunkt erfolgreicher Clusterpolitik. Im Bereich der sogenannten »high potentials« geschieht dies unmittelbar durch den Auf- und Ausbau der nötigen Infrastruktur, des sogenannten innovativen Milieus aus kooperativen Wissenschaftseinrichtungen und begleitenden Angeboten. Im produktiven Bereich der Global Player und der großen Zulieferer werden hierfür neue Arbeits-, Betriebs- und Geschäftsprozessorganisationen implementiert. Eine Lücke existiert im Bereich der Wissensbasierung in den kleinen und mittleren Unternehmen (KMU) und bei den Menschen in der Region, die aus unterschiedlichen Gründen nicht oder noch nicht in den Verwertungsprozess eingebunden sind. Zu diesen gehören sowohl Arbeitslose als auch der große Teil der nicht erwerbstätigen Frauen, ältere Menschen, Schüler/innen und Kinder im Vorschulalter. All diese erscheinen im Sinne erfolgreicher »Modernisierung« durch den Aufbau von Clustern als brachliegendes Humankapital, welches als Ressource aktueller und zukünftiger Transformationsprozesse zu mobilisieren ist.

Die EU hat dieser Einschätzung in der sogenannten Lissabon-Strategie Rechnung getragen und europaweit die Förderung allgemeiner und beruflicher Bildung im regionalen Kontext ins Zentrum europäischer Modernisierungspolitik gerückt. Sie stellt dafür erhebliche Mittel des Europäischen Sozialfonds zur Verfügung. Im Rahmen der Lissabon-Strategie fördert das Bundesministerium für Bildung und Forschung mit dem Programm »Lernende Regionen – Aufbau von Netzwerken« den Aufbau regionaler Innovationsnetzwerke im Bildungsbereich.[138] Der Ansatz »Lernende Regionen« »setzt ... auf Mobilisierung und Nutzung der Potenziale regionaler Akteure. Selbstorganisiert und selbstverantwortlich soll so Regionalentwicklung von unten nach oben auf den Weg gebracht werden.«[139] Dabei geht es zum einen um die Qualifizierung der Menschen, zum anderen auch um die Hervorbringung regionaler Potenziale in regionalen Initiativen und insgesamt um die Stärkung des Unternehmergeistes in der Region.[140] Ein Ziel dieses Programms ist es, die »relevantesten« regionalen Akteure des Bildungsbereichs auf eine gemeinsame Bildungsstrategie zu verpflichten und in einem Netzwerk zusammenzufassen. Über den Aufbau von bildungs- und trägerübergreifenden Netzwerken soll so eine regionale Lernkultur befördert werden. Dabei sollen die unterschiedlichsten Bildungsbereiche – vom Kindergarten bis zur Altenarbeit unter besonderer Berücksichtigung des Gender-Aspekts – vernetzt und in Kooperation mit anderen gesellschaftlichen Bereichen, insbesondere den ansässigen Betrieben sowie anderen Kultur- und Sozialeinrichtungen treten.[141] »Ein zentrales Ziel des Programms ist es ..., über eine verstärkte Integration von Bildungs-, Arbeitsmarkt- und Beschäftigungspolitik Dequalifizierungsprozessen entgegenzuwirken und durch eine bessere Abstimmung zwischen Beschäftigungssystemen die Qualifikationsanpassung für eine Erhöhung der Beschäftigungsfähigkeit zu verwirklichen.«[142] »Lernen« wird dabei vor allem als sozialer Prozess verstanden und folgerichtig geht es auch hier nicht nur um explizites und dokumentiertes Wissen, sondern vor allem um das implizite Wissen, um das »tacit knowledge«.[143] Als Zielgruppe werden insbesondere sogenannte bildungsferne und »benachteiligte" Menschen genannt, die von Arbeitslosigkeit und Ausgrenzung betroffen oder bedroht sind.[144] Ziel ist der Aufbau und der Erhalt ihrer »Beschäftigungsfähigkeit«, was durch eine enge Zusammenarbeit von Bildungsanbietern, Arbeitsförderung und Betrieben erreicht werden soll. Dabei wird Bildung vorrangig als qualifikatorische Anpassung an die Bedarfe des regionalen Arbeitsmarktes verstanden. Das Programm »Lernende Regionen« ist als Wettbewerb organisiert. In einem zweistufigen qualitativen Auswahlverfahren werden bundesweit die aktuell bestehenden 73 regionalen Netzwerke ausgewählt. Die Förderung ist auf fünf Jahre begrenzt, degressiv gestaffelt und verlangt von den Beteiligten schon von Beginn an eine Gegenfinanzierung aus Eigenmitteln. Damit soll die Nachhaltigkeit der Netzwerke und deren unternehmerische Ausgestaltung unterstützt werden. Das Programm formuliert ausschließlich Leitgedanken.[145] Es überlässt sowohl die räumlichen und funktionalen Bestimmungen als auch die konkrete Ausgestaltung den Akteuren vor Ort, die das Programm nutzen sollen, »um optimale Lösungen für die strukturellen Herausforderungen des Lebenslangen Lernens«[146] zu entwickeln. Über das Arbeitsprogramm »Lebenslanges Lernen für alle« des BMBF ist das Programm »Lernende Regionen« mit weiteren Initiativen sowohl konzeptionell als auch operativ verbunden.[147]

a. V.I.E.L.

Der Verein VIEL – Von der Region Lernen_In der Region Lernen_Eine Lernende Region – ist der südostniedersächsische Ableger des Programms »Lernende Regionen« und begann im Jahre 2002 seine Arbeit. Ziel von VIEL ist die nachhaltige Implementierung einer zukunftsfähigen regionalen Lernkultur und -infrastruktur, um die Standortqualitäten der Region SON im Sinne clusterorientierter Regionalisierung zu unterstützen. VIEL setzt damit die von reson seit den 1990er Jahren begonnene Arbeit in Zusammenarbeit mit reson fort.[148] VIEL ist sozusagen der große Umschlagplatz der Lernenden Region SON. Der Verein inszeniert, organisiert und koordiniert beinahe die gesamte Restrukturierung des vorschulischen, schulischen und außerschulischen Bildungsbereichs sowie Teile des Wissensmanagements in den KMU des Clusters. Zur Umsetzung des Arbeitsauftrags existieren bei VIEL insgesamt 6 Projekte:

1. Regionale Bildungskonferenz[149]
2. Arbeitsstelle für selbstorganisiertes Lernen, AMsL[150]

3. Intermediäres Management: Intergenerationales und Interkulturelles Lernen
4. Weiterbildungsnetzwerk Lernende KMU
5. VIEL-Server[151]
6. Gender Mainstreaming

VIEL ist dabei in erster Linie nicht eine Organisation, die einzelne Projekte »durchführt«, sondern übernimmt eine Regie- und Dienstleistungsfunktion. Über die Einrichtung von regionalen Dienstleistungsangeboten, wie dem VIEL-Server und der Weiterbildungsdatenbank, über Kommunikationsplattformen und Foren, Fachtagungen und der Regionalen Bildungskonferenz hat sich VIEL als Netzwerkknotenpunkt und Koordinationsinstanz im regionalen Bildungsbereich etabliert. Der Verein bildet die Rahmenstruktur, in der das untere und mittlere Wissensmanagement des Clusters organisiert wird. Dabei geht es weniger um eine tumbe Organisation des Arbeitsdrills für Menschen, die nicht oder nur marginal in den Arbeitsmarkt eingebunden sind. Vielmehr dienen die Arbeitsschwerpunkte dazu, den aktuellen und prospektierten Anforderungen des Clusters zu entsprechen. Eine große Rolle, einzelne Projekte umzusetzen, kommt der Volkswagen Coaching GmbH zu, die in nahezu allen Projekten schulischer, beruflicher und außerbetrieblicher Bildung wesentliche Durchführungs- und Koordinationsfunktionen besetzt. Beispielhaft für die Arbeit von VIEL ist die Umsetzung des Schwerpunkts »Arbeitsstelle für selbstorganisiertes Lernen« (AMsL). Projektträger von AMsL ist die Volkshochschule Braunschweig. Es existieren daneben noch sechs weitere Standorte. Aufgabe von AMsL ist es, »Ansätze zur Unterstützung selbstverantworteten Lernens träger-, zielgruppen- und themenbezogen weiterzuentwickeln und konzeptionell neue Ansätze zu integrieren. Sie entwickelt auch neue Beratungs- und Fortbildungsangebote für die Weiterbildungsve rantwortlichen und Mitarbeiter/innen«,[152] mit dem Ziel, die individuellen Lernkompetenzen über die gesamte Biografie zu erweitern. Dabei sollen über verschiedene Maßnahmen die Selbstorganisationspotenziale des Lernens aktiviert und unterstützt werden. Dadurch soll es zu einer möglichst großen Deckung von individuellen Interessen und Fähigkeiten mit den wirtschaftlichen »Notwendigkeiten« kommen, um eine negative Kumulation von Lernerfahrungen und Lebensperspektiven zu verhindern, die zu Lern- und anderen Blockaden führen würde.[153] Zur Umsetzung des Auftrags hat die AMsL sechs Schwerpunkte benannt, die von der VHS Braunschweig in Zusammenarbeit mit sieben Kooperationspartnern durchgeführt werden:

– Lerntypentest und Lernberatung für Lehrende und Lernende in

Zusammenarbeit mit der VW-Coaching GmbH
– Berufliche Orientierung und Lebensplanung, Schule und Projekte als Querschnittsaufgabe, in Zusammenarbeit mit der Teutloff-Schule gemeinnützige Schulgesellschaft mbH
– Bildung und Nachhaltigkeit in Umwelt und Gesellschaft in Zusammenarbeit mit dem Regionalen Umweltbildungszentrum (RUZ)
– Kulturelle Jugendbildung, Projektarbeit mit Kindern, Selbstlernmaterialien, Regionale Kulturentwicklung, in Zusammenarbeit mit der Projektwerkstatt Kinder- und Jugendkultur e.V. ProKik
– Selbstgesteuertes Lernen und Medienkompetenz im Fremdsprachenerwerb, E-Learning Anwendungen, in Zusammenarbeit mit VHS und Deutscher Angestellten Akademie (DAA);
– Beratung für Angehörige von Demenzerkrankten, Qualifizierung von Betreuungskräften, in Zusammenarbeit mit der Gerontopsychiatrischen Beratungsstelle »ambet«.[154]

Die Arbeit von AMsL erstreckt sich über wesentliche Felder des Clusterprozesses und organisiert den Anpassungsprozess der Menschen an die Clusterbedarfe im gesellschaftlichen Raum. Dabei geht es sowohl um die Sicherung zukünftiger Wissensressourcen als auch um die Bewirtschaftung prospektiver Bereiche durch qualitative Entwicklung des regionalen Arbeitskräftepools wie bspw. im Bereich des Clusters Businessorientierte Gesundheit.

Ein weiterer exemplarischer Schwerpunkt von VIEL liegt auf dem Weiterbildungsnetzwerk Lernende KMU. Dazu bietet VIEL den KMU folgendes Leistungsspektrum an: Information und Beratung zur beruflichen Weiterbildung und Kompetenzentwicklung, Durchführung von Seminarveranstaltungen, Kontaktstudien und Workshops, Betreuung von Arbeits- und Erfahrungsa ustauschkreisen, Innovationsanalysen, Bedarfsanalysen für Qualifizierung, Weiterbildung, Personal- und Kompetenzentwicklung (individuell, unternehmensspezifisch, unternehmensübergreifend), Kooperative Konzeption von Maßnahmen für Qualifizierung, Weiterbildung, Personal- und Kompetenzentwicklung (individuell, unternehmensspezifisch, unternehmensübergreifend), Begleitung und kooperative Umsetzung von Maßnahmen für Qualifizierung, Weiterbildung, Personal- und Kompetenzentwicklung (individuell, unternehmensspezifisch, unternehmensübergreifend), Unterstützung bei der Suche nach Kooperationspartnern und finanziellen Fördermöglichkeiten.

Ziel des Schwerpunkts »Lernende KMU« »ist der Aufbau eines Mittelstandsnetzwerks für lernende Unternehmen, in dem durch kooperative Verzahnung von Bildungs-, Forschungs- und Innovationspotenzialen, eine am aktuellen Innovationsgeschehen orientierte regionale Strategie der Personal- und Kompetenzentwicklung umgesetzt werden kann.«[155] Ein aktueller Fokus besteht in der Unterstützung einer Kooperationsinitiative von zwölf Unternehmen im Maschinenbau. Dort wird gegenwärtig geprüft, ob diese Erfahrungen auf andere Kooperationsbereiche wie die Elektronik und Mikroproduktion übertragbar sind. Der Schwerpunkt »Lernende KMU« wird koordiniert vom Technologie-Transferzentrum des IWF der TU Braunschweig.[156] Auch hier ist natürlich die Volkswagen Coaching GmbH federführend beteiligt, im sogenannten Arbeitspaket 3: »Konzeption innovativer Weiterbildungskonzepte«.

b. Über VIEL hinaus

Ein zentraler Schwerpunkt der Arbeit von VIEL liegt, wie schon erwähnt, in der Koordination und Netzwerkarbeit der gesamten bildungspolitischen Transformation im Cluster SON. Hierzu koordiniert VIEL noch weitere essentielle Bildungsprojekte in der Region. Z. B. VFQ: Der Verein zur Förderung der Qualität der beruflichen Bildung e.V. hat als Aufgabe, die Zusammenarbeit der Wirtschaftsunternehmen und der berufsbildenden Schulen lernortkooperativ zu fördern. In Salzgitter unterhält er ein Projekt, welches durch die Salzgitter Service und Technik der Salzgitter AG durchgeführt wird (Stahl-Solar-Gewächshaus) und in Wolfenbüttel ein Koordinationsprojekt verschiedener Schulen. Ein weiterer Schwerpunkt bildet die Initiative zur Europäisierung der Berufsausbildung. Vorsitzender des Vereins ist Heinz-Dieter Behme von der Volkswagen Coaching GmbH. ProQuaduas, ein weiteres von VIEL koordiniertes Bildungsprojekt, steht für Prozess zur Qualitätsverbesserung des Dualen Systems der Berufsausbildung. In der Koordinierungsgruppe von proQuaduas sind neben den gewerblich-technischen Berufsbildenden Schulen aus den Regionen SON und Südniedersachsen, dem DGB und den Handwerkskammern auch einige regionale Unternehmen des gewerblich-technischen Bereichs vertreten. Insbesondere stechen hier die PPS, Personal-, Produktions- und Servicegesellschaft, der Salzgitter AG und natürlich wieder die Volkswagen Coaching GmbH hervor. Aufgabe von proQuaduas ist die Modernisierung der Berufsbildenden Schulen in Richtung einer engen didaktisch-methodischen Zusammenarbeit zwischen Ausbildungsbetrieben und Berufsschulen. Diese Lernortkooperation soll die Trennung von der schulischen Theorievermittlung und betrieblichen Praxis exemplarisch auflösen und damit die komplexer werdenden Anforderungen von beruflichen Tätigkeiten durch neue Formen des Lernens in Theorie und Praxis und durch neue theoriegestützte Praxisformen bewältigen. In der Lernortkooperation werden Teile der produktiven betrieblichen Tätigkeiten der Auszubildenden in die Berufsschulen ausgelagert und diese direkt in die Wertschöpfungskette der Global Player integriert. Beispielhaft dafür steht die Lernortkooperation zwischen der Volkswagen Coaching GmbH und den Berufsbildenden Schulen in Braunschweig und Wolfsburg, wodurch die Schulen direkt in die Golf-Produktion eingebunden werden.[157]

Eigenverantwortliche Schule: »Eine Vernetzung von Bildungseinrichtungen, staatlichen sowie kommunalen Institutionen und Wirtschaft ist das beste Zukunftskonzept und ein eindeutiger Standortvorteil für eine Region. Das hat sich bereits in anderen Ländern erwiesen.«[158] Die Ausrichtung des schulischen Bildungssystems auf die Clusteranforderungen wird an 23 regionalen Schulstandorten in Zusammenarbeit mit der Bertelsmann-Stiftung betrieben, die das Software-Paket SEIS (Selbstevaluation an Schulen) für die Umsetzung des eigenverantwortlichen Qualitätsmanagement bereitstellt. Ein weiteres Projekt heißt BIRMA, die Bildungs-, Innovations- und Regional-Management-Akademie ist eine im Aufbau befindliche Online-Akademie für den Bereich intermediäres Management und intermediäres Handeln, »die den Wissenstransfer zwischen den Teilnehmern sowie zwischen Akteuren und Interessierten, der Regionalentwicklung unterstützen soll.«[159] Ebenfalls von VIEL organisiert wird der Bereich »Lebenslanges Lernen«, der mit Hilfe einer Internetplattform Informationen und Dienstleistungen in verschiedenen Bereichen[160] für die regionalen Akteure anbietet, um die Entwicklung einer neuen Lernkultur zu unterstützen.

VII Exkurs: Lebensweise als Forschungsgegenstand

Das Göttinger Soziologische Forschungsinstitut (SOFI)[161] ist eine der wichtigsten und innovativsten industriesoziologischen Denkschmieden des transformatorischen Wandels in der BRD. Es begleitet seit Jahrzehnten die modernsten Sektoren und Fraktionen des Kapitals, allen voran VW, bei der Modernisierung ihrer Produktionsstrukturen. Das Besondere der SOFI-Studien besteht darin, dass sie beinahe einen »linken« Blick auf den Untersuchungsgegenstand werfen, dass ihre Position nicht betriebswirtschaftlich verengt ist, sondern sie den Produktionsprozess als sozialen Prozess fassen, der auf der Grundlage unterschiedlicher Interessen zwischen Unternehmen und Beschäftigten begriffen wird. Dabei markiert die analytische Unterscheidung von Produktions- und Sozialmodell den Übergang in gesellschaftliche Fragestellungen. Dementsprechend zielen die Aktivitäten des SOFI auch nicht ausschließlich auf die Kapitalseite. Es integriert ebenso gewerkschaftliche und betriebsrätliche Interessen in seine Forschungsperspektive. Die Zusammenarbeit mit den Gewerkschaften, vor allem der IG-Metall, reicht von Betriebsratsschulungen bis zu den neuen Chancen co-managerieller Betriebsratsarbeit.

Zuletzt hat das SOFI durch die wissenschaftliche Begleitung des Konzepts Auto 5000 für Furore in der bundesdeutschen Forschungslandschaft gesorgt. Von Betriebsleitung und Gewerkschaften gleichermaßen gelobt, entwickelte das SOFI eine neue Perspektive für wissenschaftliche Begleitforschungen, die laut Ulrich Jürgens, Leiter der Forschungsgruppe »Wissen, Produktionssysteme und Arbeit« am Wissenschaftszentrum Berlin, »ein Glücksfall für die sozialwissenschaftliche Forschung im Bereich der Industriesoziologie und Arbeitspolitik« sei. Es sei ein »Modell praxisnaher Grundlagenforschung«, die »den Nachweis über den Nutzen von Begleitforschung – für Theorie und Praxis – eindrucksvoll erbracht« habe.[162]

Das Forschungskonzept zeichnet sich dadurch aus, dass es die bisherige dominante Forschungsstrategie von ex post Evaluation durch prozessbegleitende Recherchen und zeitnahe Vermittlung der Ergebnisse an die Projektakteure ersetzt, die durch die permanente Rückkopplung handlungsrelevante Hinweise für die Konzeptionierungs- und Umsetzungsarbeit bekommen sollen.[163]

Die Forschungen des SOFI gehen jedoch weit über das Forschungsfeld der Industriesoziologie hinaus. Im neuen Forschungsprogramm von 2006[164] wird neben dem klassischen SOFI-Forschungsschwerpunkt, »Wandel der Arbeitswelt«, ein zweiter definiert, der seine »Aufmerksamkeit auf Struktur und Umstrukturierung von Produktions- und Innovationsmodellen richtet«, womit »die institutionellen und organisatorischen Konfigurationen« gemeint sind, »in denen sich Wandlungsprozesse von Arbeit und Wertschöpfung national und (…) auch internationale vollziehen.« Und schließlich kommt ein dritter Forschungsschwerpunkt hinzu – die »Auseinandersetzung mit Charakter und Entwicklungsdynamik des deutschen Sozialmodells« – durch den Massenarbeitslosigkeit, Umbau sozialstaatlicher Institutionen, die Erosion kollektiver erwerbsgesellschaftlicher Solidaritätsressourcen und Ausgrenzungen in den Forschungsmittelpunkt des SOFI gelangen.[165] Die drei Felder sollen aufeinander bezogen eine »umfassende Analyse der gegenwärtigen Umbruchprozesse« ermöglichen. Anspruch ist dabei: »Mit praxisnaher Grundlagenforschung gesellschaftliche Veränderungen frühzeitig transparent zu machen und sie rationaler Diskussion und Steuerung zu erschließen.«[166]

Mit der dritten Forschungsperspektive bewegt sich das SOFI auf das Feld politischer Regulation des Sozialen im weitesten Sinne. Der

Zusammenschluss der drei Forschungsperspektiven reflektiert dabei gerade für den dritten Forschungsschwerpunkt eine substanzielle Veränderung der wissenschaftlichen politischen Begleitforschungsperspektive in der BRD. Bis etwa zur Jahrtausendwende war die bundesdeutsche Sozialberichterstattung vorwiegend auf Outputmessung orientiert. Es ging vor allem darum, gesellschaftliche Bereiche zu benennen, die defizitär waren und darauf bezogene Veränderungsstrategien und -vorschläge, wissenschaftlich begründet, zu entwickeln. Seit dem Jahr 1997 kartiert das BMBF die Forschungslandschaft in dieser Frage neu. Es verlangt nach Strategien, die einerseits einen Input-/Outputvergleich integrieren und andererseits das gesamte sozialökonomische Feld in den Blick nehmen. Es soll beispielsweise keine abgetrennte, losgelöste Forschung zur Situation von Arbeitslosen gemacht werden, sondern gleichzeitig die Frage, wie die Sozialsysteme entlastet und mögliche Verwertungsstrategien aussehen könnten, bearbeitet werden. Und gleichzeitig soll dies alles auf die Strategieentwicklung der EU bezogen sein.[167] Intendiert ist damit eine stärkere Praxisanbindung der sozioökonomischen Forschung, also ein neues Modell der Politikberatung.[168] Im Gegensatz zur Sozialberichterstattung wird diese sozioökonomische Berichterstattung im Wesentlichen von Instituten getragen, die über vergleichsweise wenig Erfahrung in diesem Feld verfügen und die vorwiegend aus der Industriesoziologie kommen. Mit ihnen wird die »Umbruchhypothese« zum entscheidenden Angelpunkt der gesamten sozioökonomischen Berichterstattung.[169] Einer der zentralen Akteure dieser neuen Forschungsstrategie ist der SOFI-Mitarbeiter Peter Bartelheimer, der neben der Leitung des Forschungsverbundes Sozialökonomische Berichterstattung (SOEB), das Monitoring der Umsetzung des SGB II und die »black box« des SGB II-Beratungsprozesses wissenschaftlich evaluiert und erforscht.[170]

Im Rahmen der SOEB richtet Bartelheimer sein Hauptaugenmerk auf die Frage der gesellschaftlichen Reproduktion, also auf das wechselseitige Verhältnis von Produktions- und Sozialmodell, die nach seinem Verständnis jeweils relativ autonomen Logiken gehorchen. Sozioökonomische Berichterstattung sei dabei als Politikberatung zu verstehen, deren Ziel es sei, politische Interventionsbedarfe anzuzeigen, »d.h. Probleme und Herausforderungen für politische Gestaltung identifizieren und so die Agendagestaltung [zu] beeinflussen.« Dabei interessiere besonders, inwiefern »die größer gewordene Vielfalt an Arbeits- und Lebensweisen neue Teilhabechancen für die Einzelnen [bietet]« – und inwiefern sie andererseits »Ungleichheit und Ausgrenzung befördert«? er fragt, ob unsere »Gesellschaft im Umbruch« alle Menschen »mitnehmen« [kann] oder »viele von ihnen auf der Strecke bleiben«?[171]

Wesentlich für die Regulation gesellschaftlicher Probleme sei ein Verständnis der Zusammenhänge und Wechselwirkungen von Produktions- und Sozialmodell. Dabei spielt die Erfassung der relativen autonomen Logik des Sozialmodells eine wesentliche Rolle. Um dieses Verständnis zu ermöglichen, nimmt Bartelheimer den Begriff der »Lebensweise«[172] auf.

Mit dem Begriff »Lebensweise« definiert er das Sozialmodell als ein relativ autonomes System von subjektiven Motivbündeln und Interessenkonstellat ionen, die in einem spezifischen Verhältnis zum ökonomischen Pol stehen, der die Motive der Marktteilnehmer/innen fasse. Die »Lebensweise« stehe dabei nicht außerhalb oder innerhalb der Ökonomie, sondern »Lebensweise« und »Ökonomie« sind verschiedene Perspektiven der Gesellschaft. Die Vermittlung dieser beiden Pole geschehe nicht durch Geld- oder Güterströme, sondern durch Arbeit (als Eigen- und Erwerbsarbeit), deren gesellschaftliche Organisation im Mittelpunkt dieser Vermittlung stehe. Dem Staat obliege dabei die Regulierung der unterschiedlichen Interessen. Da diese Interessen jeweils unterschiedlichen Logiken folgten, sei das Modell nicht als Gleichgewichtsmodell zu missverstehen. Mit Hilfe dieses Modells sei es möglich, gesellschaftliche Veränderungen als Ausgangspunkt für ökonomische Veränderungen zu begreifen bzw. Impulse aus der Lebensweise wahrzunehmen, die Anpassungen des ökonomischen Systems provozierten.

Im Rahmen der sozioökonomischen Berichterstattung müsse dieses Modell in sieben Elemente unterteilt werden, damit es im Rahmen von Forschungsvorhaben operationalisierbar sei: 1. Zeitverwendung, 2. Lebensverlauf, 3. Lebensform, 4. Erwerbsorientierung, 5. Bildungsverhalten, 6. Arbeitsteilung im Haushalt, 7. Konsummuster. Wichtig sei es, diese Elemente in ihrer dynamischen Bewegung und die ökonomische Relevanz dieser Dynamik zu erfassen. Dabei gelte es, die eigensinnigen und autonomen Motive zu beachten und die Bewegungen nicht als Anpassungsprozess an ökonomische Zwänge zu missverstehen. Die Lebensweise sei auch nicht immateriell und unabhängig von Strukturen sozialer Ungleichheit, sondern werde von diesen begrenzt. Zudem sei Lebensweise in vielfacher Hinsicht, vor allem sozialstaatlich, reguliert. Sie drücke sich im beobachtbaren Verhalten aus, wobei die das Verhalten begründenden Motive, Deutungsmuster und Einstellungen jedoch erst in zweiter Linie Gegenstand der Beobachtung seien.[173]

Die Thematisierung der Lebensweise im Rahmen der SOEB schließt an die industriesoziologischen Forschungen des SOFI an und entwickelt diese weiter. Der ganzheitliche Zugriff auf die Individuen bedarf eines Konzeptes, das weit über die Gestaltung der Arbeitswelt hinausgeht. Zum anderen ist ein arbeitsorientierter Zugriff auch für diejenigen zu entwickeln, die nicht, noch nicht oder nicht mehr im Prozess der Arbeit stehen. Das Konzept der Lebensweise im Rahmen der sozioökonomischen Berichterstattung reflektiert dies als Einbahnstraße und beinhaltet damit den Ausschluss derjenigen, die in diesem Prozess nicht mitmachen wollen oder können. Indem es Lebensweise gerade nicht ökonomistisch verkürzt, liefert das Lebensweise-Konzept einen Ansatz zur ökonomischen Transformation sozialer Strukturen. Es liefert ebenso einen Rahmen, in dem die Veränderungen in den Produktionsbeziehungen und des sozialen Terrains analytisch verbunden werden können. Der Forschungsansatz Barthelmeiers und des gesamten SOFI beansprucht der Komplexität der Wirklichkeit durch neue Forschungsmethoden und -ansätze in einer Weise gerecht zu werden, durch die Erkenntnisse operationalisierbar gemacht werden können. Ziel sei es, eine »gesellschaftliche Selbstaufklärung« und »Politikberatung« zu unterstützen, die es den politischen Instanzen ermöglichten von »besseren Daten« auch zu einer »besseren Politik« zu kommen.[174]

VIII Die »zweite Erfindung Wolfsburgs«

Die oben wiedergegebenen Beispiele und Entwicklungen der Clusterschöpfung sind nur exemplarisch zu verstehen. Neben diesen existiert eine enorme Vielfalt an weiteren Initiativen und Programmen, die beinahe sämtliche Bereiche des regionalen gesellschaftlichen Lebens abdecken. Die Spannbreite dieses Prozesses ist immens und kann hier nur angedeutet werden: Er umfasst stadt- und regionalplanerische Bereiche wie Wohnungsbau und Verkehrsinfrastruktur, Landschafts- und Regionalplanung, er umfasst die Freizeit- und Kulturbereiche ebenso wie den gesamten vorschulischen, schulischen und außerschulischen Bildungsbereich, die regionale Arbeits- und Sozialpolitik, die Wirtschaftsförderung, die Frauenförderung und das Gender Mainstreaming, die Lebens- und Arbeitsbedingungen von alten und älteren Menschen, die Förderung von Migrantinnen und Migranten ebenso wie Fragen des sozialen Lebens der Antidiskriminierung, Gewaltprävention, Bürgerbeteiligung oder Fragen der sogenannten zivilgesellschaftlichen Aktivierung.

In vielen Bereichen kommt es zu einer strukturellen Verzahnung unterschiedlicher Aktions- und Planungsebenen: Initiativen der EU, des Bundes, des Landes, der Kommunen und unterschiedlicher anderer Körperschaften verschränken sich mit Initiativen in allen ökonomischen und gesellschaftlichen Bereichen – von Strukturinnovationen über Modellprojekte bis hin zu

Programmen, die die einzelnen Individuen im Blick haben. Nichts soll im Prozess der Clusterbildung unbeachtet bleiben.[175] Und gerade dies und wie dies geschieht, macht das eigentlich Neue des sozialen Angriffs in Form von Clusterbildung aus. Wolfsburg und die Region SON werden in diesem Prozess ein zweites Mal neu erfunden.

Die Entstehung der Industrieregion im NS fußte auf der politisch begründeten sozioökonomischen Strategie eines nachholenden Modernisierungspro zesses, der staatlich induziert und in Zusammenarbeit mit der Großindustrie organisiert wurde, der technologischen Fortschritt und nationalsozialistische »Volksgemeinschaft« sowie extensiven Arbeitseinsatz, »Todesproduktion« und »Lagerordnung« verband und komplex integrierte. Die Entwicklung und Etablierung neuer Produktionsformen wurden dabei begleitet von der Implementierung neuer sozialtechnologischer Zugriffsstrategien und -formen, die auf unterschiedlichen Ebenen sozialisatorisch und strukturell die Bedingungen einer hierarchisch formierten Sozialstruktur – vom deutschen Vorarbeiter bis zur Zwangsarbeiter/in – in einer terroristischen Ordnung etablierten. Unbeeindruckt von der deutschen Niederlage im Zweiten Weltkrieg bildete diese Struktur die Grundlage für das Erfolgsmodell des VW-Konzerns nach dem Krieg und damit ebenso für die Prosperität der gesamten Industrieregion SON.

Die »zweite Erfindung Wolfsburgs« ist ebenfalls eingebettet in ein umfassendes Modernisierungsprojekt, welches diesmal den gesamten EU-Raum umfassen soll. Initiiert wird es durch ein strategisches und operatives Kooperationsprojekt zwischen staatlichen Instanzen und der Großindustrie, der Global Player. Der Clusterprozess ist ein sozioökonomischer Modernisierungsprozess, der von den ökonomisch am weitesten entwickelten Punkten ausgeht und von dort versucht, den gesamten Raum mit dem Ziel zu transformieren, regionale Wertschöpfungsketten herauszubilden, die an der Spitze, bei den Global Playern, abgeschöpft werden.

Dabei beschleunigt sich der Transformationsprozess von Staatlichkeit gerade auf der regionalen Ebene, in dem sich neue Steuerungsformen wie Netzwerke und Public Privat Partnerships herausbilden, die einen zunehmenden Umbau der Struktur- und Wirtschaftsförderung intendieren, der darauf zielt, sogenannte weltmarktgerechte Verwertungsbedingungen zu fördern. Dieser Umbauprozess verzahnt sich mit betrieblichen, regional- und globalökonomischen Reengineeringprozessen, die eine neue Raumökonomie analog der neu kreierten Wertschöpfungsketten in den Metropolen etablieren. Die sozioökonomischen Transformationsprozesse verbinden sich wiederum mit neuen Inwertsetzungs- und Kontrollstrategien der sozialen und individuellen

Konstitutionsprozesse, die als soziale und humane Reengineeringprozesse eine neue Qualität der Subsumtion alles Lebendigen unter das Kapitalkommando konstituieren. Diese unter dem Stichwort »Gouvernementalisierung« gefassten Strategien der Selbstinwertsetzung und Selbstkontrolle sind weit mehr als das Leitbild des »Arbeitskraftunternehmers« suggeriert: Sie etablieren vielmehr einen Zugriff auf den gesamten Menschen und das gesamte soziale Leben und binden diese konstitutiv an die Imperative kapitalistischer Inwertsetzung.

Kapitalistische Inwertsetzung ist in ihrem Kern Bevölkerungspolitik. Die Organisation der Ausbeutung der Arbeitskraft ist ein Teil dieser Bevölkerungspolitik, die sich darin aber nicht erschöpft. Die Marktförmigkeit der Konstitutionsprozesse wird hineingetrieben in alle Facetten des sozialen Lebens und der Organisation sozialer Kohärenz. Sie wird zu einer strukturellen und zu einem wesentlichen Teil selbstgeleiteten und scheinbar autopoietischen Demarkationslinie sozialer Teilhabe. Symbolisch verdeutlicht sich dies in dem Griff nach dem »tacit knowledge« als Angriff auf die Wünsche und Hoffnungen der Menschen und den sozialen Reichtum alles Lebendigen. Die Koppelung sozialer Konstitutionsprozesse an die Umschlaggeschwindigkeit technologischer Innovation etabliert gesellschaftliche Entwicklung als rasanten Risikodiskurs mit unklaren Grenzen des Einschlusses und äußerst scharfen des Ausschlusses. In diesem Sinne ist der Umbau der sozialen Sicherungssysteme in Richtung eines aktivierenden Sozialstaats funktional, der nicht zufällig als Pilotprojekt in Wolfsburg erschaffen und von dieser Entwicklung inspiriert wurde. Schließlich spielt McKinsey auch in den Umbauprozessen der Bundesagentur für Arbeit eine tragende Rolle.

Die »zweite Erfindung Wolfsburgs« findet wiederum in einer nahezu unvergleichbaren Situation statt. Nach der Erschaffung der Region im NS »auf der grünen Wiese«, die einen in Deutschland fast einzigartigen monostrukturellen Raum produzierte, findet die Neuerschaffung nun ebenfalls in einer nahezu einzigartigen Situation statt. Die fast ausschließliche Ausrichtung der Region auf die Bedarfe des Global Player VW basierte auf der ökonomisch und sozialstrukturellen Inszenierung einer nationalsozialistischen »Volksgemeinschaft«, die schließlich in den Korporatismus des »Modell Deutschlands« überführt wurde. Die Entwicklung der Clusterbildung in Wolfsburg und SON – aktiv betrieben von den Garanten des Nachkriegsmodells, insbesondere den Gewerkschaften – transformiert die Reste dieses Nachkriegsmodells nun in eine weltmarktorientierte Leistungsgemeinschaft, die im regionalisierten Cluster ihren identitätsstiftenden Angelpunkt findet. Soziale, kulturelle und individuelle Identität als bloß warenförmig konstituiert, bleibt aber notgedrungen prekär. Urban Gouvernement mittels Netzwerken spiegelt nichts anderes als ein neues autoritäres Regime technokratischer Funktionseliten. Dem entspricht, dass polizeiliche Ordnungs- und Kontrollfunktionen in die gesellschaftlichen Strukturen selbst hinein verlängert werden. Alles Merkmale von Verpolizeilichung der Gesellschaft oder Kustodialisierung[176] von Kontrolle.

Diese Kontrollmechanismen konstituieren sich auf einer diffusen Grundlage generalisierten Risikos und sind dementsprechend potenziell entgrenzt bezüglich aller Dimensionen von »Sicherheit«. Regulativer Gradmesser ist allein die erfolgreiche Umsetzung der Weltmarktorientierung, zugespitzt in den Bilanzen des VW-Konzerns.

Entsprechend verändert sich auch das Verhältnis von Stadt, Umland und Konzern. Das Miteinander oder das Aufeinander bezogen sein bestand zum Zeitpunkt der Gründung als funktionale Trennung, als Gegenüber von Arbeit und Freizeit. Im neuen Miteinander von Stadt und Werk verschmelzen beide Funktionsbereiche zu einer neuen Einheit. Das Werk wird, versinnbildlicht in der Autostadt, zum Leitbild neuer Urbanität und der Verschmelzung von Arbeit und Leben. Autostadt, diverse hochrangige Museen, Bundesligamannschaften im Männer- und Frauenfußball und im Eishockey, kulturelle Events symbolisieren gleichermaßen Freizeit- und Standortfaktoren: Ein urbaner Tempel, um Billiglohnarbeit im sogenannten Dienstleistungssektor zu vernutzen – von Parkplatzanweisern, Kartenabreißerinnen, Garderobenpersonal, Putzkolonnen etc. Das Leben selbst wird zum Unternehmen, welches sich auf dem Markt behaupten muss. Die gesamte Region wird unter den betriebswirtschaftlichen Gesichtspunkten der neuen Wertschöpfungsketten funktional reorganisiert. Mit der Abkehr vom sogenannten »Gießkannenprinzip« öffentlicher Strukturförderung entledigt sich die neue Raumökonomie jeglichen sozialen Ausgleichs. Sie schafft rund um die Kathedralen der Reichtumsakkumulation, hier insbesondere um die Knoten Wolfsburg und Braunschweig eine netzwerkförmige Struktur neuer sozialräumlicher Hierarchie und Ungleichheit. Diese Hierarchie ist selbst so rigide wie die soziale Zusammensetzung innerhalb der einzelnen Raumsequenzen. Cluster sind daher auch eine neue Form sozialer Einhegung und sozialer Schließung.

Auf der Ebene der unmittelbaren Reichtumsakkumulation, der Fabrikebene, greifen Cluster Entwicklungen der letzten Dekaden auf und entwickeln diese qualitativ weiter. Cluster intendieren nicht einen neuerlichen Rückzug des Kapitals in den regionalen oder nationalen Rahmen. Produktionsverlagerungen in sogenannte Billiglohnländer werden dadurch nicht angetastet. Ebenso sind Cluster als High Tech- und Hochlohninitiativen falsch verstanden, obschon beide Faktoren sicherlich eine Rolle spielen. Tatsächlich organisieren Cluster den Produktionsprozess als gesamtgesellschaftlichen Rationalisierungsprozess. Die »gesellschaftliche Fabrik« wird mittels Clusterpolitik einen qualitativen Schritt vorangetrieben. Dabei kommt der Bevorratungspolitik, dem Ressourcenmanagement, eine zentrale Rolle zu.

Ausgehend von den strategischen Optionen, Planungen und Bedarfen des Global Players wird das gesamte Cluster als Verlängerung dieser Produktionsstrategien in den sozioökonomischen Raum organisiert. Dabei werden nur die Bereiche strukturell gefördert, die in dieses Konzept integrierbar sind. Auslagerungen sind zwar wesentlicher Bestandteil dieser Strategie, verdecken jedoch, dass sich die konzernangehörigen Teile des Clusters ebenso verändern, indem die internen Austauschbeziehungen über Kontrakt- und Zielvereinbarungen vermarktlicht werden. Ob nun Auslagerung oder ein neues internes Kontraktmanagement favorisiert werden, ist dabei nicht entscheidend. Wichtiger ist, dass sich die kapitalistische Kontrolle in diesem Prozess transformiert von einer Kontrolle mittels Eigentums zu einer mittels strategischer Verfügungsmacht. Verfügungsmacht bezieht sich nicht allein auf den unmittelbaren Produktionsprozess, sondern ebenso auf das strategische Ressourcenmanagement.

Produziert wird nicht nur räumliche, sondern ebenso eine erhebliche soziale Ungleichheit. Der Ausrichtung und Förderung des Clusters auf die High Potentials steht die Abkopplung derer gegenüber, die, wie Peter Hartz es sagt, »sich im Hochleistungssystem der letzten zehn Prozent Arbeit nicht mehr halten – halten können oder wollen.« Diese Abkopplung im Cluster kommt einer sozialen Schließung gleich, da sich die Übergangsmöglichkeiten aus den unteren Segmenten des Arbeitsmarkts weitgehend verflüchtigt haben, die Organisation dieses Arbeitsmarktsegments erheblich prekär ist und das Lohnniveau auf und unter der Armutsgrenze liegt.[177] Die organisatorische Verfasstheit dieses Arbeitsmarktsegments bedingt geradezu den Ausschluss, da die Rekommodifizierungstrategien des neuen SGB II einen rechtlichen Sonderstatus etabliert haben, der mit dem der übrigen Gesellschaft nicht mehr vergleichbar ist.[178]

Der Blick allein auf Arbeitsmarkt und Arbeitsplatz vernebelt die tatsächlichen Konfliktlinien des Clusterangriffs, weil die Entgrenzung von Arbeit und Leben eben auch als ein Modus der Integration zu begreifen ist. Konfliktlinien mögen sich sicherlich auch auf dem Terrain der Arbeit auftun. Die potenzielle soziale Sprengkraft wird aber zweifellos eher an den Schnittpunkten legaler und illegaler Existenzsicherung zu finden sein oder in den Kämpfen derer liegen, die, »nicht verwertet«, auf den menschlichen

Abraumhalden des Kapitals einer rapider Verelendung preisgegeben werden. Diese Kämpfe werden wohl nicht mehr um den Wert der Ware Arbeitskraft geführt, sondern für ein Existenzrecht gegen den kapitalistischen Plan. Die paradigmatische Bedeutung des Wolfsburger Clusterprozesses liegt nicht darin, dass ein Masterplan deutscher Clusterbildung generiert wurde. Dafür sind die Konstellationen in der Region zu einzigartig. Die Bedeutung liegt vielmehr in der Methodik des Prozesses selbst, im Verzicht auf einen Masterplan.[179]

Planung wird prozessbegleitend und kommunikativ organisiert, wobei der Planungsprozess selbst ein Aktivierungsprozess in der Clusterbildung darstellt. Die »Notwendigkeit der Clusterbildung« setzt dabei den imperativen Rahmen aller Antworten auf scheinbar unumkehrbare Globalisierungsprozesse. Kommunikative Planungsprozesse schleifen vor allem Widerständigkeiten ab und machen sie produktiv, bilden Funktionseliten aus und dienen einer neuen, flexiblen Struktur eines regionalen Regimes. Die Aktivierungs- und Beteiligungsprozesse reichen bis in untere gesellschaftliche Schichten. Sie konstituieren einen Unterwerfungsprozess, in dem das »Fußvolk der Globalisierung« zur selbstaktivierenden Umwandlung in Humankapital angeleitet wird.

Anmerkungen
»Cluster« Die Organisation des sozialen Kriegs

1 http://www.stern.de/politik/panorama/:Hungertod-Arbeitslosen-T%F6dliche-Gesetzes-Logik/587395.html

2 Näheres unter http://www.elo-forum. net/hartz-IV/hartz-IV/-20070111640html

3 Vgl. D. Hartmann, Neuer Drang nach Osten. Der Weg in die Geopolitik des sozialen Kriegs, ak 452, 5.7.2001, S. 24, auch unter: www.materialien.org siehe, Texte von Detlef Hartmann

4 Wenn ich hier den Begriff »Selbst« und »Seele« verwende, so also nicht im Sinne eines überhistorischen Seinsbestandes. Sie sind für mich nichts anderes als Formen und Inhalte, die sich in der Auseinandersetzung hervorbringen und darum auch das Licht auf ihr Gegenüber werfen. Schon in »Leben als Sabotage – Zur Krise der technologischen Gewalt«, Tübingen 1981, Wiederauflage Berlin 1987, habe ich diesen Standpunkt in der Auseinandersetzung mit den damals modernsten bürgerlichen Befunden aus Kognitions-, Sprachwissenschaft und Neurophysiologie erläutert. Die Auseinandersetzungen und Kontroversen, die seitdem auf diesen Gebieten hervorgetreten sind, geben mir wenig Anlass, meine grundsätzlichen Darstellungen zu revidieren. Natürlich »gibt« es keine »Seele« und kein »Selbst« im cartesianischen Sinne. Neurophysiologisch mit Wolf Singer gesprochen: Es gibt keine singuläre Koordinationsinstanz im Sinne eines Homunkulus, eines Ich-Wesens im Gehirn, das alles steuert. Aber das verschiebt nur das Problem auf die brennende und ungelöste Frage: »Was« ist es, das für die »Ich-Aktivität«, die »Ich-Demarkation« sorgt, was ist das »Selbstmodell«, von dem etwa Kai Vogeley und Thomas Metzinger sprechen, »was« ist das Selbst, in dem Popper und Eccles schon 1977 den logischen Ort für den holistischen (ganzheitlichen) Charakter der Steuerungs- und Integrationsleistungen des Gehirns suchten? Die Fragen machen uns im philosophischen Sinn noch immer fassungslos. So fassungslos, wie es schon Kant war, als er in der »Kritik der Urteilskraft« nach einem Newton rief, der uns die bis heute unverstandenen Integrationsfunktionen eines einfachen Grashalms erklären könnte. Geert Keil kehrt mit Max R. Bennett und Peter M.S. Hacker den Spieß gegen den »Kryptocartesianismus« in der Diskussion über Willensfreiheit und Indeterminiertheit um und verlangt seinerseits Erklärungen von den Neurophysiologen. Das habe ich 1981 auch gemacht, aber mit dem meiner Ansicht nach aus den Arbeiten zu einer mehrwertigen Logik und der damals beginnenden Theorie von Chaos und Selbstorganisation gewonnenen besseren Argument, dass die »Indeterminiertheit« und » Freiheit« der »Seele« in den noch unerkannten höherrangigen Logiken des Zentralnervensystems gesucht werden müssen. Solange sie nicht gefunden sind, spreche ich mit den kritischsten neueren Befunden aus Kognitionswissenschaften und Neurophysiologie aber anders als sie in einem historisch-materialistischen Sinne von »Seele« und »Selbst«. Weiteres dazu kann ich hoffentlich schon in diesem Jahr in dem Buch »Aristoteles, Foucault und die Sklaven der Wissensgesellschaft« (Arbeitstitel) ausführen.

5 Max Weber, Wirtschaft und Gesellschaft, 5. Aufl., Tübingen 1972, S. 686; ders.: Gesammelte Aufsätze zur Religionssoziologie, 5. Aufl., Tübingen 1963, S. 12, vgl. auch ders.: zum Thema Methodologische Einleitung für die Erhebung des Vereins für Sozialpolitik über Auslese und Anpassung (Berufswahlen und Berufsschicksal) der Arbeiterschaft der geschlossenen Großindustrie, in: ders.: Gesammelte Aufsätze zur Soziologie und Sozialpolitik, 2. Aufl., Tübingen 1988, S. 1 und: Zur Psychophysik der

industriellen Arbeit, ebd. S. 61

6 M. Weber, Die »Objektivität« sozialwissenschaftlicher und sozialpolitischer Erkenntnis, in: ders., Gesammelte Aufsätze zur Wissenschaftslehre, 3. Aufl., Tübingen 1968, S. 146, hier insbesondere S. 190 ff.

7 Zum Einlesen noch immer zu empfehlen: G. Bock, Die »andere« Arbeiterbewegung in den USA von 1905-1922, H. Gutman, Work, culture and society in industrializing America: Essays in American working-class and social history, Oxford 1977.

8 Gisela Schmidt, Entwicklung einer Strategie der Gewalt – Einkaufszentrum und Fußgängerzone, in: Autonomie NF, Materialien gegen die Fabrikgesellschaft, Nr. 3, S. 33; D. Hartmann, Von der Integration zur Aussonderung, ebd., S. 16; ders., Leben als Sabotage, Zur Krise der technologischen Gewalt, Tübingen 1981, S. 70 ff.

9 Lesenswert noch immer der Aufsatz von Moses Abramovitz, The Search for the Sources of Growth: Areas of Ignorance, Old and New in: The Journal of Economic History, Bd. 52, Nr. 2 (6/93);

10 J. Womack et al., Die zweite Revolution in der Automobilindustrie, Frankfurt 1991

11 Zitiert nach H. Minssen, Von der Hierarchie zum Diskurs? Die Zumutungen der Selbstregulation, München 1999, S. 177, Buch und Feldtagebuch sind im Rahmen eines von der Deutschen Forschungsgemeinschaft geförderten Feldforschungsprojekts entstanden.

12 M. Moldaschl, »Die werden zur Hyäne, Erfahrungen und Belastungen in neuen Arbeitsformen, in: ders. (Hg.) Arbeitsorientierte Rationalisierung, Frankfurt 1994, S. 105, hier: 134; S. Kühl, Über das erfolgreiche Scheitern von Gruppenprojekten, Zeitschrift für Soziologie, 30 (6/2001), S. 199, hier: 217. Zu all dem kann man sich einlesen bei: S. Kühl, H. Minssen, op.cit., H. Minssen, Zumutung und Leitlinie, der Fall Gruppenarbeit in: Zeitschrift für Soziologie, 30 (6/2001), S. 185; H. Pongratz (Hg.), Arbeitskraftunternehmer, Berlin, 2003; ders., Vom Arbeitnehmer zum Arbeitskraftunternehmer – Zur Entgrenzung der Ware Arbeitskraft, in: H. Minssen (Hg.), Begrenzte Entgrenzungen, Berlin 2000, S. 225; G. Voß, H. Pongratz, Der Arbeitskraftunternehmer, in: U. Bröckling, et. al. (Hg.), Anthropologie der Arbeit, Tübingen 2002, S. 127

13 G. Voß, ebd., S. 152.

14 R. Springer, Rückkehr zum Taylorismus?, Frankfurt/Main 1999, S. 95.

15 Vgl. allgemein dazu auch: Kühl, op.cit.; und in der Frage nach neuen taktischen Möglichkeiten im Sinne des kapitalistischen Managements Michael Schumann, Metamorphosen von Industriearbeit und Arbeiterbewusstsein, Hamburg 2003; K. Dörre, et al., Re-Taylorisierung, Supplement der Zeitschrift Sozialismus 9/2001, wo die Optionen einer Vertiefung der Strategien der Selbstunterwerfung erörtert und gesucht werden.

16 M. Castells, The Rise of the Network Society, Oxford 1996, S. 65.

17 Ders., The Internet Galaxy, Oxford 2001, S. 59 ff.

18 Vgl. dazu auch: A. Baukrowitz et al. (Hg.), Informatisierung der Arbeit, Berlin 2006, insbesondere das Kapitel über »Informatisierung-Industrialisierung-Subjekt: Elf Schnitte durch einen gesellschaftlichen Gestaltungsbereich«, S. 81 ff.

19 M. Castells, End of Millenium, Oxford 1998, Kap. 4; ders., Grassrooting the Space of Flows in: J. O. Wheeler et al. (Hg.), Cities in the Telecommunication Age, New York, 2000, S. 18.

20 Vgl. B. Alecke, G. Untiedt, Zur Förderung von Clustern, »Heilsbringer« oder »Wolf im Schafspelz«? List Forum 33 (2), S. 89-105, Münster 2007.

21 T. Bresnahan, A. Gambardella, Building High-Tech Clusters, Cambridge 2004, insbesondere Kap. 1 und 10; vgl. auch: A. Bhidé, The Origin and Evolution of New Businesses, Oxford 2000; Teil I (Kap. 1-8) und (zu Schumpeter) Kap 13; Chong-Moon Lee u.a. (Hg.), The Silicon Valley Edge, Stanford 2000, Kap. 1 und der Beitrag von J.S. Brown und P. Duguid (2.Kap.).

22 L. Baritz, The Servants of Power, Middletown 1960.

23 M. Schiessel, Die Anzeigen-Maschine, Spiegel-Special »Wir sind das Netz«. Wie das neue Internet die Gesellschaft verändert, 3/2007, S. 7.

24 F. Hornig, Ein bunter, chaotischer Marktplatz, in: Spiegel-Special, a.a.O., S. 7.

25 G. Rivlin, After Succeeding, Young Tycoons Try, Try Again«, NYT 28.10.07

26 H. Friebe und S. Lobo, Wir nennen es Arbeit. Die digitale Bohème oder Intelligentes Leben jenseits der Festanstellung, München 2006.

27 Schon das Buch »Empire« war als Propaganda für eine postmoderne innovative Eliteformation zu verstehen, vgl. dazu D. Hartmann, »Empire«, Linkes Ticket für die Reise nach rechts, Berlin 2002; im Übrigen bleibt zu Negri nachzutragen, dass er schon relativ früh in die Propaganda der kapitalistischen Subjektivierungs- und Entgrenzungsstrategien eingestiegen ist, unter Negierung und Ausmerze der Selbstherstellung widerständischer Subjektivität, die der kapitalistischen Biomacht die Grenzen eines neuen »Außen« entgegensetzte, das Negri systematisch leugnete. Schnell haben die kapitalistischen Arbeitswissenschaftler Hardt und Negri als einen der Ihren erkannt und ihn in ihre Darstellungen einbezogen, vgl. etwa H. Pongratz, G. Voß, Arbeitskraftunternehmer, Berlin, 2003, S. 219; K. Schönberger, S. Springen (Hg.), Subjektivierte Arbeit, Frankfurt 2003, S. 13 (im Vorwort); M. Moldaschl, Ressourcenorientierte Analyse von Belastung und Bewältigung in der Arbeit, in: ders. (Hg.), Immaterielle Ressourcen, München 2005, S. 243, hier: S. 271; U. Bröckling, E. Horn (Hg.), Anthropologie der Arbeit, Tübingen 2002, Einleitung S. 11; und sogar kritisch gegen Hardt/Negris kapital- und unterwerfungsfromme Behauptung, es gäbe kein »Außen« mehr; S. Pfeiffer, Informatisierung, Arbeitsvermögen und Subjekt in: K. Schönberger, S. Springer (Hg.) op. cit. S. 183, hier: 191. Die positive Bezugnahme auf Hardt/Negri aus der kapitalistischen Arbeitswissenschaft ist inzwischen üblich geworden. Zurecht. Das ist der eigentliche Hintergrund für die Begeisterung der FAZ für ihr »Empire«.

28 New York Times 29.01.2007.

29 R. Florida, The Rise of the Creative Class, And How It's Transforming Work, Leisure, Community and Everyday Life, New York 2002; ders. The Rise of the Creative Class, Why cities without gays and rock bands are losing the economic development race, Washington Monthly, Mai 2002.

30 J. Hagel, J.S. Brown, The Only Sustainable Edge, Boston 2005.

31 New York 1991; ders. Clusters and the New Economics of Competition, Harvard Business Rev. 76 (6) S. 77.

32 »Eine neue Ebene erreichen« – Gespräch mit dem Cluster-Forscher Chr. Ketels (16.11.2004), in: Unternehmen Region, hrsg. v. Bundesministerium für Bildung und Forschung, 2/2004.

33 M. Porter, The Competetiv Advantic ......, New York, 1990, S. 576, 587.

34 McK-Wissen 01 Cluster, S. 4, 60 ff.

35 B. Bierach, Knubbel der Kompetenz, Wirtschaftswoche 48/2000, 23.11.2000, S. 219.

36 Vgl. Materialien für einen neuen Antiimperialismus Nr. 4, darin: Soziale Revolution und das Kommando der Akkumulation. Zur Aktualität der russischen Revolution, S.

9, hier insbes. S. 61 ff.

37 M. Castells, Rise ..., op. cit., S. 3.

38 Ebd., S. 22

39 M. Castells, The Power of Identity, Oxford 1997, S. 6 ff, 27 ff; unter Berufung auf die Debatten zur »Identitätspolitik« im Umkreis von Craig Calhoun sprengt Castells Vorstellungen der Konstitution fester Identitäten und sieht die Formierung von Identität als Ausdruck der sozialen und Klassenantagonismen im Zeitalter der Netzwerke. Lesenswert ist die Aufsatzsammlung von C. Calhoun (Hg.) Social Theory and the Politics of Identity, Cambridge, 1994.

40 Die folgenden Ausführungen geben die Vorarbeiten zu einem umfassenderen Buchprojekt in konzentrierter Form wieder. Ihr Inhalt ist zum Teil schon in verschiedenen Publikationen eingeflossen, Agenturschluss: Schwarzbuch Hartz IV, Berlin/Hamburg 2006; Flying Pickets, Auf den Geschmack gekommen ... . Sechs Monate Streik bei Gate Gourmet, Berlin/Hamburg 2006.

41 Abgedruckt in: American Economic Journal Bd. 74, No.2, S. 103 ff.

42 Th. McCraw, Prophet of Innovation, Josef Schumpeter and Creative Destruction, Cambridge und London 2007, S. 504

43 J. Schumpeter, Das Wesen und der Hauptinhalt der theoretischen Nationalökonomie, Leipzig 1908, S. 618, 621.

44 J. Schumpeter, Theorie der wirtschaftlichen Entwicklung, Leipzig 1912, S. 501 ff.

45 Ders. Theorie der wirtschaftlichen Entwicklung, 4. Auflage, Göttingen 1964, S. 366 ff.

46 Ders., Konjunkturzyklen, Göttingen 1961, Bd. I, 410 ff., Bd. II, 714 ff.; ders., Kapitalismus, Sozialismus und Demokratie, 7. Aufl., Tübingen 1993, S. 184, 231 ff.

47 H. Wildemann, »Das Mittelmanagement ist dran«, FAZ, 05.11.2007.

48 Vgl. dazu: K. Dörre, Eine »neue Unterschicht«? Zur Realität von Ausgrenzung, Prekarität und Unsicherheit, in: W. Böhling, K. Dörre, A. Nahles (Hg.): Unterschichten? Prekariat? Klassen? Dortmund 2006, S. 53-70 und auch die anderen darin enthaltenen Aufsätze.

49 Dies steht in Anbetracht mit den Schwierigkeiten der Standardisierung und Verhaltenskontrolle erst am Anfang. Vgl. E.P. Harmon, S.C. Hensel, T.E.Lukes, Measuring performance in services, Sonderausgabe zu Services in McKinsey Quarterly 1/06, S. 30, insbes. S. 38 f; allg.: H.Meffert, M.Bruhn, Dienstleistungsmarketing, 3. Aufl., Wiesbaden 2000; knapp und informativ B. Stauss, Professionelles Dienstleistungsmarketing, FAZ 7.1.202

50 Der Spiegel 11/06, S. 19

51 Die Gegnerschaft zwischen beiden, die erstmals durch T. Leifs Buch »Beraten und verkauft«, bei Bertelsmann erschienenen, massiv in die Öffentlichkeit lanciert wurde, ist neu. Bis zum Wechsel Bertelsmanns zu Boston Consulting im Jahre 2005 war McKinsey sein Hausberater. Geschäftsführer der Bertelsmann Stiftung war McKinsey-Zögling Johannes Meier. Bei McKinsey haben auch die Mohn-Kinder Brigitte und Christoph gelernt.

52 Vgl. Julia Friedrichs, McKinsey und ich, Die Zeit 18.5.06, abgedr. unter dem Titel Recruiting by McKinsey, ein Erfahrungsbericht, in: Th. Leif, Beraten und Verkauft,4. Aufl., München 2006, S. 96 (inzwischen zu einem Buch ausgedehnt); vgl. auch: A. Rasiel, P. Friga, The McKinsey Mind, New York 2001; E.Rasiel, The McKinsey Way, New York 1998; Aus der kritischen deutschen Literatur neben Th. Leif (op. cit.): W. Rügemer (Hg.) Die Berater, ihr Wirken in Staat und Gesellschaft, Bielefeld 2004: D. Kubjuweit, Unser effizientes Leben, Reinbek 2005; Th. Leif aaO.

53 Allesamt laut Fink-Ranking seit Jahren führende Berater, vgl. http://www.manager-magazin.de/unternehmen/beratertest/0,2828,296166,00.html

54 http://www.mc.kinsey.de/popups/profil/1_1_01_p01.htm

55 Vgl. Interview des Chefs von McKinsey Deutschland mit der Wirtschaftswoche vom 30.3.06, S. 75, das die konkurrierenden Spieler um die Quote diskutiert.

56 Z.B. mit McKinseys Maßstäbe setzenden Projekt der »Prozesslernfabrik« an der TU Darmstadt (zusammen mit Bosch-Rexroth, SEW-Autodrive etc.), das es gemeinsam mit Prof. Abele entwickelt hat und betreibt. Lernstoff ist der gesamte globalisierte Produktionsprozess in der Konkurrenz mit anderen globalen Konkurrenten wie Toyota, das eine ähnliche Prozesslernfabrik betreibt, vgl. Bericht von M. Wittershagen FAS 6.5.07

57 Vgl. http://www.mckinsey.de/kompetenz/public/ourpractice.htm

58 In die Schulpolitik bringen sich eine Vielzahl von Initiativen ein, die meines Wissens nicht von Bertelsmann hegemonisiert sind (vgl. Fußnoten zu IV 1) und selbst in die von Bertelsmann bejubelte qualifikationssteigernde Kinderkrippeninitiative (Informationsdienst Wissenschaft, idw- Pressemitteilung Bertelsmann Stiftung, U. Friedrich , 03.3.2008 10:23) hat sich McKinsey früh maßgeblich mit den von ihm organisierten »Berliner Bildungskongressen« eingebracht (vgl. McKinsey, Schulmanagement: Profilbildung. McKinsey präsentiert Vier-Punkte-Plan zur Bildungsreform in Deutschland, http://www.wissensschule.de/schulmanagementmckinsey_bildet.php3; http://www.mckinsey.de/presse/051027_mck_bildet.htm.) Diese Initiative ist angesichts des Gewichts McKinsey als Merkels Berater nicht ohne Einfluss gewesen.

59 Vgl. hierzu einen ersten Aufriss in D. Hartmann, Bertelsmann: Treiber der Kultur eines strategischen Denkens (2006), http://www.materialien.org/texte/hartmann/bertelsmanntreiber.html

60 Vgl. die in Fußnote 6 und 7 angegebene Literatur.. Ich habe in »Leben…« die oft unterdrückte, aber auch ambivalente Auseinandersetzung von Marx mit dieser Frage behandelt. Es ist Zeit für eine neue Auseinandersetzung aus der heutigen Perspektive der entwickelten Kämpfe.

61 K. Marx, Das Kapital, Dritter Band, MEW 25, Berlin 1988, S. 263

62 Dies alles macht bei allem Verdienst in der Detailinformation den verkürzenden Charakter der kritischen Literatur deutlich: wenn z.B. Werner Rügemer (op.cit., S. 68 f., 102) anklagt, die Beraterfirmen simulierten lediglich ökonomische Effizienz (die er selbst befürwortet), organisierten aber in ihrem Mythos nur Bereicherung weniger und Verarmung vieler in einer »gesamtwirtschaftlichen Fehlkalkulation« , oder wenn Spiegelredakteur Dirk Kurbuweit Effizienz zwar ebenfalls befürwortet, aber McKinsey als »Symbol für die Diktatur der Effizienz«, gar der »Zertrümmerung von Heimat« anklagt, oder wenn Thomas Leif (op.cit) in einem ausgerechnet bei Bertelsmann (nach der Trennung von McKinsey) verlegten Buch McKinsey & Co. den »großen Bluff« und verschwörungsartige Vernetzung vorwirft. Die Vorwürfe sind angesichts der Realität der sozialen Konfrontation absurd. Klar sind die Berater Marktschreier, sie wollen verkaufen. Klar funktionieren ihre Projekte nicht nach Rezept, denn sie operieren bewusst in einem Feld komplexer sozial-ökonomischer und politischer Resistenzen. Wer hätte den führenden Innovatoren des tayloristischen Take-off wie Moellendorff und Rathenau oder gar Taylor selbst jemals ihre an einer gesamtgesellschaftlichen Maschine orientierten Utopien als Grund für die Behauptung vorgeworfen, sie wären ineffiziente Strategen?

63 R. Foster, S. Kaplan, Schöpferische Zerstörung, Frankfurt 2002, insbes. S. 266 ff; dies (in der Kurzfassung ihres Bestsellers), Creative destruction, McKinsey Quarterly 3/01, S. 41. Zur productive Friction vgl. auch: J. Hagel, J.S.Brown, Connection, Globalization & Innovation, Some Contrarian Perspectives, Vortragsmanuskript für WWF 2006 in Davos, veröff. in www.edgeperspectices.com S.12

64 Ebd., S. 349.

65 J. Kluge, W.Stein, Th. Licht, Knowledge Unplugged, New York 2001

66 McKinsey sieht dies eingebettet in der subjektivierenden Wende der politischen Ökonomie, wie sie nicht nur in der Betonung der unternehmerischen Energien im Sinne des Neo-Schumpeterianismus, sondern auch von Daniel. Kahneman, Amos Tversky, Colin Camerer, George Loewenstein betrieben wird, vgl. Interview mit Colin Camerer, McK Wissen 07, S. 46; vgl. auch E. Lawson, C. Price, The psychology of Change Management, The McKinsey Quarterly, Sonderheft zu The Value of Organization, 2003, S. 31

67 Grundsätzlich über »Push« und »Pull« für neue Formen des Wissenserwerbs in der Auseinandersetzung mit dem tayloristischen »Push« J.S.Brown, J.Hagel, The next frontier of innovation, The McKinsey Quarterly 3/05, S. 83

68 Ebd. S. 31. Die Übersetzung aus der Originalausgabe des Buches stammt von mir. Wir haben im Rahmen unserer Antimilitarismuskampagne bei »Bundeswehr wegtreten« über den Zusammenhang zwischen militärischem und unternehmerischem Management berichtet, u.a. in Prozesserklärungen, abgedruckt in: Bundeswehr wegtreten. Reader gegen Militarismus, unter: Http://www.bundeswehr-wegtreten.tk/. Vgl. auch D. Hartmann, Die militärisch-ökonomische Barbarisierung, in: W&F (Wissenschaft und Frieden) 2/2007, S.38 wie auch die Langfassung unter demselben Titel in www.materialien.org. Texte von D.Hartmann.

69 Ebd. S. 33

70 Ebd. S. 71 f

71 J. S. Brown und P. Duguid, The only ...,op. cit., I. Nonaka, Knowledge Management, 2005, S. 1ff, Introduction unter Bezugnahme auf G. Ryle, The Concept of Mind, Chicago, 1949, S. 11 ff unter »Descartes' Myth«

72 N. Kratzer und D. Sauer, Entgrenzung von Arbeit, in: K. Gottschall, G. Voß (Hg.), Entgrenzung von Arbeit und Leben, Zum Wandel der Beziehung von Erwerbstätigkeit und Privatsphäre im Alltag, München 2003, S. 87, hier: S. 93; vgl. auch I. Raehlmann, Arbeit und »Alltägliche Lebensführung« in: M. Moldaschl (Hg.), Neue Arbeit – Neue Wissenschaft der Arbeit?, S. 249; A. Henninger, Wer versorgt den Arbeitskraftunternehmer? Überlegungen zur Entgrenzung von Arbeit und Leben bei Alleinselbständigen, in: K. Schönberger, S. Springer (Hg.) Subjektivierte Arbeit, op.cit., S. 164; M. Moldaschl, Von der Personalwirtschalehre zur Wirtschaftlehre der Person? in: M. Moldaschl und F. Thießen (Hg.), Marburg 2003, S. 95, hier: S. 98 ff. Auch ein Besuch der u.a. von G. Voß betreuten Seite www.arbeitundleben.de lohnt.

73 A. Hillert, M. Marwitz, Die Burnout-Epidemie, München 2006, S. 172

74 So bietet Accenture jetzt auch in Deutschland als neuen »Sparansatz« Gesundheitscoaching« von Kassenmitgliedern in einem Pilotprojekt gemeinsam mit der Kaufmännischen Krankenkasse KKH auch in Deutschland an, vgl. FAZ, 04.12.07

75 http://www.kircheundgesellschaft.de/kda/projekte.htm

76 Vgl. C. R. Rogers, A Way of Being, Houghton Mifflin, 1980; A. Antonovski, Unravelling the Mystery of Health, Josey-Bass, 1988 und in Anwendung auf die zugespitzte Burnout-Krise: O. Benkert, Stressdepression. Die neue Volkskrankheit und was man

dagegen tun kann, München 2005, S. 146 f, 158 f.

77 A. Ehrenberg, Das erschöpfte Selbst, Frankfurt 2004, S. 9, 12, 268 et passim.

78 Ebd., S. 270.

79 Op. cit., Fn 54.

80 A. Ehrenberg, op. cit., Kap. 9, 10.

81 Ebd., S. 36, 91, 203, 217.

82 Ebd., S. 291.

83 Vgl. http://www.liebe-dein-leben.com.

84 J.-P. Schröder, Wege aus dem Burnout, Berlin 2006, passim, vgl. insbesondere S. 13, 50, 94, 101.

85 Ebd., S. 75, 82, 87, 95.

86 Über den etwas engeren Rahmen seines oft zitierten Buches »The Tacit Dimension«, New York 1966, hinaus, ist vor allem sein Buch »Personal Knowledge«, Chicago 1952, zu nennen, das den umfassenden Charakter des Wissensbegriffs entwickelt und hier vor allem das Kapitel »Knowing Life« auf den Seiten 347 ff. Dieser Ansatz wurzelt philosophisch im amerikanischen Pragmatismus, wie er in den Arbeiten James und Dewey seinen Höhepunkt gefunden hat – in Parallelität zu analogen Entwicklungen in der deutschen Soziologie und Philosophie, hier vor allem bei Heidegger, auf den neuere Entwicklungen der letzten Jahre in den USA gar nicht überraschend wieder Bezug nehmen.

87 U. Holtgrewe, Informatisierte Arbeit und flexible Organisationen: Unterwerfung, Distanzierung, Anerkennungskämpfe? in: K. Schönberger, S. Springer (Hg.), Subjektivierte Arbeit, Frankfurt 2003, S. 21ff

88 Zu dem Streik und der Rolle McKinseys, vgl. Flying Pickets, Auf den Geschmack gekommen ... . Sechs Monate Streik bei Gate Gourmet, Berlin/Hamburg 2007.

89 D. Hartmann, McKinsey – das Selbst – der Klassenkampf, in: Flying Pickets, op.cit., S. 215

90 Vgl. Foster, Schöpferische Zerstörung, op. Cit., S. 270 ff.

91 W. Benjamin, Über den Begriff der Geschichte VII, in: Gesammelte Schriften Bd. I, 2, S. 691, hier: 700.

92 Vgl. D. Hartmann, McKinsey – das Selbst....aaO

93 Berlin/Blieskastel 2002, im Folgenden zitiert mit »Vorschläge ...«

94 Ministerium für Wirtschaft und Arbeit des Landes Nordrhein-Westfalen, Initiativ in NRW. Case Management. Theorie und Praxis, Neuss 2003, S. 44, im Folgenden zitiert als »Initiativ ...«

95 Vorschläge ...S. 238 f.

96 Ebd., S. 239/240.

97 Ebd., S. 247 ff

98 Detlef Hartmann, Metropolitane Stadt und sozialer Krieg, in: StadtRat (Hg.) Umkämpfte Räume, Hamburg, Berlin, Göttingen 1998, S. 53; ders., Weltniveau und Modernität, in: Heinrich-Böll-Stiftung (Hg.), Die Kölner Klagemauer, S. 94; ders. »Opfer zu Tätern. Die Entwicklung hegemonialer Aggressivität im Standort Deutschand, in: Prozessgruppe zum Fall Hattingen, AG zu rassistischen Ermittlungen (Hg.) Hattingen - Lübeck. Die Brandanschläge in der Barbarisierung der Gesellschaft, Berlin, Göttingen 1998, S. 236 und die anderen Beiträge in diesem Buch.

99 Etwa: Bertelsmann Stiftung, Bundesanstalt für Arbeit, McKinsey & Company (Hg.), Konzeption und Diskussion eines neuen arbeitsmarktpolitischen Instruments, Gütersloh 2002, das die Entwicklung der Personal-Service-Agentur behandelt.

100 Die Geschichte des Case Managements und vor allem seiner Modernisierung kann ich hier nicht behandeln. Einen guten Einstieg erlauben N. Raiff, B. Shore, Advanced Case Management, London 1993 mit ihrem totalisierenden (»holistic«) Human-Resources«-Ansatz, der auf soziale Umfelder und Räume »ökologisch« ausgeweitet wird (insbesondere S. 8 ff, 25 ff) und B. Cruikshank, The Will to Empower, Ithaca 1999 mit guter Einsicht in Strategie und Techniken der Zwänge zur Selbstunterwerfung (vor allem Kap. 3 und 4).

101 Vorschläge …, S. 20.

102 Bertelsmannstiftung et al (Hg.), Handbuch Beratung und Integration, Gütersloh 2002, S. 104, im Folgenden zitiert mit: »Handbuch …«.

103 Initiativ…, S. 40.

104 Ebd. S. 32.

105 Ebd. S. 10.

106 Oskar Schlaak und ich haben diese Spannung als Interventionsgrund des neoreformistischen Hartz IV-Bündnisses und seiner Kohorten analysiert, in: Agenturschluss (Herausgeberinnen), Schwarzbuch Hartz IV. Sozialer Angriff und Widerstand – eine Zwischenbilanz, Berlin/Hamburg 2006, S. 157

107 Bericht, S. 98.

108 Initiative ..., S. 9, 18.

109 Vorschläge …, S. 99.

110 Bertelsmann, Handbuch ..., S. 169.

111 Bertelsmann, Handbuch, S. 15.

112 Ebd. S. 17.

113 Ebd. S. 60.

114 Vorschläge… , S. 93.

115 Vgl. hierzu die groben Linien des betrieblichen human-capital-management aus dem Hause McKinsey in: V.Agrawal, K.Berryman, J.E. Richards, Matching People and jobs, The McKinsey Quarterly, Sonderausgabe 2003:The Special Edition: The Value in Organization

116 Agenturschluss (Hg.), op. cit. S. 60 f.

117 Projektbericht »JobPromote«, S. 3 f.

118 W. Engler, Der Herbst der guten Arbeit und der Osten Deutschlands, Aus Politik und Zeitgeschichte 16/05 S. 6, hier:9

119 Vgl. Bericht von Detlef Borchers, Data-Mining soll Vermittlung von Arbeitslosen erleichtern. http://www.heise.de/newticker/meldung/print/59764

120 http://www.tacheles-sozialhilfe.de/aktuelles/2005/fallmanagement-sachstandsbericht-modellregion-rhein-neckar.pdf.

121 Zur »Pull«-Qualität des modularen Aufbaus (in der e-learnig-platform bei Cisco Systems und in open-source-software in Abkehr von tayloristischen Informationssystemen vgl. J.S.Brown…The nesxt frontier aaO, S. 83 f., 87 ff.

122 Vorschläge …, S. 99; vgl. Fn. 72.

123 Ebd., S. 51.

124 Ebd., S. 98.

125 Ebd., S. 67-68.

126 Ebd., S. 68.

127 Ebd., S. 231.

128 Ebd., S. 233.

129 Diesen Aspekt im Prozess transnationaler schöpferischer Zerstörung und imperialer

Bemächtigung behandeln mit Blick auf »lokale Geschäfts-Ökosysteme« in der chinesischen Megacity Chongquing auch J.S.Brown, J.Hagel in Innovation blowback: Disruptive Management Practices from Asia, The McKinsey Quarterly, 1/05, S. 35, hier 38 ff, 42 ff.; Zur modularen selbstorganisatorischen Umsetzung produktiver Wertschöpfungsketten in der Handysparte vgl. auch TI-Chefdesigner Avner Goren, FAZ 1.3.08, C3

130 Dieser Dynamik gilt auch das neuerwachte Verständnis amerikanischer Wirtschaftshistoriker wie David Calleo und Robert Gordon für die politischen Zwänge, die sich aus den Nachteilen europäischer Nationalstaatlichkeit und Deutschlands im Besonderen gegenüber dem innovativen Potential des riesigen amerikanischen Binnenmarkts ergeben (vgl. D. Calleo, The German problem reconsidered, Cambridge 1978 und R. Gordon, Two Ceturies of Economic Growth: Europe Chasing the American Frontier, Version 30.3.2004, zu finden: http:faculty-web.at.northwestern.edu/economics/gordon, IV, vor allem Fn. 17). Derartige Vorstellungen liegen Fischers Verständnis einer Agenda 2010 im sozialen Krieg nach innen und geopolitischen Krieg nach außen unter dem Leitbild Stresemanns zugrunde. Die historischen Lehren drängen sich wieder auf angesichts des wachsenden Nationalismus bei der technologischen Kooperation im heutigen Europa, vgl. K. O'Brien, Germany's Hesitance Slows Technology Cooperation With France, New York Times 5.8.08

131 Vorschläge ... S. 283.

132 Ebd., S. 284 f.

133 Ebd., S. 303.

134 Vgl. z.B. K. Dörre, B. Röttger, Die erschöpfte Region, Münster 2005 und darin insbesondere den auf S. 153 abgedruckten Beitrag zum Wolfsburger Cluster-Projekt von Antje Blöcker, J.Katzan, C. Bremer (beide IGMetall), Gewerkschaftliche Herausforderungen bei der Mitgestaltung des »Niedersachsen-Projekts«. Erfahrungen aus Südostniedersachsen.

135 Als Beispiel mag das Buch von W. Glißmann (Vorsitzender des Betriebsrats der IBM Deutschland) und seiner philosophischen Mitstreiters Klaus Peters dienen: Mehr Druck durch mehr Freiheit, Hamburg 2001. Hier putzt Peters Weisheiten selbstgenügsamer Unterwerfung aus der philosophiegeschichtlichen Mottenkiste neu zur philosophischen Quintessenz auf: »Erst aus der Perspektive der Dialektik kommt in den Blick, dass die Selbstorganisationstheorien ein emanzipatives Potenzial in sich tragen, weil sie ein Stück Einsicht in die Notwendigkeit sind, die eben dadurch, dass sie eingesehen (begriffen) wird, in ihr Gegenteil, die Freiheit umschlägt.« (S. 164). Amen.

136 Ebd., S. 311.

137 Ebd., S. 315.

138 Ebd., 319, 313.

139 Ebd., S. 327.

140 DW der Ev. luth. Landeskirche in Braunschweig e. V., Fachtagung »Vom Fordern und Fördern«, Dokumentation unter: http://www.diakonie-braunschweig.de/opencms/export/sites/DiakonischesWerk/_system/Organisation/DW-Geschaeftsstelle/Dateien/Dokumentation-Fachtag-2005.pdf, hier, S. 6f , 20 f.

141 Vgl. das von McKinsey und der Stadt Dortmund aus betriebene regionale Clusterprojekt, wie es in McK-Wissen 01, op. cit. (vgl. Fn. 33) beschrieben und, von der CDU-Regierung aufgenommen, weiter betrieben wird. Vgl. das Presseinfo der Landesregierung NRW vom 8.3.07: Landesregierung beschließt neue Clusterstrategie

– Wachstumspotenziale sollen gezielt gefördert werden, http://www.wirtschaft.nrw.de/2999/2100/2110/070308_02/index.php mit weiteren links.

142 Vgl. den Bericht in BRANDaktuell Arbeitsmarktpolitischer Service der LASA Brandenburg GmbH 4/2004; Kongress im Februar 2006 zum Thema »Cluster-Offensive Bayern«, www. stmwivt.bayern.de/cluster/redenkongress2006/inhalt.html?PHPSESSID=2.

143 Vgl. D. Hartmann, Leben ..., op. cit. und Materialien für einen neuen Antiimperialismus, Soziale Revolution ...op. cit.

144 http://www.dielinke-fraktion.brandenburg.de/index.php?id=450

145 Im Prozess dieses Projekts hat die Linkspartei Brandenburg öfter ihre Homepage neuorganisiert. Derzeit kann man sich dazu über www.dialog-fuer-brandenburg.de/leitbild/diskussionsstand_2007/ informieren und über den link »Wirtschaftsförderung« zu Christoffers Leitbildpapier gelangen.

146 Aus der unübersehbaren Literatur verweise ich zum Einlesen auf: J. Masschelein, M. Simons, Globale Immunität oder eine Kartographie des europäischen Bildungsraums, Zürich, 2005 mit einer Liste weiterführender Literatur.

147 Zum Einstieg vgl. D. Müller-Böling, Leitgedanken für eine innovative Wissenslandschaft aus universitärer Sicht, in: ders. u.a. (Hg.), Innovations- und Technologiemanagement, Stuttgart 1991, hier: Einleitung S. 2 ff und S. 445 ff.

148 Vgl. die erhellende Schrift von J.J. Bonstingel, »The Total Quality Classroom« in: Educational Leadership, Bd. 59, Nr. 5, S. 66 ff.

149 Die „Dritte Internationale Mathematik- und Naturwissenschaftsstudie" (Third International Mathematics and Science Study-TIMSS) ist eine international vergleichende Schulleistungsuntersuchung, die von der International Association for the Evaluation of Educational Achievment (IEA) durchgeführt wurde. Die IEA ist eine Forschungsorganisation, der überwiegend Regierungseinrichtungen der Mitgliedsstaaten angehören. Die deutsche Forschungsgruppe setzt sich aus drei Partnern zusammen: dem Max-Planck-Institut für Bildungsforschung (MPIB), dem Institut für die Pädagogik der Naturwissenschaften an der Universität Kiel (IPN) und der Humboldt-Universirät zu Berlin (HUB).

150 Vgl. Bundesministerium für Bildung und Forschung (BMF), Exzellenzinitiative, http://www.bmf.de/de/1321

151 S. Literatur und Kommentare in http://de.wikipedia.org/wiki/exzellenzinitative Die Kommentare sind weitgehend interessegeleitet und verfehlen in der Regel die grundsätzliche Bedeutung. Selbst ein langjähriger kritischer Begleiter der Hochschulreformen wie Michael Hartmann (vgl. Die Exzellenzinitiative – ein Paradigmenwechsel in der deutschen Hochschulpolitik, Leviathan 4/06, S. 449) moniert die Unfähigkeit, die überkommenen Elite- und Statusstrukturen im Bourdieu'schen Verständnis aufzulösen, Er berücksichtigt nicht, dass es auf den Prozess ankommt, der in der Verbindung von Unternehmen und Universitäten zu Clusterinitiativen in den USA seit langem und auch hier längst im Gange ist. Grund ist das Kleben an überholten statisch-strukturalistischen Vorstellungen (Bourdieu ist da hoffnungslos überholt).

152 Vgl. etwa: Lernende Region – Netzwerk Köln e.V., http://www.bildung.koeln.de/regionale_projekte/lernende_region/index.html und der zweite Teil dieses Buchs.

153 Wenn ich mich nach Abschluss dieser Arbeit wieder an das angekündigte Projekt zu Aristoteles mache, dann nicht ohne Augenmerk auf das gemeinsam von Humboldt- und Freie Universität gebildete geisteswissenschaftliche Exzellenzcluster, das sich mit

der Formation von Raum und Wissen in alten Zivilisationen beschäftigen will und den neuen Energien mit Sicherheit seine historische Fundierung besorgen wird, vgl. http://idw-online.de/pages/de/news231348

154 U. Herrmann, Rückkehr der Klassengesellschaft, TAZ 5.3.08

155 J. Masschlein, M. Simons, Globale Immunität oder eine kleine Kartographie des europäischen Bildungsraums, Zürich 2005, S. 22 ff.

156 Ebd., S. 22 ff, 28 ff. Bezeichnend hierfür ist z.B. der »Portfolio«-Ansatz. Schon der Name ist der kapitalistischen Ökonomie entnommen, ein Begriff für eine Sammelmappe von Vermögens- bzw. Wertpapierbeständen. SchülerInnen sollen von der Grundschule an in einer Mappe Arbeitsstände, Lernergebnisse, Qualifikationen und Arbeitsproben sammeln, laufend selbst neu bewerten und damit Fähigkeiten der Selbstrechenschaft, -orientierung an Leistungsmarken und -vereinbarungen, -evaluation, -steuerung, -reflexion zu entwickeln, standardisieren und vor allem für die Kontrolle im Sinne einer totalen Selbstüberantwortung transparent machen. Der Ansatz hat sich inzwischen zu einer regelrechten »portfoliomanie« (M. Behrens, Denkfiguren zum Portfoliosyndrom. Journal für Lehrerinnen- und Lehrerbildung 1(4)8-16), aufgebläht. Einstieg in diese Blase: www.portfolio-schule.de

157 Ebd., S. 84.

158 Vgl. D. Hartmann, Bertelsmann, Treiber der Kultur eines strategischen Denkens. Zivile Macht, globale Großordnung, Krieg, unter: www.materialien.org, siehe dort: Texte von Detlef Hartmann. Ein Reader dazu ist in Vorbereitung.

159 Veranstaltungsverzeichnis unter: www.freie-uni-köln.de.vu . Auf der anderen Seite stießen die Initiativen in meinem Erfahrungsbereich an der Uni Köln über lange Zeit – trotz der ständigen Aufklärungsarbeit vor allem der »Alternativen Liste« (AL) und der von ihr mitbetriebenen Bertelsmann-Gruppe – an die Mauern veralteter Denkgewohnheiten.

160 Der Vortrag von Jürgen Schnell findet sich u.a. unter: www.bundeswehr-wegtreten.tk, dort unter: Materialien. Siehe zum praktischen Kontext der Entstehung dieser Beiträge die homepage von »Bundeswehr wegtreten«.

161 Vgl. D. Hartmann, Die militärisch-ökonomische Barbarisierung in: W&F (Wissenschaft und Frieden) 2, 2007, S. 38; die Langfassung findet sich unter demselben Titel bei: www.materialien.org, dort unter Texte von Detlef Hartmann.

162 M. Ledeen, The War Against the Terror Masters, New York, 2002, S. 212 f, 232 (Übersetzung und Hervorhebung vom Verfasser).

163 Vgl. zur Einschätzung bereits zu Beginn des Kriegs: D. Hartmann / D. Vogelskamp, Irak. Schwelle zum sozialen Weltkrieg, 2003; und im weiteren Verlauf: D. Hartmann, »Unamerican«, in: G. Hanloser (Hg.), Sie waren die Anti-deutschesten der deutschen Linken, Münster 2004, S. 131.

164 http://www.imf.org/external/pubs/ft/wp/2004/wp0440.pdf , S. 18.

165 M. LeVine, Why They Don't Hate Us, Oxford 2005; ders., The New Creative Destruction, History News Network, http://hnn.us/blogs/entries/29364.html; N. Klein, Die Schock-Strategie, Frankfurt/M 2007; vgl. auch: D. Hartmann, Sozialarbeiter mit Bewaffnung, in: analyse & kritik, Nr. 460/2002.

166 taz, 11.11.05.

167 Isolde Charim, Die Wirklichkeit wird sichtbar, taz, 8.11.05.

168 Bericht von Michaela Wiegel, FAZ 12.10.05

169 Eine historisch-materialistische Auseinandersetzung mit den hier aufgeworfenen Fragen würde den Rahmen dieses Buches sprengen. Nicht nur die Unterwerfungs- und

Emanzipationsstrategien der Klassenauseinandersetzungen verweisen Klassen-, Bewusstseins- und identitätstheoretische Ansätze in die Vergangenheit. Von der Seite der bürgerlichen Wissenschaften spiegeln sie sich in Erkenntnissen über die Prozesshaftigkeit der Wirklichkeit wider, die sich auch in den Ansätzen der Neurophysiologie, Intention alitätsforschungen, emergenztheoretischen Ansätzen niederschlagen. Ich werde hierauf – in Anknüpfung an meine Darstellungen in »Leben als Sabotage« – im Projekt über »Aristoteles, Foucault und die Sklaven der Wissensgesellschaft« näher eingehen.

170 Net-tribune, 02.03.2007, www.Unfallkassen.de, Bericht vom 02.03.2007

171 Berichte, Bilder, Flugblätter bei www.labournet.de/Agenturschluss

172 Die politischen Dimensionen dieser psychischen »Erkrankung« behandeln; J. Radkau, Das Zeitalter der Nervosität, Deutschland zwischen Bismarck und Hitler, München 1998; siehe auch: A. Hillert, M. Marwitz, Die Burnoutepidemie, op.cit., S. 188 f, und A. Ehrenberg, Das erschöpfte Selbst, op.cit. S. 4 ff;

173 A. Ehrenberg, Das erschöpfte Selbst, op.cit., S. 268;

174 Vgl. den Bericht von Claudia Borchard-Tuch, Das Gefühl der inneren Leere, in: taz, 11.1.08.

175 O. Benkert, StressDepression op. cit., S. 13 ff .

176 A. Ehrenberg, op.cit, S. 270.

177 Genauer werde ich mich hiermit in meiner projektierten Arbeit über »Aristoteles, Foucault und die Sklaven der Wissensgesellschaft« (Arbeitstitel) beschäftigen.

178 Foucault hat 1983 in einer Unterhaltung mit Hubert L. Dreyfus und Paul Rabinow ihre gesellschaftlichen Konnotationen in der Exklusion des Anderen, der Obesession der Penetration immerhin als »widerwärtig« (»répugnant«) bezeichnet (abgedr. in: Dits et ecrits II, Paris 2001, S. 12002, hier: 1207.

179 M. Foucault, Geschichte der Gouvernementalität I, Frankfurt 2004, S. 564 (Anmerkungen des Herausgebers Michel Sennelart).

180 U. Bröckling, Das unternehmerische Selbst, Frankfurt 2007, S. 23.

181 N. Rose, Governing the Soul, London, New York, 1999.

182 Ebd., S. VIII.

183 Ebd., S. 59.

184 Ebd., S. 143.

185 U. Bröckling, Jeder könnte, aber nicht alle können, in: Mittelweg 36, 4/02, S. 6; ders., Das unternehmerische Selbst, Frankfurt 2007, S. 27

186 Beide Zitate bei U. Bröckling, Gleichgewichtsübungen unter: www.linksnet.de/textsicht.php?id=1620, hier S. 5, 6.

187 U. Bröckling, Jeder könnte..., op. cit. S. 7.

188 U. Bröckling, Das unternehmerische Selbst, op. cit., S. 40.

189 Ders. op. cit., S. 283-285.

190 Hier wird die Ähnlichkeit der Unterwerfung unter die Identifikation mit der Macht mit den Vorstellungen Hardt/Negris am deutlichsten, die in der deutschen Gouve rnementalitätsliteratur wie auch in der Literatur der Subjektivierungsstrategien auf arbeitswissenschaftlichem Gebiet als Brüder im Geiste zitiert werden.

191 Siehe auch: P. Linebaugh, M. Rediker, Die vielköpfige Hydra, Berlin, Hamburg 2008.

192 Es ist ein wiederkehrendes Thema in den Brüchen der Intensivierung des Zugriffs neuer Avantgarden im Take-Off des Kapitalismus im England des 17. Jahrhunderts gegen das »vielköpfige Biest«, in der Emanzipation des Bürgertums gegen das Andere in Form der dunklen Triebe und ihrer Psychiatrisierung und gegen die neue Klassen-

mobilität der »freigesetzten« Bauern, Handwerker etc., in der Zuspitzung nach der 48er Revolution nicht etwa gegen die Avantgarden der Arbeiterklasse, sondern gegen die von Grund und Boden »zwangsemanzipierten« Unterklassen.

193 U. Bröckling, Gleichgewichtsübungen, op. cit., S. 4-7.

194 Ders., Gleichgewichtsübungen, op. cit., S. 4

195 U. Bröckling, You are not responsible for being down, but you are responsible for getting up. Über Empowerment, in: Leviathan 31. Jg. (2003), H. 3, S. 323-344, hier, S. 336.

196 Ebd., S. 339, 341.

197 Vgl. G. Agamben, Homo sacer, Frankfurt 2002, insbesondere S. 12 ff, 145 ff.

198 Eine Analyse der faschistoiden Impulse in »Empire«, in denen Michael Hardt und Toni Negri die biopolitische Bewirtschaftung der immateriellen Ressourcen propagieren, habe ich analysiert in: »Empire«. Linkes Ticket für die Reise nach rechts, Sonderheft der Materialien für einen neuen Antiimperialismus, Berlin, Hamburg, Göttingen 2002.

199 U. Bröckling, Das unternehmerische Selbst, op. cit., S. 224.

200 U. Bröckling und E. Horn (Hg.), Anthropologie der Arbeit, Tübingen 2002, Einleitung, S. 7 ff, hier, S. 8. Die Arbeiter/innen haben, wie wir oben gesehen haben, sich nicht an ihre anrufungsbedingten Pflichten und den anrufungsbedingten Begriff von »Arbeiterautonomie« aus der Feder Bröcklings gehalten.

201 Für eine Kritik, die all dies in intelligenter Weise, wenn auch aus der Immanenz wissenschaftlicher Betrachtung und ohne Rekurs auf eine antagonistische Subjektivität formuliert, vgl. die Darstellungen von Ines Langemeyer, Zur Kritik des Gouvernementa litätsansatzes, unter: http://www.kritische-psychologie.de/archiv/material/031116_IL-KritikGouvernement.pdf; dies., Schützt lebenslanges Lernen vor Prekarität? Bildung im Kontext gesellschaftlicher Umbrüche, in: Widerspruch H. 52, (2007), S. 119 ff. Sie kritisiert Bröckling in seinem Begriff der Subjektivität, der Subjektunterwerfung als herrschaftsförmige Zurichtung und produktive Verwertung von Subjektivität und Subjektwerdung im Sinne der Entwicklung eines Denk- und Handlungsvermögens kurzschließt. Er lasse in dieser Totalisierung von Unterwerfung als Selbstunterwerfung keinen Raum mehr für die Andersheit und das Außen des Subjekts und postuliere ohne Rückgriff auf die Wirklichkeit, auf die Empirie eine vollständige Verinnerlichung der Regulations- und Rationalisierungsanforderungen (diese Kritik wendet sie zugleich gegen Foucault).

202 Vgl. www.kongress2007.de, mit ausgiebigen links zu allen gesellschaftlichen Bereichen.

203 Vgl. unter: http://www.linksnet.de/drucksicht.php?id=2040.

204 Auszugsweise dokumentiert in Das Parlament Nr. 51/52

205 Th. Seibert, Neue Gemeinplätze (Teil II), Fantomas 12, S. 43, hier, S. 45. An einer neoreformistischen Strategie und der Ermöglichung von durch eine transformierte UNO abgesegnete Kriege arbeitet er schon länger, vgl. Die Protektorate des Imperiums, Fantomas 9, S. 44, hier, S. 47.

206 H. van den Brink u. A. Kaiser, Kommunale Sicherheitspolitik zwischen Expansion, Delegation und Kooperation, in: APuZ 12/2007, S. 4, hier, S. 6; Trutz von Trotha, Ordnungsformen der Gewalt oder Aussichten auf das Ende des staatlichen Gewaltmonopols, in: B. Nedelmann (Hg.) Politische Institutionen im Wandel, Opladen 1995, S. 129 ff.

207 Trutz von Trotha, op. cit., S. 154 ff.

208 Vgl. dazu C. Roxin, Strafrecht. Allgemeiner Teil. Bd. 1, München 2006, S. 880.

209 P. Stegmaier, T. Feltes, Vernetzung als neuer Effektivitätsmythos für die »innere Sicherheit«, in: APuZ, 12/2007, S. 18, vgl. auch T. Feltes, Akteure der inneren Sicherheit, in: S. Jakowatz et. al., Auf der Suche nach neuer Sicherheit, Wiesbaden 2007.

210 P. Stegmaier, a.a.O., S. 22.

211 A. Hanning, Neue Herausforderungen für den Bundesnachrichtendienst – Beitrag zur Konferenz »Nachrichtendienste und Sicherheitsbehörden im Zeitalter der Globalisierung« der Friedrich-Ebert-Stiftung, 21.-22.05.2001, zitiert nach: Stegmaier, a.a.O., S. 22.

212 COMMUNITY POLICING CONSORTIUM, About Community Policing, in: http://www.communitypolicing.org/about2.html (23.08.2005).

213 E. Bakker, Jihadi terrorists in Europe, Their charakteristics and the circumstances in which they joined the jihad: an exploratory study, den Haag, Clingendael Institute, 30.01.2007; vgl. Auch, M. Sageman, Understanding Terror Networks, University of Pensylvenia Press, 2004.

214 Spiegel 22/2007, S. 40.

215 Vgl. »Ringen um den Rechtsstaat« in: Der Spiegel 9/08; Schwierige Verhandlungen über Nachfolge Hassemers, FAZ 2.2.08; Prof. M.Pawlik, Der Terrorist will nicht resozialisiert werden, FAZ 25.2.08

216 J. P. Reemtsma, Was heißt »die Geschichte der RAF verstehen«? in: ders., zs. mit W. Kraushaar und Karin Wieland, Rudi Dutschke, Andreas Baader und die RAF, Hamburg 2005, S. 100, hier: S. 135.

217 Ebd. S. 136, 137.

218 H. Bude, Erbschaft ..., in: W. Kraushaar (Hg.), Die RAF und der linke Terrorismus, Hamburg 2006, S. 1343.

219 Ebd., S. 1346 f.

220 Ebd., S. 1352.

221 H. Bude, Deutsche Karrieren. Lebenskonstruktionen sozialer Aufsteiger aus der Flagghelfergeneration, Frankfurt 1987; ders., Die Hoffnung auf den »unternehmerischen Unternehmer« in: H. Bude, S. Schleissing, Junge Eliten, Stuttgart 1997, S. 71; H. Bude, Exklusion. Die Debatte über die »Überflüssigen«, Frankfurt 2007.

222 W. Kraushaar, Rudi Dutschke und der bewaffnete Kampf. in: Rudi Dutschke, Andreas Baader und die RAF, op. cit. S. 13.

223 Guardian, 18.06.2005

224 Vgl. D. Vogelskamp, Die Zukunft einer radikaldemokratischen Linken: außerparlamentarische Opposition oder Rückkehr zur Staatlichkeit? Erscheint in: Komitee für Grundrechte und Demokratie (Hrsg.), Die globale Transformation menschenrechtlicher Demokratie, Münster 2008; D. Hartmann, O. Schlaak, Abrichtung und Revolte, in: Schwarzbuch ..., op. cit., S. 157, hier, S. 166.

Anmerkungen
Global Player und clusterorientierte Regionalisierung

1 Assheuer, Thomas: Die Werk-Stadt, in: Die Zeit 39/2005.
2 Siemes, Christof: Das Leben, made by VW, in: Die Zeit 18/2003.
3 Ex Juso-Vorsitzender Benjamin Mikfeld in: Willenbrock, Harald, Wolfsburg klotzt, in: brand eins 5/2004, http://www.brandeis.de/ximages/13387_058wolfbu.pdf S. 1.
4 Reengineering ist ein betriebswirtschaftliches Modewort. Es meint jedoch mehr als eine bloße Restrukturierung von Geschäfts- und Produktionsprozessen. Beim Reengineering wird alles auf den Prüfstand gestellt und unter prozessorientierten Gesichtspunkten nach Verschlankungs- und Profitabilisierungsmöglichkeiten gesucht, um das Ziel, die Optimierung der Wertschöpfung durch eine deutliche Verbesserung aller Faktoren, zu erreichen. Insbesondere geht es dabei um einen optimierten Einsatz des Humankapitals. Diese soll durch Veränderungen der betrieblichen Hierarchien und Arbeitsteilung erreicht werden. Eine kurze Zusammenfassung des Reengineering ist zu finden unter http://www.ephorie.de/hindle_reengineering.html Ein Beispiel von Reengineering in der Verwaltung bietet: Vogel, Hans-Josef: »Business Reengineering« und Customer Focused Reengineering« in der öffentlichen Verwaltung, http://www.arnsberg.de/buergermeister/veroeffentlichungen/vorjahre/business-reegineering .pdf
5 So der McKinsey-Mann Stuchtey in einem Interview mit brand eins, in: Titanische Aufgaben, brand eins 9/2000, http://www.brandeins.de/home/inhalt_detail.asp?id=935&MenuID=130&MagID=31&sid=su6624966235873
6 Niedersachsen-Projekt-Strategie für mehr Wachstum in Niedersachsens Regionen. Siehe hierzu Prätorius, Gerhard: Politische Steuerung – der niedersächsische Weg, www2.reson-online.de/servlet/PB/-s/vnxqkr1j9qojpaeol271r0dq2bmw16p4/show/1017807/politischeSteuerung.pdf und Blöcker, Antje/Katzan, Johannes/Bremer, Carsten: Gewerkschaftliche Herausforderungen bei der Mitgestaltung des »Niedersachsen-Projekts«, in Dörre, Klaus/Röttger, Bernd (Hrsg.): Die erschöpfte Region, Münster 2005, S. 153-168, insbes. S. 154-159.
7 a.) innovative Regionen, b.) Regionen mit starker Basis, c.) Regionen ohne deutliche Branchenschwerpunkte. Vgl. Blöcker/Katzan/Bremer, a.a.O., S. 7.
8 Klobes gibt gar einen Rückgang der Kapazitätsauslastung von 80% in 1990 auf 69% in 1999 an. Vgl. Klobes, Frank: Produktionsstrategie und Organisationsmodi, Hamburg 2005, S. 65.
9 Während die Produktdiversifizierung auf die Steigerung des Variantenangebots zielte, zielt die flexible Produktdifferenzierung auf die Variierbarkeit dieser Varianten selbst.
10 Die Produktion sogenannter Nischenfahrzeuge hat mittlerweile einen Marktanteil zwischen 25% und 50% in den Ländern der Triade. Vgl. Klobes, a.a.O., S. 76. VW geht zudem für die Zukunft davon aus, dass der Marktanteil von Nischenproduktion, Modellvielfalt und -derivaten auf ca. 85% steigen wird. Ebd., S.100.
11 Zu den Zahlenangaben vgl. Buchenberg, Wal: Globale Krise der Autoindustrie, http://www.marx-forum.de/geschichte/deutschland/auto.html und Stein, Christoph: Satt und depressiv, http://www.heise.de/tp/artikel/22/22729/1html
12 Vasek, Thomas: Editorial, Technology Review 05/2005,http://www.heise.de/tr/artikel/58896
13 So wird bspw. prognostiziert, dass sich der Anteil der Zulieferer an der Entwicklung bis 2010 auf etwa 50% erhöhen wird: vgl. Prätorius, Gerhard: Global Player und regionale Entwicklung, S. 3, http://www.2.reson-online.de/servlet/PB/-s/vnxqkrlj9qo

jpaesol271r0dq2bmw16p4/show/1017810/regioEntwicklung.pdf

14 Diese Vermarktlichung des internen Austauschprozesses ist eine beliebte Strategie, um die verschiedenen Werke weltweit in einen gegenseitigen betrieblichen Konkurrenzkampf zu setzen. So werden geplante Produktionen werksintern ausgeschrieben. Den Zuschlag erhält dann das Werk, das die günstigsten Konditionen bereitstellen kann. Auf diesem Hintergrund wurde bspw. das Projekt Auto 5000 bei VW durchgesetzt. Es werden aber auch interne Betriebseinheiten mit externen Anbietern in Konkurrenz gesetzt. Hierbei erhält die interne Einheit die Möglichkeit einen Auftrag zu bekommen, wenn sie nach Kenntnis der externen Angebote in der Lage ist, ein Angebot abzugeben, welches günstiger als das ausgewählte externe Angebot ist.

15 In den 1990er Jahren liegt der Anteil der in der verarbeitenden Industrie Beschäftigten an den gesamten Industriebeschäftigten bei ca. 50%. Anfang 2000 sind es noch 42,4%. Siehe Prätorius, G.: Global Player und regionale Entwicklung, S.9, www.reson-online.de/servlet/PB/s/lfyqp14cpw0a1abru9gkuejngn3l65/show/1017810/regioEntwicklung.pdf

16 Aussagekräftiger als diese statistische Zahl ist eine Aussage des Leiters des Referats Strategische Planung/Stadtentwicklung der Stadt Wolfsburg, Kähler, der feststellt: In Wirklichkeit »sind es natürlich 100 Prozent, weil der Rest der Arbeitsplätze indirekt vom Werk abhängig ist.« In: Willenbrock, Harald: Wolfsburg, wir haben ein Problem, McK Wissen 01.

17 http://www.brandeis-wissen.de

18 Das unterschiedliche Lohnniveau spielt demgegenüber eine weniger gewichtige Rolle. Vgl. hierzu: Hoffmann, Jürgen: Deutschland – eine »Basarökonomie«?, in: Dörre, Klaus / Röttger, Bernd (Hrsg.): Die erschöpfte Region, Münster 2005, S. 70 -89.

19 Vgl. KZ Außenlager Drütte, http://wwwgedenkstaette-salzgitter.de/archiv/content/IIIudg69.pdf

20 KZ-Außenlager Salzgitter-Bad, http://wwwgedenkstaette-salzgitter.de/archiv/conten/NHhpX4nL.pdf

21 Als »Volksprodukte« wurden bspw. der »Volks-Rundfunkempfänger« (»Volksempfänger«), der »Volks-Fernsehempfänger«, die »Volkswohnung«, der »Volkskühlschrank«, die Touristikangebote der Organisation »Kraft durch Freude« (KdF) und eben der »Volkswagen« bezeichnet.

22 Vgl. Vahrenkamp, Richard: Der Autobahnbau 1933-1943 und das hessische Autobahnnetz, Darmstadt 2007, http://www.ibwl.uni-kassel.de/vahrenkamp/history/arbeitspapiere/WP3_Autobahn_1933.pdf S.3.

23 Ebd., S. 20.

24 Day, Uwe: Mythos ex machina, Braunschweig 2004, http:www//deposit.ddb.de/cgi-bin/dokserv?idn=975534041&dok_var=d1&dok_ext=pdf&filname=975534041.pdf S. 86.

25 Anton Piech ist der Schwiegersohn von Ferdinand Porsche. Er war mit 15% an dessen Stuttgarter Konstruktionsbüro beteiligt. Bei Volkswagen war er für Rechtsfragen – so mit auch für den Abschluss aller Verträge – und der Leitung der Gesamtverwaltung zuständig. Sein Sohn Ferdinand Piech ist der spätere Vorstands- und Aufsichtsratsvorsitzende von VW, unter dessen Ägide der Modernisierungsprozess seit Anfang der 1990er Jahre läuft.

26 Vgl. Mommsen, Hans/Grieger, Manfred: Das Volkswagenwerk und seine Arbeiter im Dritten Reich, Düsseldorf 1996, S. 190.

27 Das KdF-Sparsystem wird mit der Devise propagiert, den Arbeitern den Kauf eines

PKW zu ermöglichen. Der wöchentliche Sparbetrag von mindestens 5 RM war aber bei einem durchschnittlichen wöchentlichen Arbeitereinkommen von 26,50 RM so hoch, dass nur höchstens 5% der Sparer Arbeiter waren. Tatsächlich handelt es sich bei dem System um eine Kaufkraftabschöpfung und einen zinslosen Kredit an die Geschäftsleitung zur Produktionsvorfinanzierung und zur Verlustabdeckung – die propagierte »Volkswagen-Fahrergemeinschaft« entpuppt sich als »Volkswagen-Sparergemeinschaft«. Wäre es tatsächlich zu einer Umsetzung des Systems gekommen, so wäre ein finanzielles Desaster eingetreten, weil die Produktionskosten des »KdF-Wagens« nie mit dem veranschlagten Preis von 990 RM pro Wagen zu decken waren. Zum KdF-Sparsystem vgl. ebd., S. 189-202.

28 Außer Mewes waren an der Planung noch die Architekten Schupp, Kremmer und Kohlbecker beteiligt. Mewes kam aus Köln und hatte sehr gute Kontakte zur Großindustrie im Ruhrgebiet. Dies verhalf ihm nach 1933 »zu einer wahren Flut an Aufträgen«. Während er bis dahin Wohn-, Verwaltungs- und Industriegebäude vor allem im Rheinland konzipierte, spezialisierte er sich nach 1933 aufgrund seiner guten Kontakte zur DAF auf Industriearchitektur. Er wurde einer der bekanntesten Industriearchitekten des Dritten Reichs. Siehe http://homepage.ruhr-uni-bochum.de/lars.buettner/

29 Es stellten sich von Anfang an große Verzögerungen aufgrund von Versorgungsproblemen ein, insbesondere beim Material- und Arbeitskräftenachschub, die sich in der Zeit, als das Volkswagenwerk noch nicht »rüstungsrelevant« war, vergrößerten.

30 Vgl. Mittig, Ernst: Industriearchitektur des NS-Regimes: das Volkswagenwerk, http://www.dhm.de/ausstellungen/aufbau_west_ost/katlg06.htm

31 Die Einstufung des Volkswagenwerks als »von wehrwirtschaftlicher Bedeutung« blieb bis zur Umstellung auf Rüstungsproduktion in den offiziellen Stellungnahmen und Positionen unklar. Mitte Januar 1938 erklärte das Reichswirtschaftsministerium, »dass die Fabrik bei ihrer Größe und Bedeutung auf jeden Fall kriegswichtig sei und ausgenutzt werden müsse«. Ein konkreter Plan wurde dabei aber nicht formuliert. Vgl. Mommsen/Grieger, a.a.O., S. 320. Auch wenn sich in der Folgezeit eine Umstellung auf Rüstungsproduktion immer mehr abzeichnete, blieben die konkreten Schritte insgesamt widersprüchlich. Siehe dazu: ebd., S. 315-405.

32 Vgl. Mittig, a.a.O.

33 Vgl. Mommsen/Grieger, a.a.O., S. 63.

34 Eine besondere Rolle, um eine Stammbelegschaft und geeignete Vorarbeiter herzustellen, spielte das »Vorwerk« in Braunschweig, das im April 1938 seine Arbeit aufnahm. Auf dieses Werk werde ich weiter unten gesondert eingehen.

35 Der »Sondersturm Volkswagenwerk« wurde am 1.1.1940 dem Werk unterstellt. Vgl. Mommsen/Grieger, a.a.O., S. 536.

36 Durch die neue Fließbandproduktion ging man von einem benötigten Facharbeiteranteil von nur 30% der Belegschaft aus, während in der übrigen Autoproduktion in Deutschland der Facharbeiteranteil bei 70% lag. Vgl. Mommsen/Grieger, a.a.O., S. 272.

37 Es gab auch eine Gruppe von Regimekritikern bzw. Gegnern, die »freiwillig« umsiedeln wollten, um damit weiterer Verfolgung zu entgehen. Vgl. dazu: Mommsen/Grieger, a.a.O., S. 411.

38 Der Begriff der »Anwerbung« ausländischer Arbeitskräfte suggeriert »Freiwilligkeit«. Tatsächlich wurden viele dieser »Angeworbenen« gezwungen, den Arbeitsvertrag zu unterschreiben. Manche wurden Opfer regelrechter Menschenjagden.

39 Der systematische Einsatz von KZ-Häftlingen begann Anfang 1942, als nach dem

absehbaren Scheitern der »Blitzkriegstrategie« gegen die Sowjetunion der Umbau der deutschen Kriegswirtschaft nach den Anforderungen eines langfristigen »totalen Kriegs« einsetzte. Dies führte zu einem Funktionswandel der Konzentrationslager, indem über deren Straf- und Vernichtungsfunktion hinaus die Frage einer umfangreichen ökonomischen Ausbeutung des Häftlingspotenzials immer wichtiger wurde. Immer mehr Menschen wurden in der Folgezeit in KZs interniert. Das System »Vernichtung durch Arbeit« ließ die Sterblichkeit in den Konzentrationslagern enorm anwachsen. Vgl. hierzu: Karny, Miroslaw: »Vernichtung durch Arbeit«, in: Sozialpolitik und Judenvernichtung. Gibt es eine Ökonomie der Endlösung? Beiträge zur nationalsozialistischen Gesundheits- und Sozialpolitik Nr. 5, Berlin 1987, S. 133-158.

40 Vgl. hierzu: Mommsen/Grieger, a.a.O., S. 519: »Die Anwerbekampagnen des Volkswagenwerkes folgten dem Vormarsch der deutschen Truppen in Europa. Nach der Besetzung Dänemarks und Norwegens richtete das Gefolgschaftsamt begehrliche Blicke auf den skandinavischen Arbeitsmarkt, und nach der Besetzung im Frühjahr 1940 folgten die Niederlande und Belgien. Nach der Niederlage Frankreichs stellten zunächst französische Kriegsgefangene, dann aber auch Zivilarbeiter eine allseits begehrte Arbeitskraftreserve dar.«

41 Nach Ansicht des zuständigen Rüstungskommandos Lüneburg müsse »jeder deutsche Mann, auch der Ungelernte, als Aufsichtpersonal« angesehen werden. ebd., S. 537. Siehe auch das Zitat aus einem Aufruf an die deutschen Arbeitskräfte aus der Werkszeitung Ende 1943, in: Mommsen/Grieger, a.a.O., S. 535: »Vermeide Überheblichkeit und Protzentum und fühle Dich nicht als Sklavenhalter, hüte Dich aber vor allem auch davor, alle Fremdstämmigen als Deine Freunde anzusehen und Dich auf persönliche Beziehungen einzulassen.«

42 Siehe zum KZ Arbeitsdorf, http://de.wikipedia.org/wiki/KZ_Arbeitsdorf Das KZ Arbeitsdorf war das erste selbständige KZ, das zur industriellen Vernutzung von Häftlingsarbeit errichtet wurde. Für den NS war dies ein »erfolgreiches Experiment, das die Vorstufe der späteren systematischen Ausbeutung der KZ-Häftlinge für industrielle Zwecke bildete.« Mommsen/Grieger, a.a.O., S. 515.

43 Bei der Grundsteinlegung hatte Hitler versprochen, dass neben dem »gewaltigsten deutschen Automobilwerk« auch eine »vorbildliche deutsche Arbeiterstadt« entstehen solle, die sowohl Lehrstätte nationalsozialistischer Stadtplanung als auch Muster einer »sozialen Siedlung« sein werde. Vgl. Mommsen/Grieger, a.a.O., S. 188.

44 So der »Reichskommissar für das Wohnungswesen« Gottfried Feder, vgl. Schiller, Tobias: Wolfsburg – Die Stadt des KdF-Wagens, S.3, http://www.tobias-schiller.de/arbeiten/Wolfsburg.pdf

45 Die »Theorie der zentralen Orte« wird von Walter Christaller 1933 in seiner Promotionsarbeit »Die zentralen Orte in Süddeutschland« als Modell eines idealtypischen homogenen Raums entwickelt, der eine Struktur zentraler Orte unterschiedlicher Hierarchiestufen aufweist. Zentrale Orte höherer Hierarchiestufe (z.B. Großstädte) weisen Ausstattungsmerkmale auf, die niedrigen Hierarchiestufen fehlen. Zentrale Orte haben daher einen Bedeutungsüberschuss für die sie umgebenden Ergänzungsgebiete. Zentralität wird so im Verhältnis zwischen den insgesamt bereitgestellten Diensten eines Ortes für den Raum und dessen Bewohner/innen definiert. Zentrale Orte produzieren Dienste, die über ihren eigenen Bedarf hinausgehen und haben eine Versorgungsfunktion für die sie umgebende Region. Jedes »Oberzentrum« sei daher von einem Ring von »Mittelzentren« umgeben und diese wiederum von einem Ring

von »Unterzentren«. Christallers Theorie lässt sich homogen in die hierarchische Planungsutopie des NS-Städtebau- und Raumplanungssystems integrieren. Christaller selbst charakterisierte seine »Theorie der zentralen Orte« als die Umsetzung des Führerprinzips in der Raumordnung.
Walter Christaller emigrierte als Mitglied der SPD 1934 nach Frankreich. Unter Mithilfe Konrad Meyers, eine zentrale Figur der NS-Raumplanung, bekam er aber schon im gleichen Jahr ein Stipendium, kehrte nach Deutschland zurück und habilitierte 1938 in Freiburg. Von 1937 bis 1940 war er Assistent von Theodor Maunz, dem »Begründer des KZ-Rechts« (Rössler). 1940 trat er in die NSDAP ein. Von 1940 bis 1945 war er Mitarbeiter am »Stabshauptamt Planung und Wohnen« im SS-Planungsamt »Reichskommissariat zur Festigung des deutschen Volkstums«. Christaller beteiligte sich an der Planung und Umsetzung des »Generalplan Ost«. Im so genannten »Warthegau« und im Gebiet um Bialystok setzte er seine Theorie der zentralen Orte direkt für die »völkische Neuordnung« innerhalb des »Generalgouvernements« um und war unmittelbar an der Siedlungsplanung und damit an der Zerstörung von Dörfern und der Ermordung der Bevölkerung beteiligt. Nach dem Krieg schloss sich Christaller zunächst der KPD und kurze Zeit später der SPD an. Von 1950 an leitete er den »Deutschen Verband für Angewandte Geographie«. Zu Christaller siehe: http://www.e-geography.de/module/christaller/html/intro.htm und http://www.giub.unibe.ch/wg/Team/christian_zeller/Folien%20KG%20II/19042005_kgII.pdf ; zu Meyer: Christaller und dem »Generalplan Ost« siehe Aly, Götz/Heim: Vordenker der Vernichtung, Hamburg 1991, Heinemann, Isabel: Wissenschaft, Planung, Umvolkung. Konrad Meyer und der »Generalplan Ost« http://ns-zeit.geschichte.hu-berlin.de/Portals/_NS_Zeit/Documents/vortrag_heinemann.pdf und http://bongards.gmxhome.de/raum/lit.html

46 Der Wiener Architekt Peter Koller lernte während eines Nachstudiums 1929 in Berlin Albert Speer kennen. 1933 holte ihn dieser ins »Reichsheimstättenamt«, wo Koller bis zu dessen Auflösung in der »Reichsstelle für bäuerliche Siedlungsplanung« arbeitete. Nach einem kurzen Intermezzo bei der »Reichsstelle für bayerische Landesplanung« holte ihn Speer erneut nach Berlin. Er bekam den Auftrag zum Entwurf für die »Stadt des KdF-Wagens« und wurde nach Fertigstellung des Entwurfs im Sommer 1938 Chef des Stadtbaubüros bis Anfang 1942. Neben dieser Tätigkeit war Koller auch an weiteren NS-Projekten wie der Neugestaltung von Graz und der Stadterweiterung von Innsbruck beteiligt. Aus nicht geklärten Gründen ließ er 1942 seine U.K.-Stellung aufheben und wurde zur Wehrmacht einberufen. Ende 1943 geriet er in russische Kriegsgefangenschaft. Auch dort war er mit unterschiedlichen architekturplanerischen Aufgaben, unter anderem dem Wiederaufbau einer Fabrik, beschäftigt. Einer seiner Nachfolger als Wolfsburger Stadtbaurat, Sigurd Trommer, berichtete, dass Koller diese Zeit rückblickend »als die bis dahin ergiebigsten Jahre seines Lebens« bezeichnete. Nach der Kriegsgefangenschaft kehrt Koller Ende 1945 nach Wolfsburg zurück. Kurz nach dem Krieg schien es noch nicht politisch opportun den ehemaligen Speer-Protegé wieder in offizielle Ämter zu hieven. Er wurde daher in den Folgejahren Beauftragter der Wolfsburger »Neuland«, der ehemaligen Wohnungs- und Siedlungsgesellschaft der DAF, und der Wohnungs-AG in Salzgitter. 1948 machte er sich selbständig. Aber schon von 1945 an war er in die Planungs- und Bauaufgaben in Wolfsburg und Umgebung wieder einbezogen und bestimmte diese wesentlich. So baute er bspw. 1950 die Ostsiedlung, das erste Wohnungsneubauprojekt für Flüchtlinge in Wolfsburg. Weitere Projekte sind die Siedlungen Wohltberg und Hagenberg. Methodisch richtete er sich weiterhin an seinen stadtplanerischen Erfahrungen im NS aus. 1955 scheint es

politisch auch wieder opportun zu sein, ihn öffentlich zu fördern. Koller wurde bis zu seiner Berufung als Professor an der TU-Berlin 1960 Baustadtrat von Wolfsburg. Als Baustadtrat entwickelte Koller zunächst eine neue Gesamtplanung. Damit plante er zum zweiten Mal nach 1938 den Ausbau der ehemaligen »Stadt des KdF-Wagens« und jetzigen Volkswagenstadt Wolfsburg zur Großstadt. Auch diesmal orientierte er sich an sozioökonomische Datensammlungen, die er durch eine umfassende Bestandsaufnahme ermitteln ließ und zu seiner Planungsgrundlage machte. Vgl: http://www.wolfsburg.de/stadtportrait/chronik/peter/sowie: Trommer, Sigurd: Peter Koller, Erbauer der Stadt des KdF-Wagens, Stadtbaurat von Wolfsburg, unter:http://www.dhm.de/ausstellungen/aufbau_west_ost/katlg08.htm

47 Koller nach: Planung und Bau der Stadt des KdF-Wagens, unter: http://www.wolfsburg.de/stadtportrait/chronik/peter/.

48 Zit. n. nach Schiller, a.a.O., S. 4 (s. Fn. 43).

49 D. Reinborn, zit. n. Schiller, a.a.O., S. 7.

50 In der Folge wurden diese Elemente immer weiter standardisiert und schließlich in DIN-Normen festgelegt. Dadurch wurde die Entwicklung einer seriell produzierenden Bauindustrie gefördert.

51 Die Standards sollten für alle geplanten Siedlungsgebiete gelten.

52 Zur Lagerstadt vgl. Mommsen/Grieger, a.a.O., S. 740-765.

53 Vgl. Mittig, Ernst: Industriearchitektur des NS-Regimes: Das Volkswagenwerk, http://www.dhm.de/ausstellungen/aufbau_west_ost/katlg06.htm

54 Von den Häftlingen wird es »Lager des schleichenden Todes« genannt. Vgl. Mommsen/Grieger, a.a.O., S. 789.

55 Braunschweig, im NS gelegentlich als »Stadt der deutschen Jugend« bezeichnet, hatte einen besonderen Ruf als »Stätte nationalsozialistischer Erziehungsarbeit«. Sie beheimatete die SS-Führerschule, die Reichsakademie für deutsche Jugendführung, die Reichsführerinnenschule des BDM, die Reichshandwerkerschule, die Führerschule des Reichsarbeitsdienstes, die Gausportschule des Deutschen Reichsbundes für Leibesübungen und die Bernhard-Rust-Hochschule für Lehrerbildung sowie weitere Erziehungseinrichtungen. Vgl. Kipp, Martin: Ganzheitliche Facharbeiterausbildung im Volkswagen-Vorwerk Braunschweig. Best Practice-Beispiel der Deutschen Arbeitsfront, http://www.bwpat.de/ausgabe9/kipp_bwpat9.pdf S. 3.

56 Ebd., S. 6.

57 Vgl. Mommsen/Grieger, a.a.O., S. 248.

58 Die DINTA, das »Deutsche Institut für technische Arbeitsschulung«, wurd 1925 vom »Verein deutscher Eisenhüttenleute« gegründet, auf Anordnung von Ley 1933 in die DAF eingegliedert und in »Deutsches Institut für nationalsozialistische technische Arbeitsschulung« umbenannt. 1935 wird es aufgelöst und als »Amt für Berufserziehung und Betriebsführung« der DAF weitergeführt. Schwerpunkt der Arbeit war die Lehrlingsauslese und die Lehrlingsausbildung. Hierfür wurde, in Kooperation mit der Universität Bonn, eine »psychotechnische Eignungsprüfung« für sämtliche SchulabgängerInnen eines Schuljahrganges entwickelt. Während des Krieges erweitert das »Amt für Berufserziehung und Betriebsführung« das Repertoire industrieller Psychologie durch Verfahren der psychologisch-charakterologischen Auslese von unteren Führungspersonal, den sogenannten »Unterführern«. Insbesondere aber beschäftigt es sich mit der Auslese von Deportierten und Kriegsgefangenen und der Eignungsbegutachtung von Frauen, zur effektiven Zuweisung in die verschiedenen Arbeitstätigkeiten.

59 Vgl. Mommsen/Grieger, a.a.O., S. 228.

60 Arnhold war bis 1940 Leiter des Amtes und anschließend bis 1945 Generalreferent für Berufserziehung und Leistungssteigerung im Reichswirtschaftsministerium. Ab 1936 wurde er zudem Honorarprofessor an der Technischen Hochschule Dresden. 1945 wurde er für zwei Jahre interniert, arbeitete jedoch in den 50er und 60er Jahren wieder für die »Gesellschaft für Arbeitspädagogik mbH« (GEFA) in Witten zu Fragen der „organischen Betriebsgestaltung".

61 Vgl. Kipp, a.a.O., S. 9 (s. Fn. 54).

62 Ebd., S. 8.

63 Vgl. Mommsen/Grieger, a.a.O., S. 232.

64 Vgl. Kipp, a.a.O., S. 26.

65 Vgl. Kipp, a.a.O., S. 46: »Damit nun aber in unseren Jungen kein falscher Ehrgeiz geweckt wird, haben wir sie in Leistungsgemeinschaften unterteilt und bringen nicht Einzelleistungen, sondern nur die Leistungsergebnisse dieser Gruppen auf Kurventafeln in der Lehrwerkstatt zum Aushang. So wird verhindert, dass der einzelne Lehrling nur aus selbstsüchtigen Gründen strebt; er tritt zurück hinter der Gemeinschaft, wobei der Kameradschaftsgeist der jeweiligen Gruppe dafür sorgt, dass keiner aus dem Rahmen fällt«.

66 »Reichskunde« wird wöchentlich angeboten und beinhaltet im 2. Lehrjahr u.a. »Erbbiologie« und »Rassenkunde«, im 3. Lehrjahr »Rasse und Volk« und »Kunst und Volk«. Im ersten Lehrjahr gibt es die Lehreinheit »Unsere neue Heimat – das VW-Werk. Geschichte des Volkswagens: Idee des Führers und Lebenswerk Prof. Dr. Porsches.« Vgl. Mommsen/Grieger a.a.O., S. 236.

67 Siehe hierzu die Beispiele in Kipp, a.a.O., S. 54f.

68 Im Gegensatz zu VW konnten die Opel-Werke in Rüsselsheim und die Kölner Fordwerke erst Ende 1945 wieder mit der Pkw-Produktion beginnen. Vgl. Mommsen, Hans: Das Volkswagenwerk und die »Stunde Null«. Kontinuitäten und Diskontinuitäten, unter: http://www.dhm.de/ausstellungen/aufbau_west_ost/katlg14.htm

69 Die letzten Lager, in denen italienische »Gastarbeiter« untergebracht waren, wurden erst Ende der 1970er Jahre aufgelöst. Das sogenannte »Italiener-Dorf« an der Bremer Brücke, war ein bewachtes Lager, in dem zeitweise 6.000 italienische Arbeiter/innen kasernenmäßig in umzäunten Baracken lebten. Siehe Anne von Oswald: »Venite a lavorare con la Volkswagen!« – »Gastarbeiter« in Wolfsburg 1962-1974, unter: http://www.dhm.de/ausstellungen/aufbau_west_ost/katlg21.htm

70 Vgl. Mommsen, a.a.O.

71 Dies war die Wiederholung einer Wahl, bei der die Vorgängerin der DP die Deutsche Rechtspartei (DReP) die absolute Mehrheit erhalten hatte. Sie war jedoch zwischenzeitlich verboten worden.

72 Vgl. zu Nordhoff unter: http://www.millennum.de/referate/autonazi/ sowie, Lupa, Markus: Das Werk der Briten, unter: http://www.volkswagen-media-services.com/medias_publish/ms/content/de/misc/Suche.standard.html?searchAction=simpleSearch&searchType=simpleSearch&searchReferrer=%2Fmedias_publish%2Fms%2Fcontent%2Fde.standard.gid-oeffentlichkeit.html&searchPhrase=Das+Werk+der+Briten.pdf&x=69&y=10 insbesondere S.77-82.

73 Seit Anfang der 80er Jahre beschäftigten sich die Konzernspitzen amerikanischer und europäischer Automobilkonzerne mit dem Produktivitätsvorsprung von Toyota in Japan. Die erste maßgebliche Studie, die sog. MIT 1 Studie, erschien 1984 (nur auf englisch): Alan Altschuler; Martin Anderson, Daniel Jones Daniel Roo, James Womack,

The Future of the Automobile, The Report of MIT's International Automobile Program, London, Sydney 1984. Die zweite Studie wurde übersetzt: James Womack u.a., Die zweite Revolution in der Autoindustrie, 4. Auflage, Frankfurt/M./ New York 1992. In Deutschland erschienen seit Anfang bzw. Mitte der 90er Jahre eine Reihe Nachfolgestudien vgl. u.a.: Gabriele Bartel-Lingg, Die Mitarbeiterorientierung im Total Quality Management. Eine Untersuchung in der Automobilindustrie, [Daimler] München und Mering 1996; Norbert Altmann, Koshi Endo, Masami Nomura, Makoto Yoshida, Innovative Arbeitspoltik. Zur qualifizierten Produktionsarbeit in Japan, ISf München, München 1998.

74 Vgl. Gambino, Ferruccio: Kritik am Begriff des Fordismus, wie ihn die Regulationsschule benutzt, http://www.wildcat-www.de/zirkular/28/z28fordi.htm

75 Mit der Übernahme von SEAT wurde 1986 erstmals eine bedeutende Parallelproduktion begonnen. Vgl. Klobes, Frank, a.a.O., S. 149 f (s. Fn. 8).

76 Vgl. Klobes, Frank, a.a.O., S. 154.

77 Grundlegend hierfür ist die 1993 beschlossene Betriebsvereinbarung »Global and forward sourcing«, mit der die konzerninterne Konkurrenz institutionalisiert wurde. Nach Klobes wären die Umbaumaßnahmen ohne die aktiv gestaltende Rolle des Betriebsrats nicht möglich gewesen, und ebenso wäre es nicht gelungen den Konzern erfolgreich und effektiv sowohl hinsichtlich der Profitabilität als auch der Internati onalisierungsaktivitäten zu restrukturieren. Eine wichtige Rolle hierbei spielte auch der vom Management wohlwollend begleitete Prozess der Etablierung des Euro- und Weltbetriebsrats. Vgl. hierzu: Klobes, Frank, a.a.O., S. 92-94, S. 151f.

78 Plattformstrategie bedeutete, dass auf insgesamt vier verschiedenen Plattformen sämtliche VW-Modelle konzern- bzw. weltweit einheitlich aufgebaut wurden. Dabei wurden die Kosten der Produktion der nicht sichtbaren Teile durch eine Gleichteileproduktion minimiert, und dadurch Skaleneffekte erzielt. Vgl. Klobes, Frank, a.a.O., S.74 f, 95 f.

79 Aktuell umgesetzt ist dies in Brüssel, Bratislava, Mosel und zum Teil in Wolfsburg. Vgl. Klobes, Frank, a.a.O., S. 82.

80 Es handelt sich dabei um so genannte »Carry-over-Parts«, die, obschon in unterschiedlicher Bauweise produziert, funktional gleich sind und die modell- und markenübergreifend verbaut werden können. Vgl. Klobes, Frank, a.a.O., S.101.

81 Vgl. ebd., S. 103.

82 Vgl. ebd., S. 103. »So hat Volkswagen in den letzten Jahren den Sitzehersteller »Sitec« übernommen und Investitionen in eine eigene Schalttafelproduktion getätigt. Eine eigenständige Produktion von Turboladern ist ebenfalls in der Diskussion, da es weltweit nur einen marktbeherrschenden Anbieter gibt (...). In einem Joint Venture mit Siemens entwickelt und fertigt Volkswagen Pumpe-Düse-Einspritzsysteme und macht sich dadurch von dem langjährigen Lieferanten Bosch unabhängiger (...).«

83 Vgl. www.projekte-region-braunschweig.de/de/Ueber_uns/Historie

84 Ebd.

85 Vgl. Weiß, Hinrich, unter: www.reson-online.de/servlet/PB/menu/1010962/index.html

86 Vgl. Prätorius, G,. unter: www.lernende-regionen.info/dlr/download/gp_halle_LR-14.04.04-handzettel.pdf

87 Vgl. http://www.reson-online.de/servlet/PB/menu/1010976_l1/index.html?QUERYSTRING=REK.

88 Vgl. www.reson-online.de/servlet/PB/menu/1010823/index.html.

89 Zum geschichtlichen Verhältnis Wolfsburgs und des VW-Werkes siehe oben sowie:

Tessin, Wulf: Kraft durch Freude, http://www.tu-cottbus.de/BTU/Fak2/Stadtern/Planungsrundschau/08/texte/wtkdf.htm

90 Peter Hartz: Bitterer Abgang eines Top-Managers, in NDR-Online, http://www1.ndr.de/ndr_pages_std/0,2570,OID1560130_REF_SPC1539806,00.html

91 Hartz, Peter: Job Revolution, Frankfurt am Main 2001. Die in Klammer gesetzten Seitenzahlen dieses Abschnitts beziehen sich auf das Buch.

92 Ich werde mich im Folgenden auf die für das vorliegende Thema relevanten Aussagen und Abschnitte des Buches beschränken und keinen Überblick geben. Meine Argumentation folgt in ihrem Gang nicht der des Buchs. Hartz beschreibt den Prozess ausgehend vom Problem der Arbeit und entwickelt hieraus alle weiteren Punkte bis hin zur Clusterstrategie, so als ob es eine naturhafte Dynamik der »Arbeit« gebe, aus der heraus sich selbstständig alles Weitere ergebe.

93 »Nicht Steueroasen oder Freihandelszonen, nicht attraktive Regionallagen oder Fördergebiete weisen den größten Beschäftigungszuwachs auf, sondern Regionen mit ›Clusterbildung‹.« (161)

94 »Die Hälfte des Beschäftigungszuwachses von 1995 bis 2000 mit über 70.000 neuen Stellen im VW-Konzern konnten wir durch stärkere Nutzung der 8760 Jahresstunden realisieren.« (38)

95 Siehe hierzu Spiegel ONLINE vom 9.6.04: »Für die laufenden Tarifverhandlungen haben sich Hartz und seine Truppe vorgenommen, die Gewerkschaften vom Konzept der *job families* zu überzeugen. ›Wir wollen verwandte Tätigkeiten innerhalb des Konzerns zu insgesamt zwölf Jobfamilien zusammenfassen‹, erläutert Ohletz. ›Zu einer dieser Familien werden alle Mitarbeiter gehören, die am Fahrzeugkörper arbeiten, sei es in der Montage, im Versuchsbau oder in der Lackiererei. Allein am Standort Wolfsburg sind das 37.000 Menschen.‹ Mit den job families, so hoffen die VW-Bosse, werden konzernweite Kompetenzgemeinschaften mit Zusammengehörigkeitsgefühl und regem Wissensaustausch entstehen. Unabhängig von hierarchischen Schranken sollen die Mitglieder einer Familie ›von- und miteinander lernen‹. ›Schließlich arbeiten alle an einer gemeinsamen Aufgabe‹, sagt Ohletz. Durch die Netzwerke entstünden zudem neue Perspektiven für Einsatz, Entwicklung und Qualifizierung von Mitarbeitern. Damit vervielfachten sich die Einsatzmöglichkeiten für Mitarbeiter – aber auch die Aufstiegschancen. ›Wir bieten Flexibilität, verlangen sie aber auch‹, beschreibt Ohletz die neuen Rahmenbedingungen.« http://www.spiegel.de/unispiegel/jobundberuf/0,1518,303328,00.html

96 Für das Top-Management schlägt er 50% und für das Management 30% variable Bezüge vor. (91) Weitere Formen erfolgsabhängiger Entlohnung sind für die Alterssicherung etc. vorgesehen (91-101).

97 Bei der AutoVision ist das die zentrale Aufgabe der PSA.

98 Vgl. hierzu die Ausführungen über Business to Business, B2C, B2E und E2E. (128/9)

99 Allein bezüglich der Lohnsituation ist dies bemerkenswert, weil die relativ hohen Löhne bei VW dazu führen, dass insgesamt das Lohnniveau in Wolfsburg um 8% über dem der bundesdeutschen Durchschnittlöhne liegt (ebenso in Salzgitter durch die Salzgitter AG), während die Löhne in den restlichen Teilgebieten durchschnittlich bis zu 9% unter dem bundesdeutschen Durchschnitt liegen. Die Region als Ganzes war also auch zuvor nie eine Hochlohnregion. Die Absenkung der Löhne durch »Auto 5000« wird von erheblicher Bedeutung für die weitere Ausgestaltung der Lohneinkommen im Cluster sein.

100 Vgl. Kraftprobe bei VW, unter: Zeit online 04/2006, http://zeus.zeit.de/text/online/2996/25/vw-igmetall-streik; VW-Betriebsrat nennt seine Bedingungen, Handelsblatt, 16. Juni 2006.

101 6,21% des Bruttoinlandprodukts, vgl. Prätorius, Gerhard/Oesten, Karin/Weis, Hinrich: Region im Wandel (Braunschweig 2005), S.37 f., unter: http://www.projekt-region-braunschweig.de/MediaDatenBank/Projekte/Regional_Monitoring/Studie_Region_im_Wandel_im_PDF_Format

102 DIE REGION wurde im Oktober 2002 von der Volkswagen Financial Service AG, der Salzgitter AG, dem Zweckverband Großraum Braunschweig und reson e.V. mit dem Ziel gegründet, gemeinsam ein Regionalmarketing zu entwickeln.

103 Das Projekt REGION BRAUNSCHWEIG wurde am 18. November 2003 unter der Anleitung von McKinsey gegründet. Mitglieder waren die Gebietskörperschaften der Region, die Volkswagen AG, die Salzgitter AG, die Öffentliche Versicherung Braunschweig, Siemens und 35 überwiegend mittelständische Unternehmen. Ziel war die Entwicklung eines regionalen Wachstumskonzepts.

104 Vgl. www.projekte-region-braunschweig.de/de/Ueber_uns/Foerderer

105 Aktuelle Forschungskooperationen sind 1. Landesinitiative Telematik, 2. Projekt AKTIV, 3 Projekt VIEL-Lernende Region, 4. Regionalmonitoring, 5. Forum Mobilität und 6. PAMIR SON. Vgl. http://projekt-region-braunschweig.de/de/Ueber_uns/Geschaeftsfelder/

106 Aktuelle Wachstumsprojekte sind: Zentrum für Mikroproduktion, Zentrum für Fahrzeugelektronik, WIN-Mittelstandsdrehscheibe, WIN-Gründungsdrehscheibe, Tourismus, Norddeutsches Wasserzentrum, Nachwachsende Rohstoffe, Kunststoff-Technikum. Vgl. Unter : http://projekt-region-braunschweig.de/de/Ueber_uns/Geschaeftsfelder/.

107 Vgl. unter: http://www.pr-nord.de/proreg_text17.html

108 Vgl. unter: http://www.innovations-report.de/html/profile/profil-1284.html

109 Vgl. unter: http://www.braunschweig.de/wirtschaft_wissenschaft_bildung/metropolregion/Bro-Konzeptstudie_57_S._15.SEPT.pdf

110 Die umfassendsten aktuellen Studien sind Lompe, Klaus/Weis, Hinrich: Arbeits-Stadt-Region 2030, Braunschweig 2004, unter: http://www.zgb.de/barrierefrei/misc/downloads/Stadt2030_H9.pdf, Bieker, Susanne/Knieling, Jörg/Othengrafen, Frank/Sinning, Heidi: Kooperative Stadt-Region 2030, Braunschweig 2004, unter: http://www.zgb.de/barrierefrei/misc/downloads/Stadt2030_H13.pdf, und Prätorius, Gerhard/Oesten, Karin/Weis, Hinrich: Region im Wandel (Braunschweig 2005), unter:http://www.projekt-region-braunschweig.de/MediaDatenBank/Projekte/Regional_Monitoring/Studie_Region_im_Wandel_im_PDF_Format

111 Die sogenannte REGIONALE ›Bildungsoffensive' beschränkt sich dabei keinesfalls auf den schulischen und wissenschaftlichen Bereich und den von qualifizierter Berufsarbeit. Dazu euphemistisch Lompe/Weis: »Ein beachtlicher Anteil der neuen Dienstleistungsbereiche wird sich vermutlich als neue Arbeit etwa in Erlebniswelten, Call-Centern etc. wiederfinden. Auf der einen Seite sollen und müssen diese Arbeitsplätze auch in der Region angeboten werden, da sie insbesondere den geringqualifizierten Beschäftigten eine Arbeitsplatzperspektive bieten und auch entsprechend von den Unternehmen nachgefragt werden. Auf der anderen Seite entstehen insbesondere in diesen Bereichen massiv neue Formen von prekärer Beschäftigung. Es muss daher zukünftig darum gehen, diese Beschäftigungsfelder in der Region arbeitnehmergerecht zu gestalten und die Beschäftigten entsprechend zu qualifizieren, damit sie nicht als

›Modernisierungsbedrohte‹ oder ›Modernisierungsverlierer‹ enden.« Vgl. Lompe, Klaus/Weis, Hinrich, a.a.O., S.100.

112 In diesem Zusammenhang ist darauf hinzuweisen, dass VW die Entwicklung von synthetischen Bio-Kraftstoffen in den letzten Jahren intensiviert hat und im Juli 2003 ein Abkommen mit den Ländern Niedersachsen und Brandenburg zur Entwicklung synthetischer Bio-Kraftstoffe (Sun-Fuel) abgeschlossen hat. Vgl. ebd., S.101 f.

113 Ebd., S.103.

114 Vgl. Kröcher, Uwe: Die Renaissance des Regionalen, Münster 2007, S. 57-60.

115 Vgl. Zimmermann, Karsten: Raum, Institution und Innovation, unter: http://www.zit.tu-darmstadt.de/cipp/tudzit/lib/all/lob/return_download,ticket,guest/bid,1299/check_table,it_chap_downl_embed/~/RaumUInno_kurz.pdf.

116 Vgl. Kröcher, a.a.O., S. 57.

117 Ebd., S. 71.

118 Vgl. Howaldt, Jürgen/Kopp, Ralf/Martens, Holger: Kooperationsverbünde und regionale Modernisierung: Thematische Einführung, in Howaldt, Jürgen/Kopp, Ralf/Flocken, Peter (Hrsg.): Kooperationsverbünde und regionale Modernisierung, Wiesbaden 2001, S. 3-20.

119 Von besonderer Bedeutung ist die Novellierung des Bundesraumordnungsgesetzes 1997/8. Darin wird einerseits der »schlanke Staat« als zu koordinierendes Geflecht kooperativer Beziehungen zwischen öffentlichen, halböffentlichen und privaten Akteuren beschrieben und andererseits verschiebt sich der Fokus von der Landes- und Raumplanung und damit vom Prinzip der »Raumgerechtigkeit«, also der Vergleichbarkeit der Lebensqualität in allen Teilräumen, in Richtung Standortsicherung, -attraktivität und -entwicklung. Vgl. Blotevogel, Hans Heinrich: Lebenschancen – Gleichwertigkeit – Nachhaltigkeit, in: Anhelm, Fritz Erich/Schneider, Peter-Jürgen (Hrsg.): Zukunftsfähiges Niedersachsen, Loccumer Protokolle 40/02, Rehburg-Loccum, 2. überarbeitete Auflage 2003, S. 127-144 und Fürst, Dieter: Zwischen staatlicher Steuerung und Selbstregulierung – Raumordnung und Landesentwicklung mit neuem Anspruch, ebd., S. 47-70.

120 Zum Neuen Steuerungsmodell vgl. Merchel, Joachim/Schraper, Christian (Hrsg.): Neue Steuerung, Münster 1996. Wesentliche Punkte der Neuen Steuerung sind das Kontraktmanagement, die Outputorientierung, ein neues Personalmanagement, die Budgetierung und das Controlling. Von den ersten Versuchen an, die mit der Protegierung des so genannten »Tilburger Modells« des betriebswirtschaftlichen Umbaus einer Lokalverwaltung begann, bis heute ist die Bertelsmann-Stiftung der entscheidende treibende Motor dieses Prozesses. Vgl. Bauer, Rudolph: Die Tonangeber, in: Freitag Nr. 24, 16.6.2006.

121 Kenichi Ohmae, der ehemalige Leiter von McKinsey in Japan, spricht von »regional-states« als entscheidendem neuen Organisationsprinzip. Er versteht darunter die politische Vertretung der prosperierenden sub- und transnationalen Wirtschaftszonen als »global localization« innerhalb der »borderless world«. Nicht territoriale Grenzen sind dabei die Bezugspunkte, vielmehr definieren sich die »regional-states« aus der Nachfrage potenzieller Investoren nach bestimmten Strukturen. Vgl. unter: http://www.hamburger-bildungsserver.de/welcome.phtml?unten=/global/allgemein/hummel-116.html.

122 Untergeordnete Stellen sind zumeist weisungsgebunden. Wenn es um wichtige Entscheidungen in relevanten Planungs- und Umsetzungsprozessen geht, werden diese daher eher selten beteiligt.

123 Vgl. Einig, Klaus/Grabher, Gernot/Ibert, Oliver/Strubelt, Wendelin: Urban Governance, Informationen zur Raumentwicklung, Heft 9/10 2005.

124 Vgl. Kröcher, a.a.O. S. 159 (s. Fn. 114).

125 Ebd., S. 150.

126 Netzwerkbildungen waren entgegen der landläufigen Meinung nie per se links, sondern eine politisch-soziale Technologie, die als Macht- und Kulturtechnik seit dem Beginn der Moderne eine spezifische Vermittlung gerade unterschiedlicher System gewährleistet hat. Zur Archäologie des Netzwerkbegriffs siehe Gießmann, Sebastian: Netze und Netzwerke, Bielefeld 2006.

127 Ein Überblick über den Stand der Ausweitung und die Bedeutung von PPP ist zu finden in: Deutscher Städte- und Gemeindebund: Public-Private Partnership – Neue Wege in Städten und Gemeinden, DStGB Dokumentation Nr. 28, Berlin 2002, http://www.rfbb-ppp.de/fileadmin/veroeffentlichungen/StadtGemeindebund.pdf;und: Deutsches Institut für Urbanistik: Public Private Partnership Projekte, Berlin 2005, http://www.difu.de/index.shtml?/publikationen/

128 Vgl. Ruehl, Wilhelm/Klönne, Arno: Bertelsmann und Public Private Partnership, in Wernicke, Jens, Bultmann; Thorsten (Hg.): Netzwerke der Macht – Bertelsmann, Marburg 2007, S. 371-384.

129 Exemplarisch: So wurden bei der Privatisierung des Bahnverkehrs zwischen Nordhessen und Südniedersachsen im Frühjahr 2007 fast die Hälfte aller Zugverbindungen im ÖPNV gestrichen.

130 Es wird davon ausgegangen, dass die eingeschränkten Wahlmöglichkeiten des Produktionsprozesses eine Pfadabhängigkeit zur Folge haben. Vgl. Klöber, a.a.O., S. 86.

131 Vgl. u.a. Sozialwissenschaftliche Begleitforschung zum VW-Projekt Auto 5000, http://sofi-goettingen.de/fileadmin/Michael_Schumann/Material/Praesent_Auto5000_ges-1.pdf; Schumann, Michael/Kuhlmann, Martin/Sanders, Frauke, Sperling, Hans Joachim: AUTO 5000 – eine Kampfansage an veraltete Fabrikgestaltung, http://www.sofi-goettingen.de/fileadmin/SOFI-Mitteilungen/Nr._32/auto-5000.pdf und Schumann, Michael/Kuhlmann, Martin/Sanders, Frauke/Sperling, Hans Joachim: Anti-tayloristisches Fabrikmodell – AUTO 5000 bei Volkswagen, WSI-Mitteilungen 1/2005, S.3-10.

132 »5000 x 5000« bedeutet, dass 5000 Beschäftigte eingestellt werden, die allesamt zum Einheitslohn von 5.000 DM (heute 2.557 €) brutto arbeiten.

133 Vereinbart wurde ebenfalls die sozialwissenschaftliche Begleitforschung des Projekts, welche durch das Soziologische Forschungsinstitut Göttingen (SOFI) unter Leitung von Michael Schumann erfolgt. Vgl. Sozialwissenschaftliche Begleitforschung zum VW-Projekt Auto 5000, a.a.O.

134 Vgl. unter: http://www.labournet.de/branchen/auto/vw/allg/zukunft04.pdf; Zur Auseinandersetzung um den Tarifvertrag: http://www.labournet.de/branchen/auto/vw/allg/tarif04.html.

135 Vgl. u.a.: Kraftprobe bei VW, Zeit online 04/2006, http://zeus.zeit.de/text/online/2006/25/vw-igmetall-streik und Abschied vom Haus-Segen, Zeit online 37/2005, http://www.zeus.zeit.de/text/2005/27/VW-Marrakesch

136 Über Internet sind es 48.000, vor Ort 22.000 und im Jobcenter 12.500 Bewerber/innen. Vgl. Sozialwissenschaftliche Begleitforschung zum VW-Projekt Auto 5000, a.a.O.

137 Das SOFI gibt deren Zahl mit 149 beim Übergang von der Stufe 2 in die Stufe 3 an. 2004 gibt es nach SOFI-Angaben ebenfalls nur 177 Kündigungen und die Zahl der

Gesamtbelegschaft beträgt 3.707, vgl. ebd.

138 Das Programm »Lernende Regionen« ist Bestandteil des Aktionsprogramms »Lebenslanges Lernen für alle«, welches seit 2001 als bundesdeutscher Beitrag zur so genannten Lissabon-Strategie implementiert wurde. Vgl. unter: http://www.bmbf.de/pub/communique_de_141204_final.pdf und http://europa.eu.int/rapid/pressReleasesAction.do?reference=IP/03/1520&format=HTML&aged=0&language=DE&guiLanguage=fr

139 Vgl. Deutsches Institut für Erwachsenenbildung: Wissenschaftliche Begleitung des BMBF-Programms »Lernende Regionen – Förderung von Netzwerken« (Pressemitteilung), http://idw-online.de/pages/de/news42164

140 Vgl. Thien, Klaus: Instrumente der »Lernenden Regionen«, in: OIB-Tagungsunterlagen Lernende Regionen, S. 17-20, unter: http://www.oieb.at/download/OIEB-Doku_Tagung_Lernende_Regionen.pdf

141 Vgl. Ambos, Ingrid/Conein, Stefanie/Nuissl, Ekkehard: Lernende Regionen – Ein innovatives Programm, Deutsches Institut für Erwachsenenbildung, Oktober 2002, S. 3, http://www.die-bonn.de/publikationen/online-texte

142 Ebd., S. 7.

143 Vgl. Institut Wirtschaft und Tourismus: Lernende Regionen – Einführung in das Thema, S. 10, unter: http://iet.hevs.ch/upload/einfuhrung_ins_thema_jerjen_29_03_07.pdf

144 Vgl. Bundesministerium für Bildung und Forschung (BMBF): Lernende Regionen – Förderung von Netzwerken, Bonn/Berlin 2004, S.6.

145 »Stärkung der Eigenverantwortung und Selbststeuerung der Lernenden; Motivierung benachteiligter bzw. bildungsferner Gruppen; Stärkung der Bezüge zwischen allen Bildungsbereichen; Kooperation der Bildungsanbieter und Nutzerinnen und Nutzer; Qualitative und quantitative Verbesserung der Angebote und Angebotsstrukturen, vor allem im Sinne einer stärkeren Nutzerorientierung« ebd.

146 Ebd S. 8.

147 Vgl. ›Aktionsprogramm »Lebenslanges Lernen für alle«‹, a.a.O.

148 reson ist in der PROJEKT REGION BRAUNSCHWEIG zuständig für das Geschäftsfeld ›Forschung und Wissensmanagement‹. *VIEL* ist diesem Geschäftsfeld zugeordnet.

149 Regionale Bildungskonferenzen sind Einrichtungen, an denen alle so genannten relevanten Akteure des Bildungssektors, Bildungsträger, Kammern, Unternehmerverbände, politische Institutionen etc. teilnehmen und die strategischen Richtungen der zukünftigen Bildungsarbeit abstimmen und beschließen.

150 Der genaue Name ist ›Arbeitsstelle für Methoden des selbstgesteuerten Lernens‹.

151 Der *VIEL*-Server ist ein Dienstleistungsangebot, das einen Überblick über sämtliche Bildungsangebote gibt. Dadurch wurde Monopolisierung auf diesem Sektor sehr leicht möglich, was wiederum Auswirkungen auf die Bildungsarbeiter/innen hinsichtlich eines »Zwangs« zur Mitarbeit hat, da sie ansonsten kaum Verdienstmöglichkeiten haben. Letztlich lassen sich über einen Monopolanbieter bzw. -vermittler nicht nur die Inhalte, sondern auch die Honorare sehr leicht kontrollieren.

152 Vgl. die AMsL-Dokumentation VIEL Lernende Regionen: Beispiele für selbstgesteuertes Lernen, http://www.viel-wissen.de/servlet/PB/menu/1003149/index.html, mit vielen Praxisbeispielen.

153 Ebd., S.6.

154 Ebd., S.4 und S. 9-46.

155 VIEL-Projektdokumentation 2003, S.10, http://www.viel-wissen.de/servlet/PB/menu/1006431_l1/index.html?QUERYSTRING=Projektdokumentationen

156 Institut für Werkzeugmaschinen und Fertigungstechnik der Technischen Universität Braunschweig.

157 Vgl. http://nibis.ni.schule.de/~fk08rtos/phasen.html. Ein weiteres regionales Beispiel ist das Projekt ProReKo, die Lernortkooperation zwischen der Berufsbildenden Schule Fredenberg, Bosch, PPS und Volkswagencoaching GmbH, siehe http://www.bbs-fredenberg.de/

158 http://www.kooperation-das-macht-schule.niedersachsen.de/

159 http://www.viel-wissen.de/servlet/PB/menu/1033450/index.html

160 Lernen zwischen den Generationen; Lernen zwischen den Kulturen; Lernen und Gender; Kompetenzentwicklung; selbst gesteuertes Lernen; Ausbildung & Praktikum.

161 Vgl. http://www.sofi-goettingen.de/ wo ein umfassender Einblick in die Forschungstätigkeit des SOFI gewonnen werden kann.

162 Vgl. Jürgens, Ulrich: Die Begleitforschung in der wissenschaftlichen Außensicht, in: Schumann, Michael/Kuhlmann, Martin/Sanders, Frauke/Sperling, Hans Joachim (Hrsg.): Auto 5000: ein neues Produktionskonzept, Hamburg 2006, S. 133.

163 Vgl. Schumann, Michael: Ein neues Fabrikkonzept – wissenschaftlich begleitet, a.a.O., S. 15. Vgl. auch die diesbezügliche Einschätzung des Generalsekretärs der VolkswagenStiftung Wilhelm Krull: Praxisorientierte Grundlagenforschung – ein Beitrag zur Zukunftsfähigkeit der Industrie in Deutschland, ebd, S. 19-21.

164 Vgl. Forschungsprogramm 2006, unter: http://www.sofi-goettingen.de/fileadmin/Textarchiv/SOFI-Forschungsprogramm_2006.pdf

165 Ebd., S. 1.

166 Ebd., S. 2.

167 Vgl. Barthelheimer, Peter: Wozu sozioökonomische Berichterstattung? – eine Kontroverse, SOFI-Mitteilungen Nr. 34, S. 67-90.

168 Vgl. vor allem die diversen Beiträge von Peter Barthelheimer unter: www.sofi-goettingen.de.

169 Kurz besagt die Umbruchhypothese, dass sich die Gesellschaft der BRD in einem Wandlungsprozess befindet, in dem die ökonomische und die soziale Dynamik nicht mehr zueinander passen. Der Begriff »Umbruch« bezeichnet demnach das Entstehen einer gänzlich neuen Form gesellschaftlichen Wandels. Die Gesellschaft wird dabei nicht verkürzt als passives Produkt der Ökonomie gesehen, vielmehr wird zwischen Gesellschaft und Ökonomie ein wechselseitiger Ursache-Wirkungs-Zusammenhang erkannt.

170 Zu den Tätigkeiten Barthelheimers vgl. unter: http://www.sofi-goettingen.de/?id=186

171 Vgl. Forschungsverbund Berichterstattung zur sozio-ökonomischen Entwicklung der Bundesrepublik Deutschland: Arbeit und Lebensweisen, http://www.sofi-goettingen.de/?id=260 und Barthelheimer, Peter/Fuchs, Tatjana: Diskussionspapier zum SOEB-Werkstattgespräch 1: Deutschland im Modell, Göttingen, 21./22. Februar 2006, http://www.sofi-goettingen.de/fileadmin/Natalie_Grimm/Material/SOEB_WS1_Diskussionspapier.end.pdf S. 17.

172 Vgl. Bartelheimer, Peter/Wittemann, Klaus Peter: Lebensweise – unterschätzte Kategorie im Schatten der Ökonomie, in SOFI-Mitteilungen Nr. 31, 2003, S. 29-52, http://www.sofi.uni-goettingen.de/fileadmin/Peter_Bartelheimer/Literatur/SM31_Bartelheimer_Wittemann.pdf

173 ebd., S. 45.

174 Vgl. unter: http://www.sofi-goettingen.de/?id=260.

175 Auch die im Text angegebenen Webseiten geben nur Ausschnitte und keinen vollständigen Überblick.

176 Zur Kustodialisierung vgl. van Elsbergen, Gisbert (Hrsg.): Wachen, kontrollieren, patrouillieren. Wiesbaden 2004. »Dieser Begriff fasst die Einführung und Etablierung neuartiger Formen der inneren Sicherheit zwischen klassischer Polizeiarbeit und sozialer Kontrolle zusammen, die das herkömmliche, rechtlich verankerte Gefüge des staatlichen Gewaltmonopols aufbrechen und entstrukturieren. Die neuen Verbindungen von staatlich-öffentlichen, privatwirtschaftlichen und kommunitären Institutionen ergeben eine Allianz aus Sicherheitsherrschaft und Lebensformkontrolle«, so Henning van den Brink in: Das Parlament, 19.03.2007.

177 Vgl. exemplarisch: Binger, Tom: Klassenarbeit!, in Jungle World 01, 3. Januar 2007, http://jungle-world.com/seiten/2007/01/9126.php. Das Argument 256: Sich arm arbeiten? Das große Roll-back, Hamburg 2004 und PROKLA 129: Arbeit und Arbeitsmärkte, Münster 2002.

178 Vgl. Candeias, Mario: Erziehung der Arbeitskräfte, unter: http://www.bewegungsdiskurs.de/texte/prek/Candeias_Erziehung_der_Arbeitskraefte_Utopie.pdf

179 Aus systemischer Perspektive sind die Strategien der Masterplanung vor allem deshalb gescheitert, weil die Geschwindigkeit und die Dimensionen des gesellschaftlichen Wandlungsprozesses die planerischen Fähigkeiten, diese zu erfassen, zu verstehen und angemessen darauf reagieren zu können, übersteigt.